多味人生

記我六十年的中國風雨

嚴 永西 著

〔代序〕

多姿多彩的人生

姚道軍①

在神農架的深山裡，有許多名貴藥材，「文王一支筆」就是其中之一。上世紀八〇年代到九〇年代，在神農架林區政府機關，有一位同志被譽為「神農一支筆」，他就是嚴永西同志。不言而喻，前者是治病的，後者是寫文章的。

嚴永西同志退休以後，仍筆耕不輟，最近又完成了一部書稿，書名為《多味人生》。他把書稿寄給我，請我作序。

我知道「忌為人序」的話。但我和嚴永西同志共事十餘載，我們既是上下級關係，又是同志關係、朋友關係，怎好拒絕！

寫序有兩個前提：必知其人，必讀其書。「人」我早已熟知，「書」稿也看了一遍。那就談談感受吧。

①時任湖北省神農架林區政協主席。

首先說說人。前些年，我曾幾次在公眾場合說過，嚴永西同志身上有許多亮點。

亮點一：酷愛讀書。高爾基（Maxim Gorky）說過：「書籍是人類進步的階梯。」嚴永西就是沿著這個「階梯」永不停息地攀登的。一個初中畢業生、大山深處的小學教師，在條件艱苦、工作繁忙的情況下，用十年時間讀完了中師函授和大學函授，終於在不惑之年拿到了大學本科畢業文憑；之後又評上了副研究員職稱。

亮點二：勤奮工作。嚴永西對待工作在林區政府機關是出了名的，用勤勤懇懇、兢兢業業、一絲不苟來形容一點也不為過。許多重要、難度大的文稿多由他執筆起草，而且速度快、效率高、質量好。在家庭出身不好而社會又特別注重家庭出身的政治背景下，從一個普通的小學教師起步，一步一個腳印地走進了林區首腦機關，走上了林區黨委副秘書長的領導崗位。嚴永西以自己的聰明才智和出色的工作，創造了他人生道路上的輝煌。

亮點三：堅持鍛鍊。嚴永西紅光滿面，精神抖擻，走路步伐矯健。這得益於他數十年如一日的體育鍛鍊。嚴永西早年為了克服家庭困難，利用休息時間挖地挑糞種菜園，上山砍柴打豬草。這也是一種鍛鍊。正因為如此，他才有健康的體魄、充沛的精力和頑強的意志，去戰勝各種困難，應對繁忙的學習和工作。

亮點四：孝敬老人。以前，在政府大院的宿舍區經常可以看到一位白髮蒼蒼、拄著拐杖的老太太，她就是嚴永西的母親。老嚴對母親極盡孝道，把母親的冷暖病痛時時掛在心上，千方百計使母親延年益壽。可以說，嚴永西對母親的盡孝是全方位的、始終如一的。「百善孝為先」。孝道是中華民族的美德，老嚴在這方面堪稱楷模。

亮點五：培育子女。嚴永西十分重視對子女的教育培養。上世紀七〇年代到八〇年代，孩子上小學和中學時，他在萬忙之中，擠時間檢查、輔導孩子們的學習，想盡一切辦法為孩子們創造良好的學習條件。功夫不負有心人，老嚴的努力獲得了成功，把三個孩子培養成了本科生、碩士生。

亮點六：關愛他人。嚴永西在新華中小學工作時，自己買了一套理髮工具，給學生和群眾義務理髮。進城以後，他的同事、學生、親戚、朋友，因這樣或那樣的事找他，他總是幫助出主意、想辦法，或牽線搭橋，或向領導彙報。在不違背政策和原則的情況下，幫助許多人解決了孩子升學、就業、工作調動等問題。

文如其人。嚴永西同志的這本書，許多篇章都閃爍著這些亮點，與我以前對他的評價是一致的。

再說說書。《多味人生》記錄了嚴永西自己從少年到老年的人生經歷。他當過小保姆，當過農民，親歷了農業勞動、興修水利、高山墾荒，備嘗生活的艱辛；他當過教師，親歷了大躍進、大辦鋼鐵、大合校、三年自然災害，以及反右、社教、反右傾、四清、文化大革命等歷次政治運動，對極「左」路線造成的嚴重災難有著切膚之痛。黨的十一屆三中全會以後，他迎來了人生的豔陽天，調到了機關工作，親歷了改革開放和現代化建設，欣喜地目睹了祖國和家鄉日新月異的變化。退休後，他走南闖北，跨出國門，親歷了外面世界的精彩，享受著人生的天倫之樂。嚴永西以親眼所見、親耳所聞，運用文學語言生動地描繪了山區生活、都市風貌和異國情調；展示了一幅幅歷史畫卷，從一個側面反映了時代的變遷和社會的進步。

書中記錄了三個孩子的成長過程及其教育孩子的成功經驗。提及了他的一些老師、領導、親戚、朋友、同學，字裡行間，處處可見對他們的尊敬、讚賞、惋惜、由衷的好評，誠摯的感謝，以及對已故者的深切懷念。書中參插了一些令人啼笑皆非但卻發人深省的故事；介紹了許多文化、歷史、地理、旅遊等方面的知識，引用了大量典故、名言。

書中還描繪了他遭遇野豬、黑熊、老虎、「水怪」以及被洪水吞沒、在原始森林迷路、攜鉅款與陌生人同行、深夜在鬧市幾遭搶劫等驚險場面。老嚴屢屢歷險但安然無恙，創造了一個個化險為夷的奇跡，譜寫了一曲曲「好人一生平安」的頌歌！

言為心聲。嚴永西的書中，許多地方表明了他的心跡，抒發了他的人生感悟，充滿了哲理，富有感情，因而具有感染力。

嚴永西的這本集子是紀實作品，書中的寫景狀物都很形象優美。如：早春的高山風光，傍晚的峽谷深潭，春天的湖光山色，神農架的高山草甸、原始森林；還有外國金碧輝煌的皇宮、教堂、古建築，以及泰國獨有的「人妖」、新加坡的魚尾獅、馬來西亞的熱帶雨林，等等。處處是美景，事事有抒情，情景交融，讀了如身臨其境，給人以美的享受。這是作者觀察事物細緻入微、應用語言千錘百煉的結果。

總之，該書內容豐富，語言生動樸實，具有較強的可讀性和藏書價值。

三國時的魏文帝曹丕說過：「年壽有時而盡，樂榮止乎其身，未若文章之不朽也。」就是說，一個人生命是有限的，榮華富貴不過是過眼雲煙，物質享受總有盡頭，不似文章可以長久流傳下去。當然，嚴永西的文章非「不朽」之作，但他把自己傳奇般的經歷和人生感悟寫下來，印成書，留下一筆精神財富，是一件很有意義的事情。這本書不僅是他個人的成果，也是對神農架文化事業的一個貢獻。

嚴永西同志的人生是多味的，也是多姿多彩的！

管中窺豹
——寄語《多味人生》的作者

永西學弟：

兩次來示，早已敬悉。遲覆原因：一則怕我的專著不能完成，齎志而歿，不便分心。如今告一段落，只要賤體不出大問題，有望明年上半年完稿，可以喘一口氣了。二則老態龍鍾，反應遲鈍，尊著僅僅拜讀兩遍，信手塗鴉於打印稿上，聊博一笑。

今天聽永海說，大著準備出版，特將尊稿匆匆奉上，大概也可幫助改正幾處誤植吧。

《多味人生》總的感覺，竊以為是蕩沸盛世春水的浪花，是人們容易忽視的自律、自勵的人性光彩的閃耀，是盈溢著諸多生活況味虔誠、肅穆的折射，是貫穿草根傳奇風味和而不同的地域文化生動形象之歷史教材，彌足珍貴！

書中有些情節，險象環生，吉人天相；通篇話語，飽和感情，刻骨銘心；許多細節，平中見奇，意蘊豐厚，令我老淚縱橫！

關於馬橋的描繪與留戀，實在是美的原點，是個性的張揚，是閣下靈光的投射！後來西歐的「馬橋」，新、馬、泰的「馬橋」，深圳、天津之「馬橋」，便是保康「馬橋」的拓展；試想新華的多見樹木、少見人煙，正當青春騷動之時，性格成長之際，需要追求自然景物、異地風光的啟動，需要人和自然的互補、相親，和諧有致！這是我對「馬橋現象」的詮釋，不知閣下以為然否？

據永海說，大著擬內部發行，不卜何故？我意公開發行，讓社會承認。怎麼樣？興山話有：「莫把肉翁在飯碗裡吃嗟！」古語可謂「衣錦夜行」。

總之，不論內部或公開發行，我都引領企盼早日第三次拜讀《多味人生》。好書不厭百回讀，能讓長沙周老朽分享昭君故里的嚴氏永西精心製作的盛宴嗎？

專此即頌

撰安！

周世安[②]　匆草

二〇一一年六月一日夜

② 湖南長沙人，一九五七年畢業於華中師範學院中文系，曾師從姚雪垠先生，中學特級教師，中國新文學學會會員，作家，著作有《深山奏出的和諧曲》等多部，曾任湖北省政協委員、興山縣政協副主席、興山一中校長，被評選為首屆「傑出興山人」。

讀《多味人生》有感

姚道新③

③神農架林區退休幹部、詩人。

嚴永西先生的新作《多味人生》問世了。我作為該書打印稿的首批讀者之一，先睹為快。讀罷掩卷深思，不禁感慨萬千。同以前讀他的文章一樣，感到是一種享受，也是一種陶冶，再次體悟到法國笛卡爾所說的「讀一切好書如同與往時代最優秀的人們交談」之內涵。

《多味人生》是回憶錄，真實地記述了作者自己的生活經歷、社會活動和歷史背景，也記述了他同親人、師長、同事、朋友的親情、友情，有史有情，史真情深。他經歷了太多的世事變遷，體嘗過太多的人間冷暖，有著豐富的閱歷，加之嫺熟的文字功夫，因而寫盡了人生之酸、甜、苦、辣，抒發了自己的喜、怒、哀、樂。「多味」一詞，用得妙也！

該書集文學性、紀實性、趣味性、故事性、知識性於一體，似行雲流水，如驚濤駭浪，讀後彷彿身臨其境，時而捧腹大笑，時而淚濕衣襟。作品通篇融貫作者人生開拓與拼搏之真諦，既寫出了艱辛與苦澀，更寫出了成功與輝煌，其人品、文風、學識盡在字裡行間。此乃上乘之作也！

目次

上編

假如生活欺騙了你，
不要悲傷，不要心急！
憂鬱的日子需要鎮靜：
相信吧，快樂的日子將會來臨。

心兒永遠嚮往著未來；
現在卻常是憂鬱：
一切都是瞬息，一切都將會過去；
而那過去了的，就會成為親切的懷戀。

—普希金（Alexander Sergeyevich Pushkin）

少年保姆

常言道：「自古英雄出少年。」

二十世紀五〇年代初，興山縣龍池鄉深渡河村出了一個十歲的少年保姆。保姆並非英雄，但這個少年保姆卻經歷了一番不同尋常的苦楚與磨難。

一

一九五一年臘月，為生活所迫，母親托人為我找了一個雇主，讓我去當保姆。這個雇主就是肖家嶺的胡興淑。

春節剛過，肖家嶺的莊和勤到深渡河商店買東西。他辦完事後到我家裡給母親說，胡興淑請他順便把我帶去。莊和勤頭髮花白，對人和善。母親叫我稱他「莊爺爺」。

我告別母親，跟著莊爺爺上路了。

肖家嶺就在深渡河背後的山坡上。上山的路又陡又滑，路的兩邊是桐樹林和灌木叢。由於長期挨餓，我的身體虛弱，走上坡路腿子酸溜溜的，沒走多遠就大汗淋漓，心裡發慌，要坐下來休息一下。

我們慢慢向上攀登，走過一大片桐樹林以後，有了農田。再往上爬，來到一片緩坡，前面有一戶人家，傳來了狗吠聲。莊爺爺告訴我：「這裡住的主人叫胡振己，是胡興淑的幺叔，我們到他家休息一下。」

一走上稻場坎，兩條大黃狗就朝我撲來，齜牙咧嘴，狂吠不止，我嚇得往莊爺爺身後躲。胡家的人趕快出來把狗子趕開。

我們在堂屋裡坐下。胡振己夫婦及女兒、兒子都在家，他們用好奇的目光望著我。莊爺爺在胡振己妻子耳邊說了幾句話，她立即吩咐大女兒去做飯。一會兒就做好了，喊我們到廚房去吃。我狼吞虎嚥，一氣吃了三碗。

我們在堂屋裡又坐了一會兒，莊爺爺抽煙，我喝水，然後告別胡家又上路了。

俗話說「人是鐵飯是鋼」，一點兒不假，幾碗飯下肚，感覺好多了。

這時，莊爺爺指著右邊山崖下面的一塊陡坡地說：「那就是你們家分的地。」

我聽母親說過，叫「猴子坡」，陡得連人都站不穩。種玉米不夠野獸糟蹋，種小穀不夠雀子吃。去年種了一季紅高粱，收了幾捆高粱穗子，背回去脫粒後全是秕子，只能用穗子紮刷子和掃帚。

又走了一段路，農田多了起來，有坡地，也有平緩一些的田。幾戶農舍稀稀拉拉地橫臥在山坡上。莊爺爺指給我看，哪裡是他的家。然後叫我往上看，在一堵崖的上面，可以看到一個屋脊，他說那裡就是胡興淑的家。

我們每經過一戶人家都要休息一下。莊爺爺抽煙，我找水喝。經莊爺爺介紹，他們知道我是去給胡興淑引娃子的。有一位大媽說：「自己就還是個小娃子，怎麼能給別人引娃子？遭孽！」

我們來到一個十字路口。莊爺爺叫我在路邊坐著等他，他把買的東西送回家，然後再送我去胡家。

莊爺爺一會兒就回來了。我跟在他後面繼續向上爬。山越來越陡，路越來越窄。路的兩邊全是灌木、荊棘，樹枝伸到路上，把路篷住了，要用手扒開才能通過。在最陡的路段，要抓著樹枝才能上，樹枝正好成了路兩邊的天然護欄和抓手。我們爬呀，爬呀，終於來到胡興淑家的門前。一條小白狗立即撲來，汪汪叫個不停。

胡興淑聽到狗叫，忙從屋裡走出來。莊爺爺指著我說：「我把保姆給你帶來了。」我喊了一聲「胡伯娘」。

胡興淑把我們迎進屋，往火塘裡加了一些柴，把火弄旺，叫我們把汗濕了的衣服烤乾。她給莊爺爺找了一把旱煙葉，接著打量起我來，問我叫什麼名字，今年幾歲。聽說只有十歲，長得又矮又瘦，她臉上似乎有些不高興。

我也開始打量這位雇主。她大約三十多歲，高高的個子，身體壯實，說話聲音洪亮，看樣子是一個精明能幹的女人。

胡伯娘向我介紹：她家有四個人，她和三個孩子。老大是兒子，叫根娃子，今年七歲；老二是女兒，叫丫頭，今年四歲；老三也是兒子，叫三娃子，今年一歲，還未斷奶。

孩子們穿著十分破舊，頭髮亂蓬蓬的，臉上髒兮兮的。根娃子和丫頭看著我目不轉睛。

莊爺爺吸了幾袋煙就告辭下山了。我依依不捨地送到坎邊。回到屋裡胡伯娘便給我交待任務：「我請你來就是照管三個娃子的。我出門做活時，你背三娃子，根娃子和丫頭跟著你玩。玉米麵飯包你吃飽。晚上你和根娃子睡一頭。」說著指床鋪給我看。

我觀察了一下這棟房子。牆壁是用缽子粗的木頭壘起來的，裡面糊了泥巴，屋上蓋的茅草，只有裡外兩間。外間一個火塘、一個小灶、一張小桌子、幾條高矮不齊的板凳，牆角支著一付小石磨。裡間右邊靠牆放了一張床，左邊放了兩口櫃子和一些雜物。

茅屋外靠山邊有一個豬圈，豬圈與房子之間是廁所。廁所沒有門，一塊破麻袋片掛在豬圈與房子之間。

晚飯是玉米麵飯、懶豆腐。天已黑了，胡伯娘找了幾根油亮子，點燃一根放在一個破碗裡。吃完飯後我去洗碗，然後抱著三娃子烤火。我默默地想：媽媽吃飯沒有？她一定惦記著我。

一會兒，胡伯娘叫我和根娃子、丫頭去睡。我把三娃子給她抱著，點燃一根油亮子，與兩個娃子進裡間去了。我把被子掀開，只見兩個大蝨子在被子上爬著，我趕快一個個捉起來，叫根娃子把牠們掐死。

二

農村成立了互助組，肖家嶺是一個組，組長是胡振己，還有一個記工員。哪家要做什麼活，需要幾個工，就事先給胡組長說，由他統籌安排，在哪家做活就在哪家吃飯。正月十六，胡組長首先做「發市」，請全組的勞力去種洋芋。

天剛亮，胡興淑就把我和根娃子、丫頭喊起來了。她找出襻帶，叫我向前傾著，把三娃子撲到我背上，用襻帶包起來，把兩隻長長的布帶從我的雙肩上繞過來，往下在胸前交叉，又從脅下繞到背後，交叉托住三娃子的屁股，再從我的腰間繞到胸前，打一個活節。

三娃子是個小胖墩，背在背上沉甸甸的。我要稍向前傾，把脖子伸得長長的，才能保持身體平衡。襻帶緊緊勒著我的胸腹部，氣都喘不過來。三娃子的兩隻腳吊到了我的屁股下面，走路時一甩一甩，正好打在我的腿彎子處。

準備工作就緒後，胡興淑叫根娃子在前面走，我走中間，她用小背簍背丫頭走在後面。走到陡的地方，她叫我用雙手拽著路邊的樹枝，側著身往下走。我小心翼翼地往下挪動，到達胡家時，已累得氣喘吁吁、滿頭大汗了。

趕工的人陸續來了，胡家頓時熱鬧起來。有的見過我，有的是第一次見面。他們把目光都集中到我身上來了，交頭接耳，議論紛紛。我聽見一個婦女說：「這麼小就給別人引娃子，怪可憐的。」另一個說：「地主的娃子，受苦活該。」

今天是過年後第一次做活，胡組長安排的活不多，到下午就完成了。人們來到胡家，青年人打撲克，婦女做針線，老年人聊天。有的講過年趕仗（打獵）的收穫，有的講走親戚的見聞，有的講笑話，氣氛非常活躍。

一會兒晚飯熟了，幾個辦生活的婦女把桌子板凳擺好，往桌上端菜。主人家還拿出了自己釀的玉米酒。人們入席，開始喝酒。

正在飲酒時，山下來了一個人，走得滿頭大汗，是龍池鄉政府派他送通知來的。胡組長打開通知一看，鄉裡要他今晚趕到鄉政府開會。

這時座上一位客人說：「可能是上面要提拔我們的組長了。」其他人隨聲附和：「我們的組長要升官了。」胡興淑也笑著說：「幺叔方面大耳，是個福相，以後升了官，我們都要跟著沾光。」

坐在上席上的胡組長滿面紅光，喜形於色。他趕忙吩咐家人拿來碗、筷、杯子，請來人入席同飲。

酒宴結束後，胡組長拿上電筒，與來人一起出發了。大家為他送行，然後向胡妻叫了「多謝」，各自回家。

三

胡組長做「發市」以後，各家各戶都行動起來了，種洋芋、整地、積肥，做著春耕生產的準備工作。胡興淑換工是最積極的一個，只要不下雨，幾乎天天給別人做活。一則多換一些工，自己種田時不愁人手不夠；二則不需要在家吃飯，可節省糧食。她身材高大，做事麻利，人們也喜歡請她。

我開始背孩子時，走下坡腿子發顫，走上坡腿子發酸。一天下來，腰酸背痛，精疲力竭，只有晚上睡到床上才是一天中最幸福的時光。

過了些日子，玉米麵飯、懶豆腐開始發揮作用了。我的身體漸漸壯實起來。人們說：「西娃子長胖了。」這裡的大人、小孩都叫我「西娃子」。

可是有一利必有一弊。我上山以後，只是早上用胡興淑全家共用的一塊又黑又髒又滑的洗臉袱子擦一下臉，晚上從來不洗腳不洗澡。衣服褲子汗濕了、尿濕了，用體溫慢慢熾乾。三娃子有時把屎拉到我身上，用玉米棒子心或樹葉擦一下。久而久之，我的衣服褲子成了「殼殼」，印上了白色、灰色、黃色的各種圖案。我成了集汗臭、尿臭、屎臭於一身的人。

人們在田裡做活歇涼（休息）時也並不稍停。男人們一邊吸煙，一邊把上衣脫下來捉衣服上的蝨子。蝨子爬得慢，發現後，就用兩個大指甲往中間一掐，只聽「啪」的一聲，蝨子就粉身碎骨了。婦女們一般是兩人合作，找個地方坐下來，後面的人把腿叉開，前面的人緊挨其身坐下，後面的人就幫前面的人捉頭上的蝨子，捉一個掐一個，頓時，「啪」的聲音此起彼伏，不絕於耳。

人們衣服上、頭髮上還有一些小白點，叫蟣子，即蝨子的卵，一個卵就是未來的一個蝨子。

有些女人非常開放，儘管旁邊坐著男人，也把褲帶解開，把褲腰翻過來捉上面的蝨子。愛開玩笑的男人，趁機丟一個小石子到女人的褲子裡去，但他馬上得到撒來一把土或吐來一泡口水的回報，引起人們一陣哄笑。

有一個被稱為「老施」的老頭兒，既是禿子，又是麻子，衣服破爛不堪，臉上黑不溜秋。他捉蝨子別具一格：把衣服脫下翻過來，捉到又肥又大的蝨子就立刻放進嘴裡，只聽「啪」的一聲，咀嚼得津津有味。

四

有一天在陳尚福家做活。陳家是距胡興淑家最近的一戶。陳尚福五十多歲，會做木活，家中有老伴，女兒已出嫁。這天，女兒女婿都回來了。女兒叫陳志錦，中等個子，苗條身材，皮膚白皙細嫩，眼睛嫵媚動人，是這一帶長得最漂亮的姑娘。她的丈夫叫毛道之，家住龍池，小夥子英俊，穿一件灰色中山裝，聽別人稱「毛鄉長」。我背著孩子在場壩裡與其他小朋友玩。毛鄉長夫婦倆把椅子搬出來，在場壩裡坐著聊天、喝茶。

他們不認識我。我髒兮兮的衣服，亂蓬蓬的頭髮，矮墩墩的個子，背著一個胖乎乎的娃子，這幅狼狽相引起了他們的關注。

陳志錦問她的媽媽：「這個娃子背娃子的是哪家的？」

陳母答：「背娃子的是胡興淑請的保姆。」

陳又問：「在哪裡請的？這麼小就給別人當保姆，怪可憐的。」

陳母答：「他是深渡河陳本淑的兒子，在家裡沒有飯吃才來當保姆的。」

毛鄉長聽了一怔，問我：「你今年幾歲？」

我答：「十歲。」

毛鄉長歎了一口氣，然後語重心長地說：「小朋友，以後家裡有飯吃了，還是要回去上學讀書，不能當一輩子保姆啊！」他的惋惜、同情和希望的目光深深地刻在我的記憶裡。

我當時只覺得這個當官的真好，不像我見到過的一些官，都是兇狠的目光，尖刻的話語，動不動就是「地主娃子」、「狗崽子」之類。而他卻稱我「小朋友」，是那樣親切，那樣和藹。

後來我才知道，這位毛鄉長解放前曾在家父嚴大桀創辦的龍池中心小學讀過書，是家父的得意門生，興山解放後參加了工作，很快被提拔，當上了副鄉長。

五

肖家嶺周圍都是山林，野獸很多，從玉米掛紅鬚子開始，就有野獸糟蹋。家家戶戶都要在自家玉米田的「制高點」搭建一個窩棚。窩棚裡支一張用棍子編的床，上面放些燕麥草。人們收工吃了晚飯後就上窩棚去，撿些柴禾，在窩棚口生一堆火，隔一會兒敲敲鑼鼓，或吹吹牛角，或吆喝幾聲，到了後半夜還放三眼炮，以此來驅趕野獸。守玉米的人，睏了就在床上躺一會兒。

第二天清晨，守玉米的人還要繞著田邊走一圈，查看夜裡野獸來了沒有。如果發現了野獸的腳印，玉米被糟蹋得厲害，就要趕快去報告胡組長。胡組長就喊全組的勞力去趕仗。因為野獸吃了玉米後不會跑遠，一般藏匿在附近山林裡，夜裡還要下田，不糟蹋這家的就糟蹋那家的。組織趕仗是一種聯合抗獸行動，把野獸打死了或趕跑了，這個地方就清靜一段日子。

趕仗有明確的分工。幾個會打槍、有經驗的老農，帶著裝好火藥、銃子和引信的獵槍，到野獸逃跑的必經之地埋伏下來，把獵槍架好，點燃火繩。其他的人帶著獵狗從田邊進入山林，一邊前進，一邊吆喝，把野獸往獵人埋伏的方向驅趕。獵狗只要嗅到野獸的氣味或發現了野獸，就汪汪叫個不停。只要獵狗一開叫，人們就加大驅趕力度。一會兒，野獸就撞到獵人的槍口上，或逃進深山了。如果打死一隻狗熊或一頭野豬，人們歡天喜地地把獵物抬到附近的農戶家，剝皮剮肉，然後進行分配。趕仗是保護莊稼的最有效措施，既有樂趣，也有危險。趕仗的人有摔跤的，也有被野獸咬傷甚至咬死的。

有一天，董大紅找胡興淑商量，想請我晚上給他做伴，上長岩屋窩棚。因那塊地周圍都是山林，野獸特別多。往日是和兒子兩人去守，因兒子出門去了，他一人有些膽怯，所以想到了我。董大紅給我和根娃子剃過幾回頭；只是請我晚上做伴，不影響白天背孩子，胡興淑爽快地答應了。

我跟著董大紅向長岩屋走去。那裡是肖家嶺最遠的一塊田，道路崎嶇，十分難走。

我們走到窩棚以後，董大紅在窩棚前燒了一堆火，然後吹牛角。

為了不使我寂寞，董大紅與我聊了起來。他說：「我們這裡糟蹋莊稼最厲害的是狗熊、野豬、猴子，破壞性最大的是猴子。牠們一下田就是一大群，幾十隻、上百隻。猴王在樹上『照高』（放哨）。牠們一進玉米田，就像人掰玉米棒子一樣，掰一個往夾肢窩塞一個，再掰一個又往夾肢窩塞，原來塞的一個就掉了，出玉米地時還是只夾了一個。」

「猴子白天也下田。有一次我白天在這裡守猴子。剛下過雨，從上面林子裡下來了一群，一隻母猴子還背著小猴子。我幾聲吆喝，猴群退回樹林，在樹上觀望。那隻小猴子把牠頭上的樹枝拉著晃了晃，水滴到母猴子頭上，母猴子火了，把小猴子從背上拉下來就是幾耳光，打得小猴子哇哇直叫。」我聽得哈哈大笑。

董大紅接著說：「胡興淑住的麻崖兒，上面連到嚴家山，那邊連到紅庵，幾十里沒有人煙。我們在那裡打到過野豬和狗熊，還看到過老虎腳印。」

我好奇地問：「老虎最厲害嗎？」董大紅說：「不！我們這裡有『一豬二熊三老虎』的說法。野豬長有兩顆大獠牙，可以把臉盆粗的樹一嘴拱倒。熊的掌特別厲害，見到人連打帶抓，可以把頭皮撕下來。老虎拖豬子、羊子，也有吃人的。有一句俗話：『人有三分怕虎，虎有七分怕人。』在山上如果碰到野獸，千萬不要驚慌，不要理睬牠們，輕手輕腳地避開就沒事了。」

第二天傍晚，我來到董家。董伯娘專門包了核桃米餡的餃子招待我。我本已吃過晚飯，但她硬要我吃。我吃了一碗，她又給我盛了一碗。

我們來到窩棚，與昨天一樣，撿柴、生火、吹牛角、吆喝。董大紅叫我守前半夜，他守後半夜。他睡下了，一會兒就打起鼾來。

已是後半夜了，月亮慢慢升起來，皎潔而柔和的月光照耀著綠色的田野和寂靜的山林。這時，我的肚子疼起來，轟轟作響，想拉屎。我趕快走出窩棚，在離窩棚較遠的田邊蹲下來，噗噗通通屙了一大攤，打了幾個屁，肚子舒服多了。正準備到山邊掐樹葉揩屁股，只聽樹林裡嘩嘩作響，突然竄出一群大大小小黑不溜秋的野豬，眼看就到了我的面前。我駭得屁滾尿流，驚叫一聲，拎著褲子就往窩棚飛跑，一邊跑一邊大聲吆喝。董大紅被叫聲驚醒，迅速跳下床，向我跑來。接到我以後拉著我跑回窩棚，拿起三眼炮放了幾炮，又吹了一陣牛角。

第二天清晨我們到玉米地查看，在我拉屎的地方，有很多野豬腳印，玉米被糟蹋了一大片。想起昨晚上的情景，我心有餘悸。要不是跑得快，後果不堪設想。

此後，我又給董大紅作了兩夜伴，他的兒子回來後我就沒去了。

六

胡興淑的家是肖家嶺最遠、最高的一戶，住的地方又是一個死角，除了請工做活以外，平時很少有人光顧。但也有例外。

一天晚上，我們在火塘邊烤火，門突然被推開了，進來一條漢子，約三十多歲，走得滿頭大汗。胡興淑一臉喜色，趕快叫我讓座。她把洗臉袱子遞給他擦汗，又倒了一碗開水，接著燒灶裡的火，準備做飯。

來客問胡：「這個娃子就是你請的保姆？什麼時候來的？」

胡答：「是的，已來了半個多月了。」

來客又問：「他這麼小，引得了娃子嗎？」

胡答：「湊合湊合唄。」接著向我介紹：「來的這位客人是根娃子的乾爹，姓龔，你就喊『龔伯伯』。」

龔伯伯問我叫什麼名字，今年幾歲了。我一一作了回答。

這時，胡興淑叫我和根娃子、丫頭去睡。像往常一樣，我們先出去小解，再點油亮子，進裡屋脫衣上床，一會兒就進入了夢鄉。

不知什麼時候，床突然晃動起來，並響起了有節奏的咯吱聲和呼哧呼哧的喘氣聲。

我被弄醒了，但一會兒又睡著了。

第二天早上起床後，我問胡伯娘：「龔伯伯哪裡去了？」

胡答：「昨天夜裡就走了。」

我又問：「龔伯伯住在哪裡？」

胡板著臉：「以後大人的事不要過問！」

我又說：「昨天夜裡床晃得好厲害，把我晃醒了。」

胡說：「那是我餵三娃子吃奶，翻身弄得床晃的。」過了一會兒，她厲聲告誡我：「西娃子，以後不准瞎說！瞎說了，我掐爛你的嘴！」

過了些日子，天下起雨來。春寒料峭，我們吃飯後坐在火塘邊烤火。天黑了，正準備去睡覺，龔伯伯推門進來了，只見他淋得像落湯雞。胡興淑幫他脫掉濕透了的上衣；叫我把三娃子放到床上，把火塘裡的火燒旺。我與胡把他的上衣撐開烤得熱氣騰騰，好一會才烤乾，他穿上了。胡又趕快給他做飯。

夜間，又是一陣床的搖晃和咯吱聲。第二天早上我起床時，龔坐在火塘邊烤火，雨下得很大，胡不讓他走。

這一天，龔與我說話多了起來。他問我上過學沒有？母親還好不好？背娃子累不累？他很關心我，似乎也瞭解我家裡的情況。

我大膽地問龔伯伯叫什麼名字，住在哪裡，距這裡多遠。他說叫龔成陶，住在下龍池，距這裡二十多里路。

交談中，我對這位不速之客有了一些瞭解，他的和善贏得了我的好感，我們似乎成了朋友。此後，我常常盼他來。他來了，胡興淑高興，不會喋喋不休地吵我和根娃子，家裡才有歡笑。每次還要煮臘肉招待他，我也跟著沾光。要是隔一段時間不來，還真有些想他呢！

一晃幾個月過去了，天氣漸漸熱起來。一天晚上龔伯伯來了，我們都很高興。夜裡，仍然是床的搖晃，我被弄醒，這已成了不成文的規矩。

但是，這天夜裡卻非同尋常。床正晃得起勁時，突然「喀嚓」一聲，床框子從中間斷了。三個小傢伙嚇得哭起來。胡興淑叫我們不要動。他們穿好衣服，從裡間走出去，把油亮子點起來。借著昏暗的亮光，我看到床斷成了V形，三個小傢伙赤條條地滾在一堆。我趕快穿衣服下床。胡給三娃子穿衣服，我給根娃子和丫頭穿衣服，把他們抱下來。走到外間一看，龔沮喪地坐在板凳上抽煙。胡在裡間挪動了幾樣東西，騰出一個地方，弄了一個地鋪，讓我和三個孩子繼續睡覺。

第二天龔成陶沒有走。胡興淑一大早到陳家借來了鋸子、斧子、鑿子、墨斗等木工工具。龔把斷床框搬出去放到場壩裡，仔細一看，床框是松木做的，已經腐爛了。早飯後，他們上樓找了幾塊厚木板。龔在場壩裡用木馬和寬木板支了個案子，又量了一下舊床框的尺寸，然後打墨線、鋸木板、鑿眼子、下榫頭，到下午，一張新床框做好了。他和胡興淑把床框抬進去，重新把鋪支好。

幾天後的一個黃昏，我們在請工的農戶家吃了晚飯，慢慢回家。一上坎，看到龔成陶坐在場壩邊的石頭上抽煙——那是他等候我們回去的一個固定的座位。這次他帶了很多東西，有木工工具、一床被子、一床蓆子。他對胡興淑說：「明天我再做一張床，支到外間屋裡，讓西娃子和根娃子在外面睡。」

第二天早上，趁灶裡還未生火，龔和胡上樓翻了一陣，找了幾塊能做床框的厚木板，又到柴堆裡找了幾根碗粗的直木柴，找了一些箭竹桿子。

胡興淑昨天已經答應給別人做活，但今天去不成了。她站到前面山包上，先喊陳家，請陳家喊莊家，請莊家喊董家，再請董家喊組長家，告訴他們，她今天家中有事，不能去做活了。一家喊一家，山上的老百姓就是這樣傳遞資訊的。如同古代邊疆的烽火臺，敵軍來犯，守邊將士就立刻燃燒狼糞，以升起來的滾滾狼煙給遠處的烽火臺傳遞敵情資訊，一站傳一站，很快傳到了邊防指揮所。

早飯後，龔成陶忙碌起來。和上次一樣，先用兩個木馬和一塊寬板子支了一個案子，然後按照做木活的程序開始工作。

到傍晚，兩條「三角貓」板凳、一個床框、一張竹簾做好了。龔和胡把外間屋的小磨抬到了裡間，騰出一張床的地方，把新床支了起來。又從豬圈架子上抱了一捆燕麥草鋪到竹簾上，再鋪上薦子，放上被子，新鋪就弄好了。

七

時間一晃到了一九五二年農曆冬月下旬。一天，胡興淑到胡振己家做活。我背著孩子一跨進胡家的大門，一眼就看到四姑媽嚴大珺坐在大桌子邊，與幾個組幹部講著什麼。我喊了一聲「四姑媽」。十一個月來第一次見到親人，我的眼淚不禁奪眶而出，簌簌地掉下來。

四姑媽一陣驚喜，立即站起來走到我身邊，親切地撫摸著我的頭說：「我一來就打聽你，胡組長說你今天一定會來的。」

四姑媽看到我狼狽的樣子，背孩子吃力的模樣，心疼得流下了眼淚。她說：「永西，你媽媽很想念你。你們猴子坡的那塊田，村裡收回了，在水井溝坡上調劑了一塊旱田，在俞家浜調劑了一個水田。今年旱田收了一百多斤玉米，水田收了一百多斤稻穀，家裡有飯吃了。她請我帶信接你回去讀書。」

我「哇」的一聲哭起來。四姑媽給我帶來了喜訊，苦日子要熬出頭了。十一個月來，媽媽時時惦記著兒子；我也時時想念著媽媽。現在母子重逢的日子不會太遠了。

中午，做活的人回來吃飯。四姑媽走到胡興淑跟前說：「胡興淑，永西的媽請我帶信給你，她要接兒子回去讀書。」胡興淑楞住了，很不高興。

人們聽說我的母親要接我回去讀書，感到很驚訝。有的說：「他們家只怕有飯吃了？」有的說：「他這一走，胡興淑怎麼辦呢？」有一個給胡興淑出點子：「莫讓他走，叫他還給你搞幾年。」有一個冷笑著說：「讀書，讀書，書能當飯吃？」

下午，四姑媽辦完事臨走時，拜託胡振己給胡興淑做做工作，讓我早點回家。我站在場壩邊，目送著四姑媽遠去的背影，流下了難捨的淚水。

時間一天天過去，胡興淑並不提我回家的事。我歸心似箭，一天晚上提了出來：「胡伯娘，我想明天就走。」胡興淑冷冷地說：「我留不住你，那就走吧。」

第二天吃過早飯，我說：「胡伯娘，我現在就走。」還是來時穿的衣服、棉襖，更加破舊，也顯得小了。來時兩手空空，走時空空兩手。

這時，根娃子和丫頭拉著我的手，哭著說：「哥哥不走！哥哥不走！」

近一年來，我與他們形影不離，帶著他們玩，摘樹上的果子給他們吃，是他們最好的夥伴。他們確實捨不得我走。我哄他們說：「你們聽話，過幾天哥哥來看你們。」我掙脫他們的小手，向胡伯娘道了一聲謝，就離開了胡家。

在途中我想，陳尚福家、莊和勤家、董大紅家、胡振己家對我很關照，走時應該給他們打個招呼，說句感謝話。於是在下山時，我分別到了這四家，向他們告辭後才離開肖家嶺。

回到家裡，母親見我長壯實了，非常高興。她一邊做飯一邊聽我講情況，做些什麼，吃些什麼，肖家嶺的人對我怎麼樣，等等。我還講了龔成陶。母親說：「龔成陶是你父親在龍池中心小學當校長時聘請的事務長，到過我們家。」我這才明白他為什麼對我很友好。

住在附近的四姑媽、二姑婆婆、談伯娘聽說我回來了，都來看我。我問三媽近況怎麼樣，母親說三爹把她接到沙市去了，走時把送給楊言堂當義子的嚴永言要回來帶走了。下午，母親帶我到陳啟福家，請他給我理了髮。晚上痛痛快快地洗了個澡，換上了乾淨衣服。

我的保姆生涯終於畫上了句號。

附記

龔成陶與胡興淑後來正式結婚，胡遷往龍池。龔於一九六〇年餓死。

插班城小

一

我從肖家嶺回到家以後，就同母親商量復學的事。村小學在楊家坪，聽說辦得差。我提出到興山城關小學去讀書，母親同意。

第二天，我到城關小學去打聽。教導處的一位老師告訴我，一九五三年春招收插班生的班級有三下、四下、五下和六上，春節後進行考試，按分數錄取。具體報名、考試時間，開學時要貼告示，叫我那時再去打聽。

我回到家裡，把瞭解到的情況告訴母親，進一步商量插班的事。我只讀過兩年書（一九四九年在四姑媽的私塾讀了一年，一九五〇年在村小讀了一年），按程度只能插三下，但讀到小學畢業就是十五歲了。我想插五下，可以提前兩年畢業。可是三年級、四年級和五上的課我沒有學過。母親三〇年代畢業於湖北省第四中學（宜昌），她說可以給我補課。

深渡河有一個在城關小學讀五年級的學生，叫胡興財，放寒假後我把他的課本借來。在一個月時間裡，母親教我學習了四上、四下、五上的語文和算術，共六本書。

城關小學開學了，我去參加插班考試。插五下和六上的學生在一個教室考，語文是同一個作文題。算術題不同，分別寫在黑板左右兩邊。題目簡單，我很快就做完了。交卷出來站到教室門口一看，考六上的題目只多兩道繁分，我也會做，於是靈機一動，對監考老師說：「我是插五下的，六上的算術題也會做，能不能再做六上的？」老師說可以，就給了一張空白紙，叫我進去做。這樣我交了兩份算術試卷。

過了幾天學校發榜了。我被錄取在六上班，該班共錄取四人，第一名蔡振德，第二名李傳香，我是第三名。我趕快回家，向母親和四姑媽報告喜訊。四姑媽煮了一碗雞蛋獎賞我，還找了一床大紅花布舊被面，叫母親給我改做一條褲子——因我的褲子已破得遮不住羞了。

學校上課的前一天，我背著被子、糧食，與在城小讀書的幾個同學結伴前往學校。我在西門外王家借鍋灶做飯吃，在學校住宿。

到城關小學讀書的願望終於實現了。

二

城關小學是興山縣當時規模最大、辦得最好的完全小學。每個年級有兩個或三個班，學生一千多名，教職員工六十多人。學校管理很嚴格，每個週一的早上，全校師生都要在操場上集合，聆聽校長訓話。

校長叫張本仁，身材魁梧，體態豐滿，舉止灑脫，風度翩翩。他講話聲音洪亮。講話內容主要是總結上周情況，表揚好的，批評差的，提出新的要求。

張校長訓話後，教導主任方先福就教學工作作一些補充。方主任三十多歲，穿著時髦，一表人才，擅長音樂。聽同學講，他是城關人，家裡開店鋪，已有三個孩子。

我們的班主任、語文老師叫金永壽，高高的個子，方臉闊腮。由於抽煙，一說話就露出兩排黃牙，夾煙的手指被熏成了黃褐色。他的時間觀念特別強，每次上課時提前來到教室門口，左手夾一支煙，大口大口地吸。上課鈴一響，他立即扔掉煙頭走進教室，邊走邊提出問題叫同學們思考。走上講臺，給同學們回禮後就點名叫學生回答剛才提出的問題。學生回答時，他已在黑板上寫下了今天要講的課文題目或有關內容。他把每一項教學活動安排得十分緊湊，不浪費一分鐘。

我們的數學老師叫胡振龍。他善於啟發學生思維，調動學生鑽研問題的積極性，也很注重直觀教學。教應用題時，胡老師事先在小黑板上用不同顏色的粉筆畫好示意圖，提到教室裡，講例題時往大黑板上一掛，再加以引導，解題的思路和方法就出來了。

我們的音樂老師叫劉菊林，是南陽河的人，父母雙亡，只有一個姐姐住在城關。劉老師身材修長而苗條，皮色細嫩而紅潤，牙齒皎潔而整齊，眼睛明亮而多情。她不僅風姿秀逸，楚楚動人，而且有一副好嗓子，歌聲婉轉優美。劉老師的丈夫是興山縣中的總務主任熊發春。她住在學校大門右側一間小房子裡。有一次我路過學校大門口，他倆正從房裡出來。熊主任比劉老師要矮半個頭，可能是個絡腮鬍子，雖然臉上刮得很乾淨，但臉頰和下巴仍呈現出一片青灰色的髭暈。

少先隊大隊輔導員叫徐先覺，城關人，高高的個子，尖尖的下巴，臉上瘦得連牙齒都包不住。徐老師性格活潑，說話嗓門很大。課間休息時，他總是在操場上與同學們一起活動。那時候流行一種「找朋友」的集體舞。大家圍成一個大圓圈，若干同學在圈內繞著圈子邊跳邊拍手邊唱歌：「找呀找呀找呀找，找到一個好朋友，」這時來到一個同學面前，「敬個禮，握握手，你是我的好朋友。叫一聲『再見』！」站著的同學就出列，到圈子裡去跳，剛才跳的同學就站到他原來的位置。徐老師也和同學們一起跳。大家喜歡邀請徐老師，但他注意觀察，專門找那些受到冷落的同學跳。

我進入城關小學後，感覺到各個方面不是農村學校所能比擬的。我慶幸自己的正確選擇。我在這所學校裡緊張而愉快地學習著，成績逐步提高，迅速跨入了優秀生的行列，受到老師們的稱讚；也使同學們對我這個穿補丁衣服和大紅花布褲子的農村學生刮目相看。

三

我正慶幸自己的正確選擇時，一個新的問題發生了。深渡河和響灘（位於縣城與深渡河之間的一個小鎮）各有十多個在城小讀書的學生。兩地學生矛盾很深，曾打過幾次群架，但響灘的打不過深渡河的。

響灘為首的學生叫朱宏興，十六七歲，圓疙瘩臉，蓄著偏頭，兩隻秏子眼，四顆齙牙齒。他見我是新面孔，又穿著大紅花布褲子，便向人打聽，得知我的「根底」後，對響灘的學生說：「那個穿紅花布褲子的是個地主娃子，什麼時候揍他一頓，出出氣。」

一個星期六下午放學後，我回家去，走到二里半時，朱宏興一夥站在路上，把我攔住。朱問：「你叫什麼名字？」我回答：「嚴永西。」說著一拳打來，我猝不及防，被擊中胸部。我提出抗議：「你為什麼無故打我？」「打的就是你！」又是幾耳光。他向別的學生一揮手：「你們給我上，打死這個地主娃子！」學生們喊著：「衝啊！殺啊！」石頭、土塊一齊向我飛來，有的砸到了我身上。我衝出重圍，抱頭鼠竄，向響灘飛奔。幸虧我當了一年保姆，跑起路來既有速度又有耐力，一氣跑到響灘街上，把他們遠遠地甩在後面。

過了響灘，我找了個地方坐下來休息。深渡河的同學彭恢喜、胡興財、吳恩潤、李雲堂、李益堂、劉德運等從後面趕上來了。為首的是讀六年級的彭恢喜，十七八歲，解放前在龍池中心小學讀過書，家父對他很關照，因而他對我呵護有加。彭恢喜讀過很多課外書籍，會講故事，說話出口成章。我們最喜歡聽他講「薛仁貴征東」。深渡河的同學到達後，還沒等我開口，彭恢喜說：「剛才聽響灘的學生說，他們揍了你一頓。」我講了詳細情況。彭恢喜說：「幸虧你跑得快，沒吃大虧。下星期我把朱娃子收拾一頓。以後你跟我們一起走，莫掉單。」

俗話說：「美不美，家鄉水；親不親，故鄉人。」又一個星期六到了，趁響灘的學生還沒走，彭恢喜領著我們在二里半埋伏下來。他說：「古詩云：『射人先射馬，擒賊先擒王。』我來對付朱娃子，打他個下馬威，『殺雞給猴看』。」

一會兒，響灘的學生來了，朱宏興吊兒郎當地走在前面。彭恢喜跳出來，大喝一聲：「朱齙牙齒，你給老子站住！」深渡河的學生一齊跳出來，把路攔著。彭恢喜問朱宏興：「上星期六你為什麼打嚴永西？」朱宏興洋洋得意地說：「他是地主娃子，打了就打了！」

彭恢喜朝朱的胸部就是一拳：「老子今天也打了就打了！」接著又搧了幾嘴巴。他把朱的一隻胳膊扭過來：「給老子跪下！」

朱的個子比彭小，乖乖地跪下了。

彭命令朱：「學三聲狗叫！」朱：「汪！汪！汪！」

彭：「學三聲豬叫！」朱：「哼！哼！哼！」

彭：「打自己三嘴巴！」朱打了自己三耳光。

彭罵道：「你這個豬雞巴日的聽著，以後再欺負我們深渡河的學生，老子饒不了你！」他把手一揮：「走，我們回去！」他讓同學們在前面走，自己斷後。

響灘的學生戰戰兢兢地站在那裡，個個嚇得面如土色。

四

老師們除了教學工作外，還開展文藝宣傳活動，組織學生大合唱、扭秧歌、打腰鼓、演活報劇。有時縣裡開大會，城關小學是一支重要的團隊。從學校到大河壩會場，總要從街上遊行一周。兩個高個子學生打著「興山縣城關小學」的橫幅，緊接著是鼓號隊、秧歌隊、腰鼓隊，其餘的學生從低年級到高年級依次行進。各班班主任跟著自己的班。劉老師指揮大家唱當時流行的歌曲。遊行隊伍從小學出發，向東走到復興街郵電局門口折回，順著河街直走到大河壩會場。

興山縣中也是一支重要的團隊。他們到達後，中學和小學互相拉歌子。徐老師站起來，一邊做手勢，一邊高聲喊「興山縣中」，同學們緊接著齊喊「來一個」，「興山縣中——來一個」。縣中學生唱完一支歌以後，也有一個人站起來喊：「城關小學——來一個！」會場上歌聲此起彼伏。

有時候，學校也排練一些小節目，組成小分隊，到附近農村演出，或與其他小學搞聯歡。四月份，學校排了一幕大型歌劇，劇名叫《赤葉河》，準備在五一國際勞動節晚上演出。

五月一日下午，學校抽了一些高年級學生，幫助老師搬道具到大河壩戲臺。老師們提前開晚飯，然後去戲臺後面的化妝室化妝。

天還未黑，看戲的人就陸續來了。夜幕降臨時，大河壩已是人山人海。四盞煤氣燈高掛在戲臺前面，照得戲臺一片雪亮。

在此之前，聽金老師說過，《赤葉河》反映了土地改革時期農村階級鬥爭的故事。其中摻插著男女青年自由戀愛與「父母之命、媒妁之言」封建思想的矛盾和糾葛。兩個階級的鬥爭，兩種思想的碰撞，互相交織在一起，劇情跌宕起伏，曲折複雜。

這樣的大型歌劇是其他單位拿不下來的。城關小學人才濟濟，有能力排大戲、演大戲。聽說導演是徐老師，歌曲是方主任創作的，劇中人全部由老師扮演。

隨著報幕員話音剛落，深紅色的帷幕徐徐拉開。背景是幾幅畫拼成的：農村的房屋，田野，樹木。演出開始，劇情逐步展開：一個叫赤葉河的村子，土改工作隊進村，發動群眾鬥地主、分田地、鬧翻身。

同學們誰也沒有料到，扮演地主老財的竟是張校長。他戴著瓜皮帽，身穿長衫，外套馬褂，貼著八字鬍，拄著文明棍，大腹便便。他一開口講話，立刻引起同學們大笑。扮演狗腿子的是徐老師，賊眉鼠眼、齜牙咧嘴、點頭哈腰，活脫脫一副奴才相。扮演土改積極分子的男青年是方主任、女青年是劉老師。他倆的戲最多，既要帶領群眾與地主、狗腿子鬥，又要擺脫封建思想的羈絆，追求婚姻的自由。

劇情發展到最後的結果是：地主被打倒了，農民分得了田地，當家做了主人；自由戀愛的青年男女衝破家庭阻力，在土改工作隊長主持下，舉行了新式婚禮，有情人終成眷屬。

在演出過程中，方主任和劉老師情真意切的表演和優美動聽的歌唱，贏得觀眾一陣又一陣熱烈的掌聲。

五

我們六上班不知是怎麼形成的。學校領導考慮到這個班的基礎較好，學生年齡偏大等因素，決定與兩個六下班一起畢業。這樣，我們就要在這一學期學完六上、六下的全部課程，進行全面複習，七月份參加升學考試。任課老師調整了教學計畫，加快了教學進度，星期日也不放假。

六一兒童節以後，天氣漸漸熱起來。一個星期六傍晚，我從王家吃飯後回學校上晚自習。走到學校大門口，劉老師站在那裡。我喊了一聲：「劉老師好！」劉老師微笑著點頭，問我：「今天是星期六，你怎麼沒有回家？」我回答說：「我們星期日還要補課。」劉老師說：「對，我忘了，你們六上班提前畢業。學習任務重，你要好好努力啊！」我說：「謝謝劉老師關心！」說完，我走進學校大門。

男生寢室在校園東面，是兩排平行的舊平房，中間一條走廊，直通外面的大操場。操場東面是一條溝。這條溝從縣中下面順著山腳流到一戶居民坎下折向南，順著操場邊向南流，再穿過街道和城牆下面的涵洞，直通香溪河。這條溝平時是乾的，只有下大雨發山洪時才有流水，所以叫乾溝。

我們班的寢室在靠南的一間房子裡，室內有兩排統鋪，兩個人合夥，一個出蓋的，一個出塾的，往統鋪上一放就行了。

寢室南面是一個天井，天井兩邊的耳房各住著一位女老師。寢室與天井只隔一層板壁，從板壁縫裡可以窺視天井裡的情況，也可以聽見老師說話的聲音。有一位老師房裡有一個自鳴鐘，夜間打幾點，我們聽得一清二楚。

這天下晚自習後，同學們陸續來到寢室。我睡的時候正好打十點。學習辛苦，一會兒就進入夢鄉。時鐘打兩點的時候我醒了，想拉屎。但廁所在操場北面，要上幾十步臺階，中間還要轉一個拐。那時沒有電燈，那天晚上也沒有月亮，我沒有手電筒，連火柴也沒有。我不想摸黑上廁所，有些膽怯，也怕摔跤。因此，我打算忍一忍，挨到天亮再去。

忍了一會兒，實在憋不住了。我趕快起床，慢慢摸出寢室，又扶著走廊的牆壁摸到操場邊。外面伸手不見五指，我摸黑走過大操場，摸到乾溝邊，解開褲子蹲下就拉起來。拉完屎，我又摸回寢室。

我躺在床上，輾轉反側，怎麼也睡不著。過了一會兒，時鐘打了三下。這時，突然傳來貓子「喊春」的聲音，很遠，就像在城牆外的河壩裡。開始我沒在意，但聲音漸漸大起來，並在不斷變化，時而似小豬娃子的叫聲，時而似嬰兒的哭聲，時而又似幾種聲音的混合，好像是一大群。這奇怪的聲音漸漸由遠而近，由小而大，似乎是順著乾溝走的。這時，寢室裡的人都醒了，靜靜地聽這奇怪的聲音。有一個同學叫道：「鬼來了！」大家嚇得直往被子裡鑽。

奇怪的聲音漸漸由大而小，由近而遠，似乎往山上去了，好一會才慢慢消失。

同學們你一言我一語，都認為是「鬼叫」，有的還故意製造恐怖氣氛：「鬼娃子進屋裡來了！」寢室裡亂成一團。

這時，一位女老師開門大聲喊：「同學們安靜下來，趕快睡覺！」一個學生問道：「老師，剛才鬼叫你聽到沒有？」老師沒有回答，關門進去了。

六

「咚咚咚！咚咚咚！」「咚咚咚！咚咚咚！」幾陣急促的敲門聲把我們驚醒。時鐘正打六點，天已經亮了。

「趕快起來！學校出事了！」這是張校長的聲音，原來是他在敲兩位女老師的門。

同學們聽說學校出事了，都很驚訝，小聲議論：「學校出了什麼事？」

兩位女老師幾乎同時開門，急切地問張校長：「學校出什麼事了？」同學們也豎起耳朵聽。

「方先福和劉菊林死了。」

「啊！」兩位女老師不約而同地驚叫起來。

我心裡一緊。昨天傍晚，我在校門口見到劉老師，還說了話，沒想到夜晚她就死了，太可怕了。我趕快起來，臉貼著板壁縫，聽張校長講情況。

張校長說：「劉菊林與熊發春結婚後，老熊叫她搬到中學去住，她不肯；她的住房太小，老熊也不願意下來住，只是每個星期六到她這裡睡一晚。」

「昨天老熊因為處理一件事情耽誤了，十二點多才下來。劉菊林已經睡了。老熊敲門，老劉好一會才點燈開門。老熊進門往凳子上一坐，正好面對床鋪，忽然看到床下露出一雙腳，心裡就明白了。老熊故意指著床單說：『這床單子是什麼時候買的？很好看。』說著站起來，假裝看床單，把吊在床面前的單子一揭，看見方先福趴在地上發抖。老熊壓住心中怒火，什麼也沒有說，走出去把房門鎖上，直奔我的宿舍。他要我同他一起去捉姦。」

「我穿好衣服，拿上手電筒，同老熊去劉菊林的住處。走近一看，窗子開著。我用手電筒一照，房裡沒有人，他們已經跳窗子跑了。」

「人一跑就麻煩了。我趕快把住在學校裡的幾個男老師喊起來，派他們分頭去喊住在家裡的陳副校長、徐老師、小胡等人，叫他們速來學校到我辦公室開會。」

「一會兒人到齊了。我宣布開個緊急會議。先由老熊通報了情況。老師們大吃一驚，面面相覷。我接著作了分析：他們不是躲藏起來就是逃跑了。往哪裡躲，老方不可能回家，老劉也不可能到她姐姐那裡去。那麼，最大的可能就是遠走高飛，逃往他鄉。城關通往外地有四條路：一條通古夫，一條通南陽，一條通黃糧，一條通香溪。可能性最大的是往香溪跑，然後乘船逃往宜昌。我決定先向公安局報案，請公安局配合，向香溪方向追趕。我和老熊及老陳到公安局值班室，以方、劉二人半夜突然失蹤為由報了案。公安局同意派一人協助我們尋找。」

「我們一行十多人到達河邊渡口，渡船在對岸。公安局的人喊船老大把船撐過來。我們問他半夜時分有不有過河的，船老大說：『有，是一男一女，他們喊我渡河，因這幾天下雨，河水漲了一點，加上天太黑，我叫他們天亮了再過河。他們又喊了一陣，還說給我多給錢，我沒有答應。後來聽到喊救命，以後就沒有聲音了。』」

「我們決定先過河去，從對岸順著河邊往下搜尋。每一處轉彎的地方，每一片河灘我們都不放過。大約搜尋了一個多小時，突然發現遠處河灘上有兩個黑乎乎的東西。走近一看，果然是他們。老方的左手和老劉的右手死死抓在一起，臉上、身上有幾處撞擊和擦破的傷痕。我當即決定，留四個同志看守他們的遺體，其餘的人跟我回去分頭辦事。公安局的同志說，明天把他們的屍體直接抬到公安局，由法醫進行屍檢。」

「我把要辦的事情分了工，老師們都有任務，我和你們兩人去做方先福家屬的工作。我們要抓緊時間，一定要趕在死者遺體抬回來之前通知他們。先由我向老方的家人講明情況。我說完以後就到文教科去彙報，你們留下來繼續做安撫工作。」張校長說完，匆匆走出了天井。

今天課是上不成了，也沒有心思學習。早飯後，我和幾個同學懷著好奇心，前往方主任的家，老遠就聽到哭聲一片。往日生意興隆的商店今天沒有開門。我們從方家住宅大門望進去，全家人都在客廳裡。除了最小的孩子外，方家沒有一個不哭的，尤其是老奶奶哭得死去活來，境況十分淒慘。

方、劉二人的事情不脛而走，很快傳遍了興山城。人們來到公安局門前，黑壓壓站了半頭街，等著看方、劉二人的遺體。

我的同班同學賈代香也來了。她的家就在乾溝轉彎的坎上。我問她昨夜聽到什麼聲音沒有，她說一家人都聽到了，好像一大群小動物的嚎叫聲，從她們房子旁邊叫上去了。有幾個家住乾溝附近的人也說昨夜聽到了奇怪的聲音。

人們把奇怪的聲音與方、劉二人的死聯繫起來，都說是「鬼」叫的，是陰間眾鬼簇擁著這一對新鬼上山去他們的新居所發出的歡叫聲。越說越離奇了。奇怪的聲音千真萬確，但到底是什麼聲音，誰也說不清楚，留下了一個難解之謎。

人們站在街上，談論的話題幾乎都是方、劉二人之死。

某甲說：「俗話說『色膽包天』，真是一點不假。老熊每星期都要到老劉那兒『過星期六』，已成了規矩，昨天去晚了一點兒，他們就等不得了。」

某乙說：「方先福不但毀了自己，也害了家人。他上有父母，下有兒女，妻子能幹賢慧，生意做得紅紅火火，自己當老師，多好的一家人！他這一死，人生最不幸的『老年喪子、中年喪夫、少年喪父』三件事他家算是占全了。」

某丙說：「劉菊林嫁給老熊也應該心滿意足了。老熊是中學主任，有能力、有地位。他們的結合，也算是『郎才女貌』。可她與姓方的藕斷絲連，這一下毀了自己，也害了姓方的。」

某丁說：「你以為她是愛老熊嗎？不是的。聽說她肚子裡已有了，得趕快找個男人遮掩一下，所以別人一介紹，他們就閃電般地結了婚。」

某戊說：「我認為他們的死與老熊處理不當也有關係。妻子『紅杏出牆』，可以離婚嘛。你把門一鎖，他們肯定絕望了。事情一敗露，不但名譽掃地，而且還會丟飯碗，甚至坐牢。考慮到嚴重的後果，與其束手就擒，不如遠走高飛，因而跳窗而逃，導致雙雙死亡，釀成人生悲劇。難道老熊一點責任都沒有嗎？」

這場沒有主持人的討論正在進行時，東頭街上的人騷動起來，讓開了一條路，死者的屍體抬回來了，直接抬進了公安局。

人們還不願意散去，繼續圍在公安局大門外等候屍檢結果。大家又談論著將會怎樣驗屍，會不會解剖，劉菊林到底懷了孩子沒有等等感興趣的話題。

過了一會兒，公安局的大門開了，兩具屍體被抬出來，依然用白布裹得嚴嚴實實。徐老師在前面指揮兩邊的人讓開一條路。抬屍體的人朝小學方向走去，走到乾溝以後向右轉彎，順著乾溝邊上的路向山上走去。

這時，看熱鬧的人一部分站在街上觀望，一部分跟著擔架上山了，一直跟到半山腰的墓地。

兩副棺材已抬到墓地，墓穴也挖好了。在墓地等候的人把擔架接下來，解開繩子，把屍體放到棺材裡，然後下葬。

沒有哀樂，沒有花圈，沒有鞭炮，沒有親人送葬，兩位有才華的老師就這樣長眠在學校後面的山上了。

人們下山時又說起昨夜奇怪的聲音。那聲音不正是沿這條路線上山以後才消失的嗎？難道是巧合？難道是鬼叫？誰也說不清楚。

星期一上午，學校召開全校師生大會，張校長簡要通報了方、劉事件，要求老師和同學們正確認識這件事情，不要再談論了，迅速恢復教學秩序，迎接即將到來的學年考

中學生活

一九五四年七月，我從城關小學畢業，以優異成績考上了興山縣初級中學。真巧，大舅的女兒陳光珍、二姨媽的女兒李質蘭分別從古夫小學和湘坪小學考入興山縣中，三老表編在一個班（初一丙班）。

興山縣中是上世紀四〇年代在私立大公中學的基礎上創辦的，是興山縣唯一的一所初級中學。一九五六年興辦古夫中學以後，興山縣中即改稱為興山縣第一中學，古夫中學為興山縣第二中學。

興山一中坐落在縣城西門外的一片山坡上，最初的校舍是利用白衣庵廟宇改建的。後來又建了幾棟校舍。我們住最上面一棟。這棟校舍分兩部分，靠乾溝是兩層樓的教室，靠山邊是三層樓的男生寢室，旁邊有一個長形操場。操場下方有一棟兩層樓的校舍，是校長辦公室、教導處、總務處以及部分老師的宿舍和女生寢室。這棟校舍的右下方是大廚房，左下方是小廚房；向南約五十多米靠山邊有一排平房，是教室和教師辦公室。它的外面是一個大操場，有一條大路直通西門樓子，是從學校上街的交通要道。

園丁風範

學校領導和教過我們的十多位老師，是一支資格老、水平高、事業心強的優秀團隊。

校長鄭啟讓是秭歸縣人，當過土改工作隊隊長，我們進校時才接任校長。他原則性強，作風過硬，性格沉穩，表情嚴肅，在師生中威望很高。

我們的班主任、語文老師陳啟植，宜都縣人，剛進修回來就接了我們這個班。他戴一副近視眼鏡，背微微有點駝。陳老師在上新課之前，要求我們提前預習。課堂上講練結合，啟發學生思考問題，鼓勵學生回答問題。每上一課書做一次語文作業，每週做一次作文。他批改作業非常認真，用紅筆糾正作業中的錯誤，寫上簡單的批語。批改作文寫眉批、尾批。全班五十多個學生，作業本收起來近一尺厚，陳老師的工作量可想而知。陳老師注意記錄學生的表現。初二時，一天晚上我在廁所拾了七角錢，立即交給了他，找到了失主。他還把這件小事寫進我的成績單的「班主任評語」。

給我們教過代數、幾何的老師有熊發春、朱全厚、張正品、艾崇周等。

熊發春是學校總務主任，兼教代數。他講課時頭稍稍揚著，眼睛不直視學生，把例題一講就布置作業，然後在教室裡巡視，為同學們答疑解難。

朱全厚老師教學經驗豐富。我們讀初三時，他教幾何。朱老師講課重點突出，語言精煉，邊講邊畫圖，教我們觀察分析，把抽象枯燥的幾何講得通俗易懂。

張正品、艾崇周是兩位年輕老師。他們的共同特點是平易近人，不修邊幅，說話幽默，在課堂上有時還開點小玩笑，引起哄堂大笑，氣氛十分活躍。張老師喜愛拉手風琴，會修鬧鐘、手錶、收音機，還會開拖拉機，多才多藝。

劉培誠是教導主任，教我們的政治課。他個子不高，臉上輪廓分明，很講究儀表，頭髮梳得光光的，皮鞋擦得亮亮的。講課理論聯繫實際，深入淺出，深受同學們喜愛。

還有一些老師，都有自己的絕活。生物老師李竹七製作了大量動、植物標本。地理老師徐先知在黑板上畫地圖一步到位。體育老師郟松濤撐竿跳高在全省比賽中獲得過優勝，徐宏貴老師可以在地上倒立行走。

老師們大多是從外地調來的或大學畢業後分來的。興山縣地處鄂西北山區，交通閉塞，經濟落後，物質文化生活貧乏，辦公住宿條件簡陋。九位語文老師擠住在靠廁所的一間大教室裡。每人一張單人床，床前一張辦公桌，桌上一盞煤油燈，地上一個開水瓶，床頭放一口行李箱。學生上晚自習時，他們在教室輔導；下晚自習以後才回到寢室備課、批改作業，每天工作到深夜。

我們畢業後不久，一場突如其來的政治運動改變了許多老師的命運。彭祖光、徐宏貴、杜春遠、朱全厚、劉培誠、艾崇周、張正品等二十多位老師被批判鬥爭以後戴上了「右派分子」帽子，成了「人民的敵人」，有的被開除，有的去勞教，有的判了刑。儘管一二十年後都得到了改正和平反，但青春不再，業務荒疏，妻離子散，有的四五十歲了還是孑然一身。

優異成績

經歷過寒冬的人，倍覺太陽的溫暖。我進中學的時候雖然才十三歲，但特殊的經歷使我比同齡人要成熟得多。我有著堅定的信念和明確的目標。這就是，要珍惜來之不易的學習機會，發奮讀書，用知識改變自己的命運。

在課堂上，我挺直腰板，左手壓書，右手握筆，直視前方，全神貫注地聽講，大腦隨老師的講解而思考，時而看課本，時而記筆記。老師提問，我積極舉手回答。課後按照老師的要求認真做作業。

我的代數、幾何作業總是率先完成。一些不願動腦筋的同學，尤其是女同學，漸漸找到了「竅門」。她們到講臺前翻看我的作業，有的甚至拿到座位上抄，抄完後又被另一個搶去。

老師把作業批改後由值日生拿來發給大家。各科老師對書面作業都評「甲、乙、丙、丁」四個等級，我的語數作業幾乎都是甲等。每次班上或全年級舉辦作業展覽，我的作業總是被選中。

「寶劍鋒從磨礪出，梅花香自苦寒來」。我進初中後，各科成績穩步上升。單元測驗、期中考試、期末考試，門門功課都在九十分以上。初三上時，我獲得了成績單上代數、幾何雙百分。其他科目也都在九十分以上。這是我學生時代最輝煌的時期。我喜愛數理化，當時曾幻想，將來當一名數學家或科學家。

一九五七年春季開學初，學校領導宣布，本學期舉行初二、初三兩個年級的數學競賽。初三學生獲得前三名的保送上高中。競賽時間定在五月份。

數學競賽對我來說是一個難得的機遇。數學是我的強項，進入前三名是有把握的。我報了名，並按照老師指定的範圍進行了賽前復習。

五月份到來了。預賽我獲得了初三年級第二名。

緊接著舉行決賽，我更上一層樓，獲得了初三年級第一名。

學校召開了全校師生大會，校長鄭啟讓親自給優勝者頒發獎狀獎品。

我捧著獎狀，猶如拿著高中錄取通知書，心裡喜不自禁。我自己得到了榮譽，也為我的班級、我的數學老師爭得了光彩。熊發春和艾崇周兩位數學老師與我合影留念。

親人關懷

興山解放以後，我的幺爹嚴大樑、九姑嚴大璟、幺姑嚴大琛先後走出大山，參加了工作。頭幾年，他們不敢給家鄉的親人寫信，因而我們並不知道他們在什麼地方從事什麼工作。他們雖然遠在他鄉，但並沒有忘記還在家鄉受苦受難的嫂子（我的母親）和侄兒。

一九五二年，幺姑給我的母親寫了一封信，寄了幾元錢，信封上沒有寫寄信人地址。農會幹部把信和匯票沒收了，還要我的母親交待嚴大琛去了什麼地方。並警告：「以後不准與任何人進行聯繫！」幺姑和姑父是秘密離開興山的，到哪裡去了，母親怎能知道？為此挨了一頓惡狠狠的訓斥。母親儘管沒有看到信和匯票，但心裡仍然樂滋滋的。因為由此可以斷定，他們已平安地離開了興山，謀到了生路。

一九五三年春，九姑也來信了，寄了四元錢，寫了幾句話，只說她已找到了工作，叫我們放心。信封和匯票上也沒寫地址和單位。這時政策鬆了一些，農會幹部再也不敢扣押私人信件和匯票了。我到郵局兌了錢，母親領我在城關一家裁縫鋪做了一套黑色制服。這是我上學後收到的第一筆接濟、穿上的第一套新衣。

之後，有兩年沒有接到親人們的來信。我進初中後，沒有錢交伙食費，在學校下面的王家借鍋灶做飯吃。每天等學校開飯以後，到操場上去刮盆子，收點殘湯剩菜，端到王家去吃，無異於當乞丐。

這時，遇到了一位好人，就是炊事員喬能常，家住興山城關。他看到我天天收殘湯剩菜，產生憐憫之心，就在給學生分菜時，留一點點在菜桶裡。我去收菜時，給我舀到缽子裡。過了幾天，喬伯伯給我留菜的事被另一個炊事員看見了。此人一臉大鬍子，諢名兒叫「鞋刷子」。他馬上報告了食堂事務長。事務長找喬師傅談話，警告他再不要這樣做了，否則開除他。同時向我的班主任作了通報。

一天下課後，陳老師喊我去談話，我如實講了情況。陳老師並未批評我，而是給我爭取了丙等助學金，每月兩元（甲等六元，乙等四元）。陳老師叫我到學校食堂吃飯。當時伙食費每月六元，丙等助學金還能解決一點問題。

進初中後的第一學期在困境與波折中度過了。放寒假後，我天天在家裡做作業、看小說。

一天傍晚，母親做活還未回來，我在家裡聚精會神地看《阿爾泰山小英雄》。突然，鄉政府胡秘書到我家中，要我送一個通知到肖家嶺。我知道這條路又陡又滑，兩旁全是桐樹林和灌木叢，經常有野獸出沒，天一黑更加難走。加之小說情節引人入勝，我正看得入迷，實在不願去。老胡硬要我去，我還是不答應。他發火了，厲聲吼道：「你知不知道，你是地主的兒子，這次如果不去，我叫你讀不成書！我們走著瞧。」我最怕讀不成書，只得勉強答應了，接過通知，哭著上了肖家嶺。回來時，天黑得伸手不見五指，摔了好幾跤，差一點滾下深溝。

開學報名時，我的助學金被取消了。我去問陳老師。陳老師說：「龍池鄉政府給學校來函，說你在寒假中與幹部對抗，要求學校開除你。校領導鑒於你在學校表現好，只是取消了助學金。」

沒有了助學金，我又陷入困境。母親只得到白沙河、夫子岩等幾個地方，向家境好一點的親戚求援，有的借兩元，有的借一元，慢慢維持著艱難的時光。

正在這時，幺爹來信了，並寄來了十元錢。他在長陽縣委工交部工作，偶然從一個興山老鄉口中得知我已上了中學，處境非常困難，於是寫了這封信並寄了錢。接著，九姑、幺姑再次來信，各寄了幾元錢。這時她們在信中才告訴實情。九姑在枝江縣一所小學任教，姑父余明達在商業部門工作。幺姑在武漢第二機床廠醫務室當醫生，姑父陳介農在漢口惠濟醫院任院長。

三位親人都來信了，我趕快給親人們寫回信，告訴家中情況。從此，我與親人們的聯繫再也沒中斷過。三位親人源源不斷地給我寄錢寄物，使我的學業在經濟上得到了保障。他們還在信中教育我、鼓勵我，希望我刻苦學習，立志成才。我把親人們的關懷和期望牢牢記在心中，成為一種新的動力，以新的姿態投入學習，使每門功課的成績不斷創出新高。

一九五六年寒假前夕，幺爹來信並寄來路費，接我去長陽過春節。我小時候，幺爹在宜昌讀書，每次回家總要給我帶個玩具，把我抱著舉過頭頂，用嘴咬我的小臉蛋，非常喜愛我。

這時，正好體育老師郟松濤帶領學校田徑隊的同學去沙市參加全省中學生田徑運動會。我跟他們結伴而行，走到香溪已是下午了，一打聽，當天沒有去宜昌的輪船。賽期逼近，不能耽誤，郟老師租了一支小木船。

小船載著我們十多個人及船工離開香溪。一駛進峽谷，迎面來了一艘上重慶的大客輪。我第一次見到這樣的龐然大物，看得目不轉睛，直到它從視線中消失。輪船過後，巨浪把小船掀得顛來簸去，大家驚叫起來。船老大叫我們坐著別動。

小船到新灘要「放漂」，為了安全，船老大叫我們上岸，走到新灘下面再上船。

過了新灘以後，我們的小船行駛在平靜的江面上。同學們盡情欣賞著西陵峽兩岸的旖旎風光，背起了李白的名篇：「朝辭白帝彩雲間，千里江陵一日還。兩岸猿聲啼不住，輕舟已過萬重山。」幾個女同學觸景生情，唱起了「雅魯藏布江，日夜奔流忙」。動聽的歌聲在峽江上回蕩。接著，有的講故事，有的說笑話，旅途十分愉快。

天色漸漸暗下來，我們在蓮沱住了一晚。第二天上午抵達宜昌。郟老師帶我們逛了宜昌當時最繁華的解放路。寬闊的街道，高大的樓房，奔馳的汽車，熙熙攘攘的行人，這一切都令我耳目一新。再過半年，我就要到這座城市來讀書了，心裡樂滋滋的。下午，我跟郟老師和同學們到九碼頭，坐上沙宜班輪船。

我在紅花套就下船了，再坐汽車到長陽城，找到縣委工交部，見到了幺爹。幺爹看了我的成績單以後非常滿意。

從交談中我才得知，幺爹解放初考上湖北軍政幹校，畢業後分到長陽縣擔任一個區的土改工作隊隊長，後調到工交部任科長，還沒有結婚，住在縣委幹部宿舍，在食堂吃飯。他給我一把鑰匙、零用錢和一遝食堂餐票，說有時他出去了，開飯時不要等他，自己去食堂買飯吃。

春節以後我要回興山了。幺爹給了我一學期的費用，還給我母親和四姑媽各帶了一些東西，把我送上了去紅花套的汽車。

快樂年華

我們學校伙食費雖然便宜，但吃得差。每天早上是玉米麵糊糊，一個鹹菜，中午和晚上是玉米麵飯，一菜一湯，每個星期打一次「牙祭」。由於生活差，同學們一頓等不得一頓，每次開飯的鈴聲一響，就拿著碗筷從不同的地方以百米衝刺的速度向開飯的操場狂奔，到達以後便把盛飯的大木桶圍得水洩不通。每個桶只有兩把鐵勺，搶不到鐵勺的乾脆用碗舀。舀到飯以後便往外擠，有把飯擠潑的，有把鞋子擠掉的。裡面出來一批，外面的又往裡面擠。一頓飯下來，木桶周圍的地上都是黃燦燦的玉米麵飯，糟蹋十分嚴重。

為了從根本上解決長期以來最棘手的搶飯問題，學校領導和後勤人員煞費苦心，後來向縣陶瓷廠定制了一批圓柱體陶缽，分大中小三種。又與糧食局協商，把玉米加工成玉米米供應學校。做飯時，炊事員把陶缽擺開，用大小不同的容器量玉米米，倒入陶缽後加水，然後放入一格一格的正方形大蒸籠。這樣蒸出來的飯就是表面有一些玉米皮，把玉米皮刮去，下面的飯很好吃。餐票分甲、乙、丙三等。飯量大的可以多吃，多吃多出錢。

我們的伙食雖不盡人意，但文體生活卻豐富多彩。學校每學期都要組織一些大型活動，如田徑、籃球比賽，開聯歡晚會。

我在城關小學讀書時，每年都有河南雜技團來興山演出。我們看了雜技表演後紛紛模仿雜技演員的一些動作，如三角倒立、徒手倒立、倒立行走、向後彎腰一百八十度，肚子上站人；還有翻斤斗、打翻叉等等。學得好一些的都是年齡較小的，進初中後多分在丙班。

學校開聯歡晚會時，各班都要出節目。我們便向陳老師建議，班上成立一個雜技隊。陳老師同意，經毛遂自薦，有十一、二個人報了名，由功夫最過硬的王從華擔任隊長。

雜技隊成立後，請體育老師徐宏貴擔任教練。他指導我們訓練，還教我們跳箱、做墊上運動、疊羅漢。練到一定程度後，徐老師編排了一套節目，先在班上作了一次彙報演出，非常成功，陳老師很滿意。後來吸收了幾名會打擊樂器的同學，表演時敲鑼打鼓，增加熱鬧氣氛。

表演時，動作一套一套地進行。隊員在鑼鼓聲中從一側打著翻叉魚貫入場。王從華化妝成小丑，走在最後，頭幾圈做一些滑稽動作，引得大家發笑，最後一個空心跟斗，「方顯出英雄本色」。

除雜技以外，尹正光和胡興益的相聲，金永喜等人的京劇折子戲，尹正光、王光華等人的樂器合奏，陳時宗的小魔術，還有女同學陳光珍、賈先青、姚光惠、俞志秀等人的舞蹈等等，也很出色。每次聯歡晚會，我們班出的節目最多、最好，為班上爭得了榮譽。

學校開聯歡晚會時，老師也拿節目。我印象最深的是語文老師丁遵新的一次詩歌朗誦，題目是〈卓婭與舒拉〉，是當時一本文藝雜誌上刊登的長篇敘事詩。

詩的大意是：蘇聯衛國戰爭時期，德寇抓住了一個女游擊隊員，名叫卓婭，只有十六歲。德寇要她供出游擊隊藏匿地點，遭到卓婭的嚴詞拒絕。敵人用盡酷刑，未能使卓婭屈服，後來剝掉她的衣服和靴子，押著她在冰天雪地裡行走。敵人在村子廣場上支起了絞刑架，把全村人趕到那裡，把卓婭押到絞刑架下，將繩子套在她的脖子上，用點燃的煙頭燒她的臉和乳房，進行百般折磨。卓婭堅強不屈，在生命的最後時刻，號召全村同胞團結起來，與德國法西斯戰鬥到底，奪取最後的勝利。德寇把卓婭絞死了。卓婭犧牲兩年以後，她的弟弟舒拉為了給姐姐和犧牲的同胞報仇，毅然參加了近衛軍，當了一名坦克兵。他開著坦克在前線與德寇英勇作戰，後來也壯烈犧牲了。

以這個可歌可泣英雄故事創作的長篇敘事詩感人肺腑。丁老師站在晚會會場中央，以飽滿的熱情，熟練地背誦了這首長詩。語調抑揚頓挫，節奏沉穩明快，時而激昂，時而深沉，時而熱烈，時而悲憤。晚會會場鴉雀無聲，許多同學熱淚盈眶。這是一次高水準的詩歌朗誦，可見丁老師語文功底之深。

怪事奇人

讀初二上時，我們學校發生了一件怪事。

一天深夜（後來聽陳老師說是凌晨兩點），同學們都在熟睡，突然一個同學「喔喔喔喔」地吼叫起來，像驅趕野獸一樣。吼叫聲迅速蔓延，該寢室的學生都「喔喔」吼叫起來，接著同一層樓的學生也「喔喔」吼叫起來，接著整個三層樓數百名學生全部「喔喔」吼叫起來。再接著，距男生寢室五十多米的女生寢室也「喔喔」吼叫起來。驚天動地的吼叫聲震撼著校園的夜空，持續了十多分鐘。三甲班的一個男生造成幻覺，以為房子塌了，趕忙從三樓窗子往下跳，重重地摔在一樓小平房的平臺上，把腿子摔斷了。

這時候，陳啟植老師還在批改作業，他聽到吼叫聲，最先跑向我們寢室，把同學們喊醒，然後又去其他寢室，制止同學們吼叫。

學校領導、全校老師和炊事員都驚醒了，立即從住的地方奔向男生寢室，女老師奔向女生寢室。炊事員以為是野獸或壞人跑進了學生寢室，便拿著扁擔、木杠，準備搏鬥。同學們清醒以後都起床了，似乎經歷了一場劫難，個個戰戰兢兢。大家成群結隊地上廁所。有的向老師講述是怎樣吼叫起來的。三甲班的老師和同學趕快做了一副擔架，抬著跳樓的同學，前呼後擁地送往縣人民醫院。

聽老校工萬慶安說，在此之前學生夜吼過兩次，這是第三次了。數這次最厲害，聲勢最大，持續時間最長。

第二天，走讀生一到校就聽住宿生講述昨夜吼叫的事。很快，縣中學生夜間夢吼成了特大新聞，迅速傳遍興山縣城。

接著各種奇談怪論也出來了。人們把學生夢吼的原因歸結為鬼使神差。有的說學校校舍是廟宇改建的，破壞了菩薩的寶殿，毀滅了菩薩的金身；有的說學校搞基建、修操場挖了許多墳墓，弄得亡靈們無家可歸，不得安寧。學生夢吼是菩薩和鬼魂實施的報復行為，如此等等，越說越玄乎。但說來說去並無定論，發生夢吼的原因成了一個難解之謎。

過了一些日子，學校搞基建又挖起墳來了。這次挖的是和尚墳。和尚墳與俗人的墳不同，墓頂是圓形的。

一天上午，幾名建築工人拿著工具，在管基建的劉志修老師帶領下，到我們寢室旁邊的墓地，準備挖墳平地基。上完上午最後一節課，我們午飯也顧不上吃，飛跑到工地，去看工人挖和尚墳。

工人們已挖了一座，正在拆第二座墳外面的磚。磚拆除後，現出一口大瓦缸，倒扣在另一口埋在地裡同樣大的瓦缸上。工人用鑽子鑿掉缸口堅硬的石灰塊，然後用鋼釺把缸撬開，慢慢挪到旁邊的地上。和尚的屍體還未腐爛，盤坐在瓦缸裡，頭剃得光光的，雙手合十，眼睛緊閉，臉上皮膚呈烏灰色，項上掛著一串佛珠。屍體一見天日，立刻變成烏黑色了。

兩個工人跳進缸裡，用布把和尚的屍體包住，用繩子捆好。在上面工人的接應下，把和尚的屍體抬出瓦缸，裝入旁邊已準備好的木匣子，抬到山上另行安葬。看完挖和尚墳的全過程，上課的預備鈴響了，我們飛也似地跑回教室。

我上初中的時候，有一個奇人，姓張，四川人，約三十多歲，是個瘸子，穿著補丁摞補丁的緊身衣褲，戴一頂破草帽，黝黑的臉上一雙賊眼。聽別人講，他以前是一個賊，有一次行竊時被抓住了，別人把他捆起來，割斷了兩條腿彎子的筋，從此成了瘸子，矮了一大截，走路時一條腿拐著，一條腿拖著。大家稱他「張bai頭兒」，時間一長，竟沒有人知道他的名字了。

張bai頭兒住在城關西頭一間臨街的房子裡。他每天用竹棍挑一個口袋，在城外一些垃圾堆裡刨，把居民丟棄的死豬、死狗、死雞撿回去煮了吃，暫時吃不完的用鹽醃一下，掛在屋簷下的竹竿上，日積月累，竟掛了好幾竹竿。有的已經腐爛了，散發出陣陣臭氣。有的長了蛆，掉到地下，爬得到處都是。街坊鄰舍怨聲載道，紛紛向張bai頭兒提出抗議，他不予理睬。後來反應到了城關鎮政府。

鎮政府派人去看，確實不像樣子，有礙觀瞻，污染環境，還會傳播疾病。於是，在我們學校旁邊乾溝坡上找了一間空草房，請了兩個工人給張bai頭兒搬家。

張bai頭兒搬到乾溝以後，尹正光提議寫副對聯送去，大家同意。說幹就幹，第二天買了兩張紅紙，尹正光作了一副對聯並自告奮勇執筆。上聯是「深山野嶺喜氣洋洋」，下聯是「恭賀老張遷居草堂」，橫批是「六畜興旺」。午飯後，尹正光和我約了好友劉明君、丁祥太、胡興益等幾個同學，在垃圾堆裡撿了幾個破搪瓷盆，拿著對聯、漿糊，敲敲打打地給張bai頭兒送去，並把對聯貼了起來。

學校操場是張bai頭兒上街的必經之路。有一次他從操場路過，我們正在操場上玩。調皮的同學模仿他走路，一條腿拐著，一條腿拖著，一走一bai，惟妙惟肖。張bai頭兒很不高興，抓住其中一個要去報告老師。那個同學掙脫了。張bai頭兒說：「你跑，我也要去給老師說。」那個同學說：「你不認得我。」張bai頭兒說：「你蓄著幾根卵毛，哪個不認得你？」同學們哈哈大笑，從此這句話成了口頭禪，一見到那個同學便說：「你蓄著幾根卵毛，哪個不認得你？」

張bai頭兒天天吃著從垃圾堆裡撿來的動物屍體，可是從來不生病。此後，過了三十多年，到上世紀八〇年代中期，我的大女兒在興山一中上高中時還見過張bai頭兒。又過了一些年，聽說張bai頭兒死了，不是死於疾病，而是被縣公安局長的兒子夥同幾個學生用石頭砸死的，結束了苦難的一生。兇手是公安局長的兒子，被殺者又是個孤苦伶仃的殘疾老人，所以兇手逍遙法外，無人追究。

沉重打擊

初中三年，我也經受了一些打擊。

一是初一下時，由於鄉政府秘書作祟，我的丙等助學金被取消了。

二是關於申請入團的事。我喜愛閱讀課外書籍，從初一起，先後閱讀了方志敏的《可愛的中國》、吳運鐸的《把一切獻給黨》、奧斯特洛夫斯基的《鋼鐵是怎樣煉成的》、法捷耶夫的《青年近衛軍》，還有《阿爾泰山小英雄》、《卓婭和舒拉的故事》等等。這些書使我深受教育。

一九五六年春，在書中英雄人物的感染下，我萌生了加入共青團的願望，並向團支部書記王光華說了自己的想法。他叫我寫一份入團申請書。我按照他說的格式，很快寫了一份交給了他。

申請書交了幾個月，如石沉大海。五四青年節時，學校團總支舉行新團員入團宣誓儀式，我們班有兩個新團員，可是我無人問津。我去問王光華。他說：「我們團支部對你的入團問題進行過討論，認為你學習成績好，遵守紀律，熱愛勞動，積極參加班上的文體活動，而且拾金不昧，各方面表現不錯，一致同意吸收你為新團員。我們報到學校團總支去了。後來團總支研究時，因你的家庭出身問題沒有批准。」家庭出身問題再一次給我年輕的心蒙上了一層陰影。

三是關於保送上高中的問題。一九五七年春，學校舉辦數學競賽時，校長許諾初三年級數學競賽獲得前三名的保送上高中。我獲得了第一名，但並未兌現，前三名仍然要參加中考。後來聽說，取消保送也是因為家庭出身問題。學校領導不能也不敢保送一個地主家庭出身的學生上高中，這是當時最忌諱的政治立場問題。第一名不能保送，第二名、第三名也跟著倒楣了。

以上三次打擊對我的影響並不大，而第四次，即中考成績優秀卻名落孫山，是對我一生中最沉重的打擊。

升學考試結束後，我回到家裡，向母親講述了考試情況，自我感覺良好，上高中勝券在握。母親很高興，借這個機會，說出了她的一樁心事：她看中了一個聰明漂亮而且很有教養的小姑娘，比我小兩歲，已上初中二年級，希望我將來找她談戀愛。可憐天下父母心。兒子才十六歲，就在考慮兒子的婚姻大事了。

八月上旬，聽說已有同學接到了錄取通知書。我望穿雙眼，等待佳音。但是，時間一天天過去了，我沒有收到任何信件。八月中旬，我急不可耐，天天到學校去打聽。但時逢暑假，學校裡有時見不到人；有時碰到一兩個老師，招生的事他們也不知道。

有一天，教導處的卞老師正好在辦公室。他告訴我：「你中考的成績很好，是全縣第二名。宜昌二高（夷陵中學的前身）來興山招生的老師已填寫了錄取通知書。但你們鄉里有一個領導到縣教育局（這時文教科已改為教育局），聽說你被錄取了，便找到管招生的局長，說嚴永西家庭出身不好，社會關係複雜，要求教育局嚴格執行黨的階級路線，把地主子女嚴永西拿下來，改錄貧下中農子女吳某某。」

原來如此！他們用「調包計」剝奪了我上高中的權利，扼殺了一棵數學天才苗子，也改變了我一生的命運。到宜昌上高中，考大學，當數學家，找聰明漂亮的小姑娘談戀愛，一切的一切，現在都成為泡影、化為烏有了。

我像洩了氣的皮球，恍恍惚惚回到家裡，向母親哭訴了名落孫山的情況和原因。母親到底是經受過驚濤駭浪的人，雖然氣憤，但很鎮定。她安慰我說：「這不是你沒有努力，是老輩子發家致富害了子孫，你沒有任何罪過，而是受到了株連。不要氣壞了身體，『留得青山在，不愁沒柴燒』，以後慢慢打主意，說不定還有出頭之日。」

後來聽說我們班錄取了十多人。陳時宗、傅興鼎、舒化章、高長庚等被宜昌二高錄取，宋宏文等被師範學校錄取，成章岡被氣象學校錄取，陳庸強被財稅學校錄取。三年後，陳時宗、舒化章考入武漢大學，前者畢業後從事核武器研製工作，後者官至福建省紀委秘書長。傅興鼎考入華中師範學院，畢業後曾任高中教師，後任宜昌市教育局教研室主任。高長庚考入華中工學院，畢業後在一個軍工廠任工程師。他是神農架林區的人，後被林區政府作為引進高級人才調入林區，任林區經委總工程師。宋宏文畢業後當了小學教師，成章岡畢業後分在宜昌氣象局，陳庸強畢業後分在稅務部門，後升任區委書記、興山縣人大常委會副主任。

附記

二〇〇七年，為紀念中國高考制度恢復三十周年，中央電視臺播放了專題節目。我看後感受頗深。

文革初，大學停課鬧革命，一大批知名教授、學者被打成反動學術權威、黑幫分子、牛鬼蛇神，遭到殘酷鬥爭、野蠻毒打之後被關進「牛棚」勞動改造，其中有的被迫害致殘致死。

後來，中央文革提出「工農兵上大學、管大學、改造大學」，實行「推薦與選拔相結合」的招生制度。名曰推薦工農兵，實則推薦的大多是有權有勢人的子女，部分初中、小學文化程度的人也成了大學生。

一九七七年，鄧小平同志主持中央工作後，堅持解放思想、實事求是的思想路線，進行了大刀闊斧的改革。其中很重要的一個決定就是廢除大學招生的「推薦選拔」制度，恢復高考制度。這年冬天舉行了文革後第一次高考。但是，招生部門在具體錄取工作中，仍然實行長期以來的政審制度，寧左勿右，不敢越雷池半步，還是把家庭出身和社會關係作為首要條件。因而又使一大批考試成績上了錄取分數線但出身不好的青年被淘汰了。

一九七八年七月七、八、九日舉行文革後第二次高考。在此之前，教育部根據中央的安排起草了新的大學招生錄取規定，「政審」條件仍然沿襲老一套，把家庭出身、社會關係作為取捨的首要條件。這份文件稿呈送給鄧小平同志審閱。小平同志看後很生氣。他說，中國封建社會科舉考試就不看出身，貴族也好，平民也好，只要八股文做得好就能中舉人、中進士。出身不由己，道路可選擇嘛。唯成分論扼殺了多少人才，要不得！於是，他拿起如椽之筆，將政審的一大段文字全部劃掉，另寫了六個字：「注重個人表現」。就是這一言九鼎的六個字，挽救了多少中國熱血青年的命運，成千上萬才華橫溢但出身不好的莘莘學子，才得以進入高等學府深造，成為中國社會主義現代化建設的棟樑之材。

做客中央電視臺「百家講壇」，講《史記》的河南大學教授、博士生導師王立群先生就是其中一個。他因家庭出身不好，上初中只能進民辦學校，還要半工半讀。畢業後在民辦學校當教師。他邊教書邊刻苦自學，水平不斷提高，由民辦小學教到民辦高中。一九七七年冬，他參加了文革後第一次高考，因家庭出身問題未被錄取。一九七八年實行新的政審標準後，他直接報考碩士研究生並金榜題名，畢業後留校任教。

回鄉務農

二十世紀五〇年代中期，農村開展了合作化運動，以村為單位成立了農業生產合作社。農業社既是經濟組織，也是基層行政管理機構。村幹部變成了「社幹部」，村民被稱為「社員」。

初學農活

我考高中沒有錄取的消息，家鄉人很快都知道了。一天，農業社主任來到我家裡，對母親說：「你的兒子十六歲了，已到了勞動力年齡，應該參加農業社的勞動，還要定勞動日、基本工分。經社委會研究，每月暫定二十五個勞動日，明年定二十八個勞動日。每個勞動日的基本工分定為六分，從九月份起開始計算。」

我到城關西門樓子鐵匠鋪買了一把鋤頭、一把薅鋤，回家請人鬥了把子。還買了幾雙草鞋，做好了出工的準備工作。

九月份一到，我就跟著母親出工了。水田裡的稻子已收割完畢，水已放乾，田已犁好。我做第一天活就是打土疙瘩，將稻草兜子抖出來，把地整平。

男勞力去耕田、背糞，準備種小麥；平整水田的多是婦女。她們邊幹活邊聊家常，有的幹兩下就拄著鋤頭把站一站，或往附近農戶的廁所跑，或到廚房去找水喝。我既不聊天，又不上廁所，也不喝水，一直不停地幹，累得滿頭大汗。幹了不到一天，手上就打了幾個血泡，腰也疼起來。有位好心的大娘對我說：「你這樣不停地做是耐不活的，刨幾鋤了也要站一站，直一下腰。」我很感激她，也就像她們一樣，刨幾鋤了站一下，沒有尿也往廁所跑，不喝水也去別人的廚房走一遭。

田整好以後開始栽油菜苗。一個人掏溝，一個人放菜苗，抓一把土蓋住根部，還要輕輕壓一下，再掏一行溝，刨起來的土要把前一行的溝填平。我幹不了這些活，就去挑水，挑到田裡由另一個社員給菜苗澆水。

栽完油菜、種完小麥以後，勞動力都上山去打桐子。深渡河的山上幾乎都是桐樹林，春天開花時，嫩綠的葉兒，白色的小花，淡淡的清香，景色很美。夏天桐子的果實長大了，圓圓的、青青的。城裡人到鄉下來，常常把它當成梨子摘了吃，許多人上當。

打桐子要從桐樹林最高處往下打。打桐子的人上樹後，幾竹竿打去，桐子像下冰雹一樣紛紛落下，咕咕轆轆一直滾到溝底。婦女和弱勞力就拎著籃子撿桐子，撿滿以後倒入大背籠。背桐子的人都是小夥子，背回去倒在農業社倉庫裡。它變黑以後再用撮箕端到稻場上，把殼剝去就成了烏黑色的桐子米。桐子米曬乾以後就在本社的榨房加工成桐油，背到城裡出售。賣桐油的錢是農業社最主要的經濟收入。油餅是上等肥料。

打桐子時，我既不會爬樹，也背不動桐子，就提著籃子與婦女們一起撿桐子。撿桐子也很辛苦，從坡上往坡下搜索，草叢中、刺架窩、深溝裡都要仔細尋找。把籃子撿滿了要提到放背籠的地方去倒。桐樹林很陡，又沒有路，倒桐子也是一項艱巨任務。母親和幾位老大娘撿的桐子由我拎去倒入背籠。

桐子打結束以後，開始挖紅苕。我常常把紅苕挖成幾塊，只好去當搬運工，誰的籃子滿了，我就提去倒入大背籠。

大戰河灘

秋收秋種結束以後，鄉政府把全鄉的勞力五百多人調到深渡河搞農田水利基本建設。具體任務是修河堤，然後將河壩改造成良田。

家鄉的這條河，從神農架發源，流經頂塘、平水河、鄭家坪、夫子岩，在響灘與發源於神農架的另一條河匯合以後，再流經縣城、大峽口，在秭歸縣的香溪鎮注入長江。在兩條河匯合處的山坡上，有一個叫寶坪的村子，古代四大美女之一的王昭君就出生在這裡。相傳王昭君在河邊洗過香帕，因而水變香了，所以這條河被稱為「香溪河」。

香溪河從發源地到入江口三百多里。它的支流很多，較大的有咸水河、竹園河、萬家河、鄭家河等，承雨面積大，水量充沛，小木船可以從夫子岩直達長江。

香溪河流經深渡河的那一段，山勢開闊，從沙壩溝到白岩口，約三里多長，兩山之間約一里寬。河水順著筆架山的山腳由北向南流淌，到了沙壩溝以下分成兩條河。主河道有一段落差大，河水湍急，浪花翻滾，是行船最危險的河段。險灘南端有一個深潭，潭邊有一巨石叫賴痲子石。賴痲子石以下的河段水流平緩，是我們夏天游泳的場所。再向南到白岩口又是一個險灘，然後就進入五里長峽了。

支汊河成弧形，從深渡河土坎下面流過，與主河道在白岩口滙合。這樣，兩河之間就形成了一塊兩頭尖中間寬的長形河壩。

鄉政府決定修建的水利工程，就是從沙壩溝開始，沿著大河壩的中軸線修一道長堤直達白岩口，也就是滅掉支汊河，然後在堤內的河壩和支汊河的河床上挖高填低，平整以後墊土造田。這一宏偉計畫實現後，可增加良田數千畝。

為修建這個水利工程，鄉政府進行了一系列準備工作。成立了工程指揮部，向縣水利部門爭取了資金，落實了上調勞力。還進行測量，用石灰劃出大堤的位置，分成若干段，落實到各農業社。每個農業社製作了寫有社名的紅旗。

開工那天，召開了誓師大會。會場上紅旗招展，鑼鼓喧天，口號陣陣。「叫高山低頭，要河水讓路」、「改河造田，人定勝天」的大幅標語掛在醒目的地方。

大會以後，各社把本社的紅旗插到分配的工段，對勞力進行分工：挖基腳的、打炮眼的、抬石頭的、砌河堤的、撿小石頭的等等。

向大自然開戰的戰鬥正式打響了。工地上，八磅錘打擊鋼釺的叮噹聲，抬石頭的號子聲，人們的說笑聲，匯合在一起，響徹在工地上空，呈現出熱火朝天的景象。過往行人都駐足觀望，被這種改天換地的宏大氣勢所感動。

我也上了工地，重活、技術活幹不了，只能與婦女們撿小石頭，挑到大堤上填空隙。

收工以後是放炮時間，大路上下、河道兩旁都有人警戒。哨子一吹，數百炮巨響震撼山谷，地動山搖，炸碎了的石塊沖天而起，又像流星雨一樣灑落下來。

社員幹勁大，工程進度快，河堤一天天延伸。大戰兩個月以後，第一階段的任務基本完成，一條數百米長的「石龍」由北向南躺臥在大河壩的中央。河水乖乖地從大堤外向南流去，支汊河沒有了。第二階段就要平整河壩，挑土造田。這時，鄉里接到縣裡通知，農村要開展社會主義大教育。指揮部決定：造田工程來年進行，勞力各自回家。

附記

一九五八年夏天，一場特大洪水把河堤整個摧毀了。五百多人兩個月的辛勤勞動，縣、鄉、社三級數萬元撥款，都付之東流。

社教運動

修河堤工程結束以後，龍池鄉的社教運動全面展開。縣裡派了工作隊。深渡河農業社進駐工作隊員一人。第一階段是學習文件，提高認識，端正態度。

第二階段是給領導提意見。工作隊員一再動員，叫大家放下包袱，暢所欲言，把心裡話向黨講出來，幫助幹部轉變作風，改進工作。

工作隊員反覆動員，鄉、社兩級幹部也幫腔，但會場上還是鴉雀無聲，大家互相觀望，不想當「出頭鳥」。這樣過了一個晚上。

第二個晚上，工作隊員加大動員力度，介紹了其他地方的進展情況，舉了一些例子，進行啟發和激勵。

這時，一位姓王的老太太終於按捺不住了，打了頭一炮。

王老太太六十多歲，貧下中農，家裡只有她和老伴，大兒子已分家，小兒子是解放軍某部連長。王老太太性格潑辣，心直口快。做活時，她的話最多。在此之前她曾多次談論過對農業合作化的不滿。

事出有因。土改時，她分的是一等田，土質肥沃，旱澇保收，還有幾畝桐樹林，被稱為「搖錢樹」。有飯吃有錢用，日子過得美滋滋的。每年春節時，家家戶戶給她家送柴，幹部群眾給她拜年，在大門上方掛上「光榮軍屬」的紅匾和五角星紅燈籠。玩燈時，還到她家專演一場。王老太太樣樣如意，事事順心。

但是，好景不長。農業合作化時，她的土地、山林、耕牛都入社了，一夜之間變成了集體財產。失去農業生產資料以後，只能靠工分吃飯。她和老伴年老體弱，即使天天出工，一年下來也掙不了多少工分，分的糧食、現金比單幹時大大減少。而有些農戶勞力棒，掙的工分多，分的糧食、現金按人均計算遠遠高於她家，兩相對比，形成強烈的反差。王老太太產生了失落感，因而做活時牢騷滿腹，有時甚至罵娘。這些情況，有人已向工作隊員告了密。

這天晚上開會時，工作隊員先給王老太太戴了一些高帽子，接著叫她發言，給大家帶個頭。老太太不知是計，也就同平日一樣，把牢騷話一咕嚕兒抖了出來。

「蛇」終於引出洞了。王老太太說完以後，工作隊員問大家還知不知道新情況。這時，一個向來與老太太有仇的婦女，連忙要求發言。她憤怒地說：「王老婆子不光對合作化不滿，對修河堤也不滿。搞大會戰時，她說是『與龍王老爺爭界』，還說『龍王老爺是惹不得的，大水一來要一掃而光。』」

工作隊員問王老太太：「你說過這些話沒有？」

王理直氣壯地說：「我說了，你們能把我怎麼樣？」說完用充滿仇恨的眼神瞅了那個婦女一眼。

又一天晚上，工作隊員宣布，現在社教運動轉入第三階段，對王某某的反動言論展開批判鬥爭，肅清流毒。並叫王老太太站到堂屋中間。

社主任帶頭發言：「農業合作化體現了社會主義優越性，是一條共同致富的金光大道。王老婆子對合作化不滿，經常發牢騷，在我社造成很壞的影響。在這次社教中，要通過批判，分清是非，肅清流毒。」

與王有仇的那個婦女又發言了：「鄉政府領導我們修河堤改田，你說是與龍王老爺爭界，把龍王老爺惹火了要發大水一掃而光。你這是咒人民政府，破壞改河造田，虧你還是貧下中農，你的良心被狗子吃了？」

這句話一出口，王老太太怒不可遏，立即反擊：「放你媽的屁！你要嚼舌根子死的！」

接著有一些發言的，表明自己要與壞人劃清界線，站到黨和政府一邊。

王老太太毫無懼色，她說：「你們瞎了狗眼睛！老娘是貧下中農，是軍屬。你們把老娘當壞人整。老娘不是地主惡霸，不怕你們整！」

這時，工作隊員把桌子一拍，大聲喝道：「你再不老實，給你把帽子戴起來，實行無產階級專政！」

王問：「戴什麼帽子？」

工作隊員說：「戴反革命分子帽子！」

王冷笑一聲：「放你媽的屁！」

工作隊員挨了罵，如火上加油，再次把桌子一拍，更加兇狠地說：「你這個老婆子死不老實，頑固不化！你反對農業合作化，反對改河造田，就是反對社會主義；反對社會主義就是反對共產黨；反對共產黨就是反對毛主席，反對毛主席就是反革命！我在這裡代表黨和政府宣布：給王老婆子戴上現行反革命分子帽子！還要判你的刑。」工作隊員厲聲叫王老婆子把頭低下來，把腰彎成九十度，並領呼口號：「打倒反革命分子王××！」

王老太太被鎮住了，往地上一坐，兩手拍打大腿，「嗚嗚」哭著說：「我去坐牢不要緊，我那老頭子哪個弄飯他吃，豬子哪個喂！嗚嗚！」一把鼻涕一把淚，鬧劇達到了高潮。

鬧了一陣，工作隊員的態度稍微緩和了一些，叫王站起來回到座位上去；要她回去以後寫份檢查。如果檢查不深刻，認罪態度不好，以後還要批鬥。

夜已深了，工作隊員宣布散會，暗示婦女主任送王回家，怕出人命。世事無常。土改時，王老太太是鬥地主的積極分子。誰也沒有料到，時隔六年，她也成了被批鬥的對象，威風掃地，狼狽不堪。

社教轉入第四階段：每個幹部、社員都要檢查自己，做自我批評，然後互相幫助，搞人人過關。幾個四類分子（地、富、反、壞）也被批鬥了一番。

社教第五階段是制訂生產計畫，一直搞到農曆臘月中旬才收場。

墾荒仙侶

社教運動結束後，社主任對我說：「鄉里決定在仙侶山辦一個甜菜場，要從各農業社招一批人去當工人。我們決定派你去。明年正月十六就去報到，自帶口糧、被子、鋤頭和鐮刀。」我知道這是苦差事，實在不想去，但胳膊拗不過大腿。

正月十六早飯後，我稱了三十斤玉米麵，捆了一床舊被子，找了一把鋤頭、一把鐮刀，母親又用小袋子裝了兩碗大米，怕食堂一時沒開伙，就自己煮了吃。我背著這些東西，告別母親和妹妹，向仙侶山進發。

仙侶山是興山的一座名山。縣誌記載：「仙侶春雲，山在邑東。昔傳仙客居此，常有雲氣彌漫，不見巔際，春時尤甚。」

我與住在沙壩溝的彭洪森結伴而行。我們途經下龍池、中龍池、上龍池、萬家院子、吳家墩和三十六拐，天黑時登上了仙侶山。上山后借著月光又走了幾里平路，來到場部所在地——中寶觀。

中寶觀在一個圓圓的山包上。一進門是大殿，兩邊是偏殿。左邊偏殿裡，一些人在那裡烤火，燒的是木頭菩薩，散發出濃濃的油漆味。人們坐的也是菩薩，角落裡還堆了一些大大小小的菩薩。

家住中龍池的表兄吳開佳也去了。他帶了一個銅罐，我找出大米，煮了一罐稀飯兩人吃了。沒有床鋪，我們就在火邊坐了一夜。次日天亮一看，剩的稀飯是黃色的，桶裡的水是泥巴水。這才知道，山上沒有水源，只是附近有幾個大泥坑，下雨時積點泥巴水。如果天旱，泥塘裡的水用完了，還要下山去背水。

甜菜場的場長叫嚴永喜，四十多歲，家住上龍池，復員軍人，共產黨員。他和另外幾個人已來了幾天了，做了一些準備工作。早飯後，嚴場長帶領我們去砍樹桿子和竹子。

我走出中寶觀，一眼就看到西邊山巔上一個小小的廟宇，在朝陽的照耀下發出白色的亮光。聽別人說那叫「雲臺觀」。我在山下曾仰視過它，只是一個小白點。到雲臺觀去，要經過一條很陡的山脊，兩邊是懸崖峭壁、萬丈深淵。

仙侶山實際上是一個拔地而起的高原。舉目四望，地勢遼闊，無邊無際。高原上分布著一個個饅頭似的山包，山包間是大塊大塊的平地。山包上和平地裡長著一叢叢灌木和一人多深的茅草。陰坡還有厚厚的積雪，不時刮來一陣陣狂風，發出「嗚嗚」的尖叫聲。

場長向我們介紹：「這裡海拔二千五百多米，以前有人測量過，平地有一萬多畝。由於海拔高，種的玉米只有半人高，結的棒子像『圓荷』，叫『野雞啄』，所以一直沒有開發。甜蘿蔔耐寒，在這裡如果種成功了，我們鄉就可以辦一個大糖廠。」

場長領著我們往東邊走，走過一片又一片平地，前面出現了一座破廟。場長說那叫「老廟」。我們走進去，廟裡空蕩蕩的，菩薩都被搬到中寶觀去了。

再往前走就到了仙侶山東面的邊緣。場長把我們領到一個視線開闊的高地，邊指邊說：「這邊是仙侶山的東坡。下面那個村子叫彭家墩，再下去是黃糧坪，遠處是涼風埡、石槽溪。」我問這裡有不有路下去，場長說有，以前是香客進香時走的，從這裡到黃糧坪只有二十多里。

我們觀望了一會兒便開始幹活。東坡樹高林密，林間長著一片片箭竹。帶斧子的砍樹桿子，帶鐮刀的砍箭竹，每人砍了一捆，還割了一些藤子。

回去吃了午飯後，場長派一部分人到吳家墩去買燕麥草，一部分人做木架子、編竹簾，在右邊偏殿裡做了兩排統鋪。下山的人傍晚回來了，每人背了一大捆燕麥草，墊到統鋪上。

這天又來了一些人。晚上場長把大家召集到大殿開會，先按登記的名冊點名，已到六十多人。接著宣布鄉政府的決定：任命彭洪森為生產隊長。然後講了當前的任務、要求、紀律及生活安排。新上任的彭隊長也發了言。

次日早飯後，場長把大家帶到附近一塊向陽的平地。彭隊長安排一部分人在前面砍灌木、割茅草，其餘的人挖地。一叢灌木的兜子有笸籮大。灌木根與茅草根交織在一起，盤根錯節。這裡雖然是陽坡，地面上沒有雪了，但土還凍著，挖地非常艱難。場長和隊長很著急，在一旁推敲、試驗，終於摸索了一個方法。先用鋤頭沿著灌木兜子的邊緣，把它的根一點一點地截斷，然後五六個人合作，把鋤頭挖進去，一起用力向上撬，把整個樹兜一下子翻過來，再用鋤頭把土打碎，把樹兜子和茅草根抖出來。

早上每人吃了半斤玉米麵飯，喝了一碗沒有油的乾菜湯，幾個灌木兜子一挖，已飢腸轆轆，冷汗直冒。

勞動辛苦、生活艱苦，許多人幹了幾天就想「打退堂鼓」。場長召集大家開會，肯定幾天來取得的成績，表揚了幾個不怕吃苦、積極肯幹的同志，也客觀地分析了當前面臨的困難，要求大家堅定信心，渡過難關，為建場作貢獻。最後說：「我是軍人出身，部隊上有一句話叫『鐵打的營盤流水的兵』。實在不願幹的可以回去，農業社馬上會派人來，我們的場不會垮！」

過了一些日子，場長把場裡的事理順後，到鄉政府去彙報工作，爭取了一點生活補助費；寫了一個供應食油的申請，鄉裡簽了意見後又到縣城找糧食局長，局長只批了十斤，指定在黃糧坪糧管所供應。他回到仙侶山，派事務長到上龍池一帶向老百姓買臘肉，安排一個人到黃糧去把油打回來。我喜歡跑路，自告奮勇去打油。

次日早飯後，我提著油壺從老廟下去。在半山腰，意外地發現了一大片椿樹。這裡比山上低得多，又是陽坡，椿樹芽已有幾寸長，散發出清香。我喜出望外，打算返回時摘一些，曬乾了帶回家去。

黃糧坪是黃糧鄉政府所在地，有一條小街。我找到糧管所，把油買好，還向他們要了一條舊口袋。返回時走到長椿樹的地方，把油壺放穩，開始掰椿樹芽，一會兒就弄了一口袋。傍晚回到場部，把油和發票交給了事務長。場長的妻子萬珍之在場裡做飯，我認了「嫂子」，她平時對我很關照。我把椿樹芽分了一半給她，另一半交給她幫我曬。

我的餐票吃完以後，請假回去背糧食，順便帶回曬乾了的椿樹芽。母親見我瘦了，忙去買了一斤雞蛋，頓頓炒雞蛋飯我吃。休息了一天，我背著三十斤玉米麵，又回到仙侶山。

上調到仙侶山的有兩個老年人，是紅庵農業社的，一個叫吳庭保，一個叫吳開堂，都已年過七旬。二吳缺牙朳齒，彎腰駝背，步履蹣跚。他們穿的棉衣很薄，臉上常常凍得起雞皮疙瘩，鼻涕掉下來沾到花白鬍子上，就像掛滿了小水珠，不時還咳嗽一陣。他們吃不了玉米麵飯，有時噎得好一會緩不過氣來，用手拍一拍胸脯。飯還未吃完，隊長就催大家出工。二吳只得放下飯碗，扛著鋤頭跟在後面。別人開始幹活了，他們才遲遲到達，因而天天挨隊長批評。

二吳接受教訓，每天提前買飯，用菜湯泡一泡，加快吃飯速度。別人還在吃飯，他們就扛著鋤頭出發了。吳開堂一邊走一邊自言自語：「笨雀兒先飛。」

有一次挖地，他們兩旁的年輕人互相使了個眼色，一齊加勁，從兩邊挖到前面去了，二吳被甩在後面，越甩越遠。大家嘲笑這對「笨雀」。

休息時，吳開堂坐在草地上，慢吞吞地自言自語：「人老力氣衰，屙尿打濕鞋。」幾個年輕人又笑他愚昧無知，把「人老」與「打濕鞋」這兩件風馬牛不相及的事扯到一起。吳開堂又慢吞吞地說：「三四十年前，我也跟你們一樣，能背一兩百斤。年齡不饒人，現在講不起狠了。」流露出年老的苦澀與悲哀。

過了幾天，場長叫二吳回家去了，要紅庵農業社另派了兩名年輕人頂替他們。後來從紅庵傳來消息，吳開堂回家不久就「先飛」了。

經過六十多人幾個月的辛勤勞動，開出了一片又一片黑黝黝的土地。我們把田裡的樹根、草根撿乾淨，把土打碎，開挖排水溝，然後開成一廂一廂的，弄得平平整整，播下了第一批甜菜種子。

種子發芽了。由於土質肥沃疏鬆，天氣也漸漸暖和起來，苗子長得很快。隊長安排一部分人間苗、除草，一部分人繼續墾荒，擴大面積。

七月中旬，我時來運轉，結束了仙侶山的墾荒生活。屈指一算，在這裡整整勞動了半年。

後來聽說甜菜場獲得了大豐收，一個蘿蔔有一斤多重，總產量達一百多萬斤。嚴場長又為建糖廠而到處奔波。但是，沒有資金，沒有技術人員，沒有電力，沒有公路。這個一心為公的復員軍人，在建廠中一籌莫展，敗下陣來。

接著，縣裡提出一個月內掃除文盲，停止農業生產，組織社員突擊學文化。甜菜場不識字的人必須回社參加掃盲學習。「莊稼地裡無人影，農村處處讀書聲」，是那段時間農村的生動寫照。

再接著，更大的政治任務——全民大辦鋼鐵的戰鬥打響了，勞動力轉戰新的戰場。甜菜場在奪取第一個豐收年之後就壽終正寢了。六十多人大半年的勞動成果——一百多萬斤甜蘿蔔，全部爛在這個昔日「仙客居此」的高山上。

跳出農門

我中考名落孫山，今生今世讀高中、上大學、當什麼家是萬萬不可能了。這時候，宜昌的一些工廠經常來興山招工，我又萌生了當工人的想法。能當工人也是一件好事，工人的政治地位、經濟待遇非農民所比。我有文化，喜愛鑽研，可以學一手技術，將來搞搞技術革新甚至發明創造也是有可能的。於是我一面出工勞動，一面注意打聽招工資訊。

有一次我得到一個招工資訊，趕快寫申請書，去找社主任。他接過申請書，板著臉不耐煩地說：「怎麼，你也想當工人？我們研究研究再說。」我一次次去問，他總是說：「這幾天忙，沒有時間研究。」拖了幾天以後招工的人走了。

一九五七年十月份的一天，我又得到一個消息，武昌林業幹校（湖北省林業學校）的兩位老師來興山招生，表姐陳光珍④被錄取了。招生的老師去了秭歸。

我燃起了新的希望，晚上對母親說：「我想到秭歸去找林校的老師，請他們幫幫忙。」母親很支持。

第二天清晨飽餐一頓後，匆匆上路。到了平邑口開始上山，我邊走邊問路，以最快的速度趕到秭歸縣城，機關還未下班。我到教育局一問，林校的老師早上乘船去宜昌了。

④陳光珍是幸運的。兩年後，武昌林業幹校保送她上了南京林學院，畢業後分配在東北林業部門工作。後調至鍾祥縣林業局任工程師，曾兩次當選為湖北省人大代表。

我白跑了一趟，心情十分沮喪，沒有心思欣賞長江的景色，在街上找了個旅店住下來。第二天一早買了幾個饅頭吃了，又沿著來路返回。

一九五八年五月的一天中午，我正在甜菜場場部吃飯，母親突然去了，我很驚訝，忙問：「您怎麼來了？」她把我喊到外面說：「昨天你幺爹打電話到耿家河食品廠，請廠裡的人喊大姨媽去接電話。幺爹說長陽有一個到北京學習的名額，請大姨媽找人送信給你，要你趕快去長陽。大姨媽請陳光榮送信給我。我是來換你到長陽去的。」

我又高興又愧疚。高興的是親人們在不斷地關心我、幫助我，我不是孤軍奮鬥，「跳農門」是有希望的。愧疚的是，母親身體瘦弱，半天時間走了四十多里山路，爬上海拔二五〇〇多米的高山，還要在這裡做幾天苦工，受這樣的罪，吃這樣的苦，都是為了我的前程。有關心我的親人，有慈愛的母親，我感到很幸福。

我當即向場長請假。有母親替我出工，場長同意。我立即出發，三步並作兩步跑下山，到家時天還很早。我擦了一下汗，趕忙寫了一份申請去找社主任。社主任瞅了一下申請，耍著官腔說：「你現在是甜菜場的工人，我管不了了，去找你們的場長吧。」說完把申請書扔給我。

我怏怏地走出社委會。剛一出門，聽社主任對另一個社幹部說：「癩蛤蟆想吃天鵝肉。地主娃子也想進北京。」兩人發出猙獰的笑聲。

去不成長陽了，辜負了幺爹的一番心意。我似洩氣的皮球，打不起精神。晚上聽說燒石灰的請人到興山城後溝煤礦背煤，我決定背幾天煤，掙幾元錢補貼家用。背了四天煤以後，回到仙侶山換回了母親。

後來才知道，是北京一所工業學校給長陽縣工交系統分了兩名內招指標，由縣委工交部推薦人選，幺爹具體經辦。這樣好的機會失之交臂，我痛苦了好長時間。

七月中旬的一天，我回家背糧食。太陽火辣辣的，從山上下來越走越熱。走到南溝，我在小溪邊有樹蔭的石頭上坐下來休息。這時從山坡上下來一個人。我一看，竟是初中的同學舒德青，他畢業後也未升學，不知通過什麼路子當了小學教師，在龍池鄉紅庵小學任教。他早就聽說我上調在仙侶山甜菜場。

老同學見面，分外高興。他握著我的手說：「告訴老同學一個好消息，你的苦日子要熬出頭了。」

我淡淡地說：「我的苦日子何處是盡頭？」

舒老師說：「我不騙你，真有好消息。興山縣反右以後，劃為右派分子的老師有的開除了，有的去勞教，有的判了刑，造成教師大減員，許多學校無人上課。教育局經請示縣政府同意，決定從回鄉知青中招一批人補充教師隊伍。」

我說：「我有幾次招工機會都被社委會卡了，他們不會讓我得到好處的。」

舒老師說：「這次卡不住了。剛才我在鄉政府看了縣裡的文件，文件上有名單，其中有你，鄉政府會通知你的。」

這時，一股熱血直湧上大腦，我高興得跳起來。我謝謝舒老師告訴這個好消息，馬上和他握手告別，我要趕快回家把喜訊告訴母親，讓她高興。

第二天我就回仙侶山了，天天盼望著好消息的到來。

過了幾天，場長喊我去說：「剛才接鄉政府通知，要你去一下。」

舒老師的話得到了證實。我抑制著內心的激動和喜悅，向場長告別，連行李都未收拾，立即飛奔下山。到了鄉政府，辦公室一位同志給我開了介紹信，叫我到縣教育局報到參加學習。

我終於跳出「農門」，走上了教育工作崗位。這真是：「踏破鐵鞋無覓處，得來全不費功夫。」

中編

人生的路本來是滿布了荊棘，但是成功者會用希望之光照亮他的旅途，用忍耐的火來燒盡那些荊棘。

——茅盾

多事之秋

一

一九五八年是一個火紅的年代，也是我人生道路上第一個重要的轉捩點。這一年八月，經過一個月的新教師培訓和履行招工手續後，我被分配到興山縣古夫區新華公社後溝小學（這時鄉已改為人民公社）。

新華在何方？後溝是什麼樣子？我一概不知。回到家裡，四姑媽聽說我分在新華公社，便對我說：「我有一個侄女婿叫劉漢復，在新華頂塘小學教書，暑假還來過我家。他的愛人祝天俊是我的親侄女，也住在學校。你去後，說明親戚關係，對祝天俊要稱二姐。她很能幹，對人也很好。」

開學的日期臨近了。我與同分到新華的兩位同志，按約定的時間到古夫區文教組報到，詢問有關情況，然後把行李和新學期的課本寄存到區供銷社，托他們請運貨的老鄉背進新華。

我們三人結伴而行，按區文教組指點的路線，向新華公社進發。道路逆河而進，途經鄭家坪、狗兒灘、游家河，涉了十三道水，走了五十里路，傍晚到達平水河。平水河是兩條河的匯合處，也是平水公社機關所在地。沿河邊有幾個單位、幾戶人家。我們找旅店住下來。

第二天早飯後，我們順右邊的一條河繼續前進，涉了九道水，到達竹園河，然後開始登山。先上十五里，翻過煙墩埡，再下十五里，就到了新華公社的苗兒觀。

苗兒觀在一條小河邊，兩岸高山聳立，河谷住著幾戶人家。我們吃了乾糧後又沿河而進。道路從荒無人煙的峽谷中穿過，拐來拐去，又涉了二十一道水，傍晚到達目的地——龍口河。

龍口河有幾塊平地，農戶也較多。頂塘小學與公社衛生院和供銷社在一棟房子裡，僅一牆之隔。

劉老師夫婦熱情地接待了我們，連忙安排食宿。第一次吃二姐做的飯菜，十分可口。我向她講了四姑媽的近況。二姐說：「我的母親死得早，我跟幺媽長大的。她對我很好，像待親生女兒一樣。」說著，眼淚湧出了眼眶。

因為行李和課本還未運到，我們在頂塘小學等了一天。劉老師與後溝所在地的桃坪大隊進行了聯繫。第三天行李才到。桃坪大隊的周長雲主任親自給我背行李，送我去後溝。

同行的兩位同志，一位分在高白岩小學，一位分在龍灘小學，比我要近。我與他們及劉老師夫婦依依不捨地分別，跟著這位剛相識的周主任，沿河而下走了五里路，到一個叫高坎子的地方，再折向右，順一條小溝往裡走。

山谷越來越狹。過了作坊——桃坪二隊，便進入大峽谷。兩岸奇峰突兀，絕壁千仞，怪石嶙峋，濃蔭蔽日。我們在巨石中穿行。約莫走了六七里路，山勢略為開朗，山坡上出現了一些農田、幾間草舍。周主任告訴我，這是桃坪三隊，再走五里路就到了。我們邊走邊淡，不知不覺拐過一個山嘴，上一段緩坡，便來到桃坪四隊的莊屋。

周主任很負責，把行李放下後，就領著我一戶一戶地拜訪，熟悉一下環境。莊屋住著蔡家、王家、姚家、施家四戶人家。我同在家的人都見了面。

晚上，周主任主持召開三四兩隊的社員會。他說：「上級為了大家的孩子不當睜眼瞎，決定在這裡辦一個學校，已派來了老師。」接著把我介紹給社員們。

我站起來，向大家致意，作了自我介紹，並把在培訓班上剛學來的關於辦學的好處和要求講了一通。

周主任接著說：「教室放到王家的堂屋裡，桌凳由學生自帶，黑板用掃盲用過的黑板，老師住到蔡家的樓上，哪家的飯熟了就在哪家吃。」接著開始統計應上學的學生。一摸底，大約有二十來個。

第二天，周主任又幫忙把堂屋裡的雜物搬出來，收拾乾淨了。幾位家長扛來舊抽屜、板凳，又找生產隊弄了一塊三米多長的厚木板，用石頭一支，可以抵三張課桌。教室安排好了，周主任才回去。

我住的蔡家，只有三口人：一位老奶奶，一位嬸嬸，一個男青年叫蔡安樂，年齡與我差不多，在頂塘小學讀過書，我稱他「小蔡」。我們很快成了朋友。小蔡講，他的父親在世時是個鐵匠，幾年前在峽裡打獵時，被狗熊活活咬死了。

小蔡找了一捆燕麥草，幫我在樓上開了一張地鋪。他的鋪也在樓上。樓上沒有窗子，沒有亮瓦，也沒有隔牆。廚房和火塘一生火，樓上就濃煙瀰漫，睡覺時嗆得喘不過氣來，只得用衣服把頭蒙著，將眼睛緊緊閉上。後來把被子抱下來一看，白被單已熏成了黃褐色。

經過幾天準備，學校正式開學。實到十八名學生，兩個年級，其中一年級十四名、二年級四名。還有幾名適齡兒童住得太遠，實在不能上學。這些孩子家境都很貧寒，有的衣裳濫縷，或穿草鞋，或打赤腳；有的頭髮蓬鬆，時有蝨子泛起。那時沒買時鐘，一般上午上兩節課，下午上兩節課。中午休息時，學生們就在幾家火塘裡烤玉米麵饃饃或燒洋芋吃。

這個地方是開天闢地以來第一次辦學校，社員們感到很新奇。如果在莊屋附近做活，歇涼時便圍到教室門口看我上課。有的甚至走進教室，看孩子讀書寫字，有的給孩子遞一塊饃饃或一把核桃板栗。這時，課無法上了，我就乾脆宣布下課休息。

在這些人中，有一個學生的姐姐，約十八九歲，高高的個兒，大大的眼睛，一把又粗又黑的長辮子，是當地年輕姑娘中最俊秀的一個。她來得最勤，每次待的時間也最長。有時站在門口目不轉睛地看著我；有時走進教室，看她的弟弟寫字；有時給我手中塞上一些吃的東西，後來還做了一雙很漂亮的繡花鞋墊送給我。這個姑娘不知是想學文化，還是對我這個山外面來的英俊少年產生了愛慕……

二

後溝有一個在頂塘小學讀五年級的學生，叫王有頂。他每個星期六回家，總要給我帶來報紙、信件，成了我的義務郵遞員。當時新華公社沒有文教組，全社的學校由頂塘小學的校長代管。政治學習、教研活動都由校長安排。王有頂有時也給我傳達這方面的資訊。

九月中旬的一個星期三下午，王有頂回來了，是校長派他專門送信給我的。信中寫道：「接上級通知，各學校放假兩周，師生就地建小高爐，用土法煉鐵、煉鋼，每人任務二十斤，務必在九月底以前交到公社，向國慶獻禮。」

大辦鋼鐵的事，我從報紙上已有一些瞭解。什麼「以鋼為綱」、「一年翻番」、「超英趕美」、「大放『衛星』」、「大搞小（小高爐）、土（土辦法）、群（群眾運動）」等等，全國已掀起全民大辦鋼鐵的群眾運動高潮，投入勞力達六千多萬（占當時全國總人口的十分之一）。

王有頂對我講：「我們學校已建起兩座一丈多高的煉鐵爐，高年級學生背礦石、拉風箱、砍柴，中低年級學生搬柴，已出了好多鐵了。」又說：「公社張書記因領導大辦鋼鐵不力，已被拔了『白旗』。區裡新調來一位王書記，很厲害。」

接到通知後，我去找生產隊長商量。隊長很支持，劃了一片花櫟樹林子，給學校砍了做燃料。生產隊的棒勞力都上調到公社平河鐵廠去了，只得安排小蔡協助我，由生產隊給他記工分。

我與小蔡選定學校坎下一塊空地建爐子。他上樓找出父親打鐵用過的風箱，可是還缺鐵礦石。

小蔡的辦法真多。他說：「我們溝裡不出鐵礦石，到平河去背又太遠，只有叫學娃子帶破鍋、廢鐵，砸了當礦石用。」

也只有如此。於是，我給學生布置：「明天上學，不帶書包，只帶斧子、彎刀，每人交二十斤破鍋、廢鐵。」

第二天，學生搬石頭、和泥巴，小蔡當師傅，我當小工，砌了一個一人多高的小高爐。我們撿了一些乾柴放進爐膛，點火後把風箱一拉，火呼呼燒得很旺，爐子砌成功了。下午，小蔡烘爐子，我帶一部分學生上山砍柴，還有一部分學生砸破鍋爛鐵。別看學生年齡小，做起事來都很賣力，有幾個比我的力氣還大。

第三天，我們開始填料，一層木柴，一層碎鐵塊，並不斷添加。我與小蔡輪流拉風箱，學生們搬柴、鋸柴、砸破鍋爛鐵。

傍晚，小蔡觀察了一下火候，捅了一下爐子，估計差不多了。他把爐門一開，一股火紅的鐵水傾瀉而出。我們高興得歡呼跳躍起來。鐵水流盡了，又用鋼釺搗。冷卻後，把鐵疙瘩一稱，竟有四十多斤。

首戰告捷，我十分高興，晚上編了一首兒歌：「小高爐，呱呱叫，師生煉鐵勁頭高。我拉風箱你鋸柴，煉鐵爐前立功勞。超英國，趕美國，中國人民逞英豪。大辦鋼鐵顯威風，氣死洋人美國佬。」

就這樣連續幹了十天，我和小蔡手打泡了，臉熏黑了，眼烤紅了，山上一大片花櫟樹林子也砍光了，終於有了一堆大大小小的鐵疙瘩。

九月二十九日，我帶著十二名年齡大一點的學生，背著鐵疙瘩，前往公社（當時設在大嶺）獻禮。一過秤，共三百八十五斤。我校成為全公社第二個超額完成任務的學校，受到了公社的表揚。這也多虧小蔡的協助。

三

國慶日過後，剛上了兩周課，校長又派王有頂送信給我。信中說，因大部分勞力上調大辦鋼鐵，秋種秋收任務還很重。上級決定各學校放農忙假兩周，師生就地參加生產隊搶種搶收。我去找隊長商量。隊長聽說又要放假，一肚子火：「三天也在放假，兩天也在放假，學娃子讀什麼書！」

我把「教育為無產階級政治服務，教育與生產勞動相結合」的教育方針又宣傳了一遍，說服隊長。商量的結果是：學生由老師帶領，集體行動，一個隊幹一星期。

搶種搶收沒有煉鐵的任務艱巨複雜，也不需作什麼準備。第二天學生到齊後，我們就跟著隊長出發，走了幾里上坡路，來到一塊緩坡地裡。

我和學生的任務是割玉米桿子。社員們把玉米棒子從桿子上扳下來放到籃子裡，然後倒進大背籠。裝平口以後，又一圈一圈往上插，插成一個寶塔尖。青壯年男勞力把玉米棒子背到就近的農戶家，堆在堂屋裡。幾個年老體弱的社員在那裡撕衣殼葉子。保管員把去了衣殼葉的玉米棒子背到火塘樓上。樓是用箭竹編的，玉米棒子堆在上面，以便煙熏火烤。烘玉米棒子的樓與別的樓不相通，樓門可以上鎖，或打封條。

一九五八年風調雨順，是一個豐收年。玉米桿子又粗又高，結兩個棒子；黃豆夾一梭一梭，密密麻麻。但由於收割遲了，一些玉米桿子倒在地裡，被老鼠、烏鴉和野獸糟踏了一些；黃豆夾大多也裂開了口子。地裡到處是黃亮亮的糧食。

傍晚收工時，我叫學生回家休息，自己跟著社員們去撕玉米。堆玉米的這戶人家有兩個孩子上學。他們從菜園裡選了兩個嫩玉米棒子，烤熟了給我吃，又香又甜。學生的媽媽又煮了一碗雞蛋，遞到我手上，把我當貴客一樣招待。

社員們休息了一會兒，便在堂屋裡圍坐成一圈，開始撕玉米。一盞馬燈掛在牆上，燈光不甚明亮。社員們有的聊家常，有的說笑話，有的講故事，有的哼著走了調的歌子，也有青年男女打鬧的，氣氛十分活躍。還有幾個小孩子在衣殼葉子裡滾來滾去，摔跤玩耍。我想，這就是農家樂了。

半夜過後玉米才撕完。好玉米都上了樓，一些稀米子被挑選出來堆在另一間屋裡。保管員按人口分起來。分完之後，人們才打著火把，背著玉米棒子和睡熟了的孩子，順著一條條山間小路回家去。

在四隊幹了一周，我又帶著學生轉戰三隊。

兩周的勞動生活雖然很辛苦，但對我是一次很好的鍛鍊，使我對大山裡的農村情況、農民的勞動和生活以及民情風俗有了較多的瞭解。我還認識了所有的家長。我同農民的感情更加融洽，與家長的關係也更為密切。

四

十一月上旬的一個下午，我又接到通知：明天趕到區裡開五天會。時間很緊，我立即放學，簡單收拾了一下，天黑前趕到頂塘小學。有的老師捷足先登，已經啟程；也有還未走的。我約好伴，便早早休息。

天麻麻亮我們就出發了。時已初冬，河水冰涼冰涼，每過一道河，腳和腿子就像針扎一樣，後來就麻木了。

走了三十里路到達苗兒觀。那時每個生產隊都辦了公共食堂，過往行人隨時都可以免費到食堂進餐。

我們來到食堂，只見門口掛著一塊木牌子，上寫「新華公社苗兒觀大隊二生產隊公共食堂」，開辦時貼的一副對聯還依稀可見。上聯是「吃飯不要錢」，下聯是「按月發工資」，橫批是「人民公社好」。餐廳是借用農戶的堂屋，擺著四張八仙桌；旁邊廚房裡一字兒擺著三口大鍋，一口鍋裡煮著玉米米稀飯，一口鍋裡煮著懶豆腐，還有一口鍋裡蒸著一個大甑子，都是熱氣騰騰。

我們坐下來，打個招呼，兩個女炊事員便端來一盆懶豆腐、幾碗香噴噴的玉米麵飯。吃完飯走的時候，還要我們帶上幾個蒸熟了的紅薯。

經過一天跋涉，傍晚到達開會地點——古夫中學。先期到達的校長晚上在區裡開了預備會，回來把我們召集起來，傳達兩件事：一是這次教師會的主要議題是向黨交心，作為整風反右運動的最後一個階段。這次會議之後，歷時一年多的整風反右運動也就要劃上句號。二是明天早飯後，整隊到區公所門前集合，由區裡統一指揮，歡迎從北京歸來的全國勞動模範、長坊公社黨委書記袁代發。校長還交待了大會紀律及生活安排等事宜。

一天跑了一百二十里路，十分辛苦，一睡下便進入夢鄉。醒來時已是旭日臨窗，匆匆洗漱、進餐，然後同一些相識和不相識的老師們排隊向區公所走去。

區公所門前有一個大操場。只見已布置好了主席臺，上掛紅色橫幅會標：「熱烈歡迎全國勞動模範袁代發同志勝利歸來」。牆上還貼了一些紅綠色小標語，寫著「中國共產黨萬歲！」「毛主席萬歲！」「總路線、大躍進、人民公社萬歲！」「向全國勞動模範袁代發同志學習、致敬！」等等。

一會兒，古夫中學的師生扛著彩旗、敲著鑼鼓來了；龍珠小學的師生和腰鼓隊來了；區直機關及龍池、麥倉、北斗、龍珠、咸水、平水、長坊、新華等八個公社的幹部來了；鎮上的居民、附近的農民也來了。廣場上人山人海，彩旗飄揚，鑼鼓喧天。昨天還在多見樹木少見人煙的山溝溝裡，今天面對如此盛大的場面，彷彿到了另一個世界。

這時，一位同志用喇叭筒指揮整隊，宣布有關事項。然後，按區領導、彩旗隊、腰鼓隊、鑼鼓隊、小學學生、中學學生、機關幹部、教師、社員、居民的順序，兩人一排，向鄒家嶺下邊的渡口進發。前面看不到隊伍的頭，後面看不到隊伍的尾，浩浩蕩蕩，好不氣派。

到了河邊，按順序分列道路兩邊，形成夾道歡迎之勢。

這個渡口是興山城到古夫的必經之路。河那邊是北斗坪，河這邊是鄒家嶺，只有一條小木船渡河。今天木船上也貼了幾張紅綠標語。

約莫過了一個多小時，只見一隊幹部模樣的人走到對岸河邊，上了小船。其中一人掛著大紅花，大概就是袁代發。

船一靠岸，區裡的領導立即迎上前去，同船上下來的人一一握手。一名少先隊員向老袁獻了紅領巾。這時，燃放鞭炮，鼓樂齊鳴，大家一齊鼓掌、高呼口號。接著，老袁在前，一邊揮手致意，一邊通過夾道歡迎的人群。後面緊跟著陪送來的縣領導和前來迎接的區領導，再後面是彩旗隊、腰鼓隊、鑼鼓隊及歡迎隊伍，同來時的順序一樣。

上午十點，歡迎大會開始。我站在小學教師隊列的最前面，離主席臺很近。老袁坐在中間，一邊是陪送來的縣領導，一邊是古夫區委書記，其他領導分坐兩邊。這時我才仔細打量這位全國勞模：約三十多歲年紀，包著白頭巾，穿著藍布褂，戴著紅領巾，掛著大紅花，坐在那裡不時與兩邊的領導親切交談。

主持人宣布大會開始。第一項議程是鳴炮奏樂；第二項議程是區委書記致歡迎詞；第三項議程是袁代發講話；第四項議程是縣領導講話。

一陣雷鳴般的掌聲過後，老袁清了清嗓子，大聲說道：「我首先向大家報告一個好消息。我們這次受到了偉大領袖毛主席的親切接見。毛主席紅光滿面，身體非常非常健康！」

這時，主持人領呼口號：「偉大領袖毛主席萬歲！萬歲！萬萬歲！」

老袁接著說：「毛主席還和我們握了手、照了相。」又是一陣熱烈掌聲。

區委書記立即站起來，從桌子上拿起一圈很長很長的照片，面對臺下展開，並大聲說道：「袁代發同志就站在第三排的中間，離毛主席很近。這不僅是他個人的光榮和幸福，也是我們全區人民的光榮和幸福！」

縣領導也大聲插話：「這也是十三萬興山人民的光榮和幸福！」隨後，袁代發介紹了全國勞模大會的盛況和主要精神，並表了一番決心。

接著縣領導講話。他說：「袁代發同志高舉總路線、大躍進、人民公社三面紅旗，帶領長坊公社人民奪得了畝產萬斤糧的特大豐收，創造了『人有多大膽、地有多高產』

的奇跡。現在全國形勢一片大好，大辦鋼鐵取得了輝煌成績，鋼鐵元帥升帳了；農業高產『衛星』也一個個升空。如湖北省麻城縣早稻畝產達三萬六千九百五十六斤，河北省安國縣小麥畝產達五千一百零三斤，廣西環江縣中稻畝產達十三萬四百三十四斤。袁代發同志放了一個玉米『衛星』，為我們興山縣增了光，是當之無愧的全國勞模。縣裡決定，要在全縣開展學習袁代發同志的活動。」這位領導還提了一些希望和要求。

大會在口號聲、鼓樂聲和掌聲中結束。

教師會下午正式開始。傳達上級有關文件，分管文教的區領導作動員報告，要求每個教師認真檢查自己在整風反右運動中的表現，對運動的認識和態度，以及今後的決心。要求每個人寫一份思想彙報材料，作為向黨交心。區領導在報告中還點了幾個重點人——運動中有「右派」言論但沒戴帽子的教師。

我雖然沒經歷這場政治運動，但一九五七年冬在興山縣城看過開展「四大」（即大鳴、大放、大辯論、大字報）的熱鬧，對運動還是略知一二。

我的家距興山城只有十里路。這年秋天，不斷從城裡傳來消息，說大字報鋪天蓋地，說揪出了多少多少右派，其中許多是我的老師。

懷著一種好奇心，我也去城裡逛了一圈。只見街道兩旁的建築物上和一中校園內貼滿了大字報，工作人員正在摘抄。我邊走邊看，署名有「斯巴達克社」、「尖兵社」、

「春光貴社」，也有直書其名的。有兩張大字報我印象最深。

一張貼在校長的住房門上，是一幅漫畫。整個畫面的三分之二畫著一座大山，上寫「校長」；大山下面躺著幾個壓癟了的小人兒，上寫「教師」，宛若《西遊記》中的如來佛將孫悟空壓在五行山下。

另一張貼在縣人武部大門口，題為「人武部官太太作息時間表」。內容很簡單，即「官太太」一天二十四小時的活動：幾點起床，幾點早餐，幾點打撲克，幾點中餐，幾點午睡，幾點打毛衣，幾點晚餐，幾點逛街散步，最後一項是「邊談心邊娛樂直至天明」。

又一次，我在一中大禮堂旁觀了一場批鬥大會，實乃驚心動魄。

被批鬥的老師站在主席臺下正中間，彎腰九十度，兩手下垂，滿臉紫紅，大汗淋漓。發言的一個接一個地上去，情緒激昂，言詞尖銳，有揭發，有批判，最後上綱上線：「反黨、反社會主義、反毛澤東思想！」發言者每說一個問題，便質問被批鬥的人：「有不有這件事？」「是不是事實？」如果答「是事實」，便往下說；若不回答，或說「記不清了」，臺上臺下便一齊喝斥：「放老實點！」「打倒×××！」口號聲隨即而起。僅時隔一年，這些情景還歷歷在目。

在小組會上，我們新教師發言，無非是舉幾個例子，談談認識而已。但那些有過「右派」言論的人就不同，必須重新交待自己的問題，進行自我分析批判，給自己戴的帽子越大越好，還要挖根溯源，定出保證，然後大家幫助，一個一個地過關，搞得灰溜溜的。

會議開了三天後，校長向我們傳達區裡的緊急指示：龍珠公社的石門大隊和書洞大隊，前段時間因大辦鋼鐵勞力上調太多，目前玉米、雜糧還未收完，小麥還未播種，安排全區教師去支援五天。這是會議中的又一個插曲。

第二天清晨早餐後，我們列隊出發，走過豐邑坪，順著一條山溝拾級而上。幾百人的隊伍，排了幾里路長。老師們異常活躍，山溝裡歌聲不斷，吆喝聲此起彼伏，迴盪在山谷之中。到達目的地後進行分工，新華公社的老師與古夫中學的老師分在一個生產隊。

我們下到田裡一看，玉米、黃豆桿子東倒西歪，一片狼藉。玉米、黃豆落的落了，爛的爛了，還有什麼可收？風調雨順的一九五八年，豐產並未豐收，令人十分痛心。我們按生產隊的要求，把沒有葉兒的玉米桿子割了捆起來，還可充作耕牛過冬的飼料。

古夫中學的老師多是外地來的，一部分戴著眼鏡，斯斯文文，走不慣山路，更爬不了坡。在講臺上他們是行家裡手，但幹莊稼活兒就一竅不通了，不是摔跤，就是割破了手指。我們這些在大山裡工作的年輕人，生龍活虎，在勞動中大顯身手。把一大塊地收完後，已是傍晚時分。隊長把我們領到他們的食堂。玉米麵飯，白菜蘿蔔，外加紅薯。幾個大姑娘給我們盛飯，見到這麼多陌生男人，有些靦腆。問她們的話，未語臉先紅，有的乾脆跑了。

晚飯後，隊長與帶隊的商量，想請小學老師夜戰。隊長說：「中學的老師連路都走不穩，怕摔跤，他們和女老師不參加，分到社員家裡休息。」

帶隊的同志答應了。我們又跟著隊長來到地裡。夜戰是挖地，大家排成一排往前挖，幾位社員打著火把在前面照亮。

到半夜時分，大家已很疲勞。隊長宣布收工，說食堂準備了夜餐，領著我們又來到食堂。

老師們洗了手，圍坐在桌邊。還是那幾位大姑娘，把飯菜端出來。令大家吃驚的是，夜餐與白天吃的截然不同。一盆豆腐，一盆豬肉燒蘿蔔，大米乾飯，熱騰騰、香噴噴的。我們狼吞虎嚥般地飽餐一頓，飯後分到社員家休息。

五天勞動之後，又開了兩天會。其中一項內容是開大會重點幫助幾個有「右派」言論的老師，不過比一年前的批判鬥爭會要溫和多了。我們連夜把思想彙報寫好，交給校長。最後一天下午是總結大會。

會議期間，校長悄悄告訴我們一條重要資訊：「據區文教組的同志講，可能在十二月份要大合校。具體方案和實施時間，縣裡正在研究，還未定下來。先給你們吹吹風，暫時不要公開。」

這可把我們樂壞了。大家議論紛紛，憧憬著大合校以後的熱鬧情景，企盼大合校的早日到來。

會議結束後，我走了兩天才回到學校。掐指一算，已經放假兩周。

五

老師們翹首以盼的大合校終於到來了。十二月初，縣裡關於大合校的正式通知下達後，校長立即召集全社教師開會，宣讀文件，傳達公社領導的意見，研究大合校的具體事宜。

大合校的方案是：全公社十三所小學全部合併到頂塘小學；各校自帶桌凳、黑板，學生一律寄讀；糧食、蔬菜、油鹽由學生所在生產隊的食堂按學生人數劃撥；每個大隊派一名勞力來校當炊事員，報酬由生產隊記工分。

校長最後說：「老師們回去後，給大隊、生產隊領導要彙好報，爭取他們的支持；要宣傳大合校的好處，做好家長的思想工作。這是借鑒外地的經驗，是為了加強黨對教育工作的領導，是為了更好地貫徹黨的教育方針，是為了變複式班為單式班，有利於提高教學質量，也有利於教師的思想改造和業務學習。」校長最後強調：「一定要按預定的時間把學生帶來報到，保證不流失一個學生。」

大合校的時間定在十二月十日，只剩下五天了。我回到學校，立即把兩個生產隊的隊長請到學校開會，傳達公社領導及校長關於大合校的意見。

兩位隊長為之愕然，央求我說：「老師，我們這裡好不容易辦了學校，學娃子上學方便了，能不能給公社說一下不合校呢？」

我的態度是很堅決的，把校長說的好處反覆講給他們聽，並假說其他大隊的學校已開始行動了，我們不能拖全公社的後腿。

之後，我又召開家長會。有的家長已經知道，有的聽後愣在那兒。你一言，我一語，一片反對之聲。

家長一個個央求我：「老師，你對我們的娃兒好，能不能不走呢？」

我又費了許多口舌，大講特講合校的優越性。最後要求各位家長：給孩子準備好被子，兩人一鋪，自由組合，學校放三天假做準備。

十二月十日，天公十分作美，晴空萬里，陽光燦爛。兩個生產隊派了十名勞力幫學校搬家，並從四隊安排一名勞力當炊事員。

幫助遷校的社員，有的扛抽屜，有的扛黑板，有的背老師和學生的行李，有的背糧食、蔬菜。我則負責學生的行路安全。

全隊的男女老少都來到莊屋，為我們送行。好幾個婦女都在擦眼淚，對她們第一次遠離家門的孩子千叮嚀、萬囑咐，總是放心不下。接著又一再拜託我照顧她們的孩子。我拍著胸請她們放心，保證不出任何問題。

那個長辮子姑娘——學生的姐姐，也在送行的人群中間，眼圈紅紅的，趁大家不注意，把一個小包塞到我手裡。我打開一看，是核桃、板栗、葵花子。這位姑娘真是一往情深。

遷校的隊伍出發了。「相見時難別亦難」。我在後溝工作了三個月，走遍了這裡的家家戶戶，熟悉了這裡的大人小孩，現在一旦要走，確實難分難舍。我的淚水也不由自主地落下來。

我向大家揮揮手，便大步走下莊屋的場壩，帶著我的十八名學生順溝而下。走了半里路，在拐彎處，我回過頭來，看到人們還站在那裡，目送我們遠去。

全公社二十多名老師、三百多名學生，從四面八方聚集到了頂塘小學。學校按年級統一編班，對老師的課程進行合理安排。除校本部外，還借用學校附近吳家灣、王家老屋等幾處農戶的房子做教室、寢室，開辦了三個食堂，安排三名教師分別擔任事務長。

八個大隊派來的勞力，每個食堂分兩名當炊事員，還有兩名推磨。萬事開頭難，大家著實忙了幾天，才開始按新班上課。

我原來的學生只有一二兩個年級，分在兩個新班，兩處住宿。而我卻擔任了四年級班主任、教語文。但我沒忘記對家長的承諾。我分別與一二兩個年級的班主任進行聯繫，介紹每個學生的情況，請他們給予關照；分別到學生住的地方，看床鋪安排好了沒有，晚上睡覺冷不冷，飯吃不吃得飽。在這裡，我就是這十八名學生的親人，每隔幾天總要去看他們一次，安撫他們一番。

大合校有利有弊，隨著時間的推移，一系列問題逐漸暴露出來。

每次開飯簡直就是一場戰鬥。每個食堂一百多人進餐，農戶的房子本來就不寬敞，幾口大灶一占，就沒有多少空地方了。開飯時，一百多人擠進廚房，推的推，搡的搡，哭的哭，叫的叫，敲碗的敲碗，一片混亂。山區學生習慣吃玉米米稀飯，每頓煮兩大鍋，管生活的老師負責打飯。打了飯的學生便往外擠，有時把碗擠翻了，滾燙的稀飯潑在其他學生身上。被燙的學生，有的叫罵，有的哭喊，有的拳腳相加。上課的時間到了，總還有部分學生未吃上飯。有時飯不夠吃，炊事員又得重新做。

剛合校一周，第一次交的糧食、蔬菜就所剩無幾了。學校只得抽部分老師帶高年級學生到各隊去背糧。到了隊裡，找了隊長，還要找保管員和食堂事務長。算帳、稱糧、弄菜，有時還要等著脫粒。全公社三十七個生產隊都有學生，近則幾里，遠則五六十里，背一次糧食，來回要幾天時間。

燒柴是又一大難題，做飯要柴，烤火也要柴。頂塘小學所在地人戶較稠，柴山很遠。學校安排一部分老師，帶領學生到黃家溝、常家坡等柴山去砍。砍好後，大小學生全體出動去搬柴。在砍柴和搬運過程中，摔跤的、砍傷手腳的時有發生，老師又得背著傷員送到衛生院就診。砍一次柴，還燒不到一個星期。

學生初次遠離父母，來到新的學校過集體生活，很不習慣。有的天天在寢室啼哭，有的吃不到飯，有的東西被人偷，有的感冒發燒咳嗽，有的夜晚在寢室內或一出門就大小便，房東向老師不斷提出抗議。各種各樣的問題接踵而來。

重新編班後，學生認不到老師，老師也認不到學生，每次上課必須點名。點名未到的，只得派原是一個學校的學生到寢室、食堂或附近農戶等各處去尋找。找不著時，估計已偷跑，還得去追趕。已經回到家裡的，即使要他的命也不肯回校。幾周下來，全校已流失三分之一。

老師中也出了一些問題。有一次，學生反映一個情況：某民辦老師帶領一個班的學生上山撿柴，爬到一個山洞裡。這位老師把其他學生趕走，只留下一個高個子女生。在山洞裡幹了些什麼，不得而知。校長聽說這一情況後，立即找同去的學生進行調查，情況屬實；又找這個老師談話，他矢口否認。因沒有確鑿證據，後來不了了之。不過，這位民辦老師第二年也就被辭退了。

有兩個年輕老師，因生活小事反目成仇，便以大字報為武器互相攻擊。一個揭發對方：「向學生要饃饃和核桃吃，恬不知恥！」對方馬上還擊：「你背後說別人的壞話，還誣衊校長，毆打學生。」更厲害一籌。你寫十張，他寫二十張，一時間，供銷社門前牆上成了大字報的海洋，觀看者議論紛紛。兩個老師像鬥紅了眼的公雞，一見面就對罵，沒完沒了。校長又費了好大功夫才把這場「內戰」平息下來。

大合校勉強堅持一個月就難以為繼了。校長經請示公社領導並向區文教組彙報後，學校提前放假，各校仍然遷回原地。大合校以徹底失敗而告終。

不過，由於工作需要，我還是被留下來，繼續在頂塘小學任教，在這裡一幹就是十一個春秋。

春節奇遇

大合校收場後，學校就放寒假了，頂塘小學又恢復了昔日的寧靜。家在外地的老師，忙著收拾東西，準備回家過春節。那時教師的月工資雖然只有一二十元，但新華的物價低廉，尤其是豬肉，每斤才三角八分。供銷社搞豬肉加工，一天要殺十多頭豬。老師們平時選購了一些大膘肉，醃製炕乾，準備帶回家去。我也買了兩個大豬頭、兩對蹄子，花了不到十元錢。

我正在收拾東西，劉老師對我說：「我和你二姐想留你在新華過年。過年後，我也要回三溪河去看望母親，我們一道走，途中也好有個伴。」

「我來新華快半年了，母親一定很惦記我。不回去過年，她會著急的。」我面有難色地說。

劉老師一再挽留：「你給舅媽（稱我的母親）寫封信，說明情況，請背貨的帶到古夫郵電所去寄，年前還可以收到。」

劉老師夫婦盛情難卻，我也就答應了。兩人商定，正月初一就動身，兩天到家。我趕忙寫好信，到供銷社請一個背貨的老鄉帶出去寄。

年前那段日子沒有什麼事幹，有時看看書，有時去供銷社看人們辦年貨的熱鬧。

除夕下午吃過年飯，二姐為我們準備乾糧；我又把東西捆紮一遍，找了一根棍子，準備當扁擔用。

大年初一，天陰沉沉的，彤雲密佈，瑞雪紛飛。吃罷早飯已是十點。劉老師性子憨，遲遲走不起身。我心急如焚，因為回家有一百五十里路，當天必須走到平水河，第二天才能到家。我催了好幾遍，中午才出發，好在河上架了橋，不需涉水。

我挑著三十多斤重的擔子，走了十多里路肩膀就磨疼了。劉老師也很疲乏，沒有勁兒。我們每走三五里就坐下來歇一會兒。登煙墩埡時，路上已有了積雪，一步一滑，走得更加艱難。爬上埡，已是暮色蒼茫的黃昏。往下走三里路，來到學屋。

學屋是一棟大瓦房，住著幾戶人家，還有一個代銷店。店主叫朱詩文，五十多歲，劉老師同他很熟。

我們又饑又渴，決定在這裡好好休息一會兒，烤饃饃吃。反正天已黑了，著急也沒有用。朱大伯為我們泡了一壺茶，留我們住下來。但我歸心似箭，堅持要走，一心想趕到平水河，第二天就可以早點到家。

吃飽喝足之後，我們各買了一對新電池，我另買了一封鞭炮、一包火柴，把鞭拆散了，用紙包著。

劉老師不解地問：「買鞭炮做什麼？」

我說：「前面有十幾里路沒有人家，走到怕的地方，放幾個鞭炮壯壯膽。」

劉老師點點頭，便也買了一封。

我們告別朱大伯，打著手電筒上路。出門下坎就是一段陡坡峭壁，道路崎嶇，天空漆黑，幸好山這邊是陽坡，沒有積雪。走下這段陡坡路，到了溝邊，路在溝的左岸，稍微平緩些。前面是一個小山梁，路先折向右，繞過山梁，再折向左，下去就是一個左胳膊彎。

我挑著擔兒在前，劉老師背著挎包在後，兩人相隔一兩米。我們默默地走著。突然，路邊林子裡枯樹葉嘩啦一響，似一個大動物站起來的聲音。我們忙用手電筒一照，只見一對綠色的射著凶光的眼睛，就在我們面前，接著「嗚嗚」咆哮起來，震得地動山搖。

「不好，老虎！」我失魂落魄，驚叫一聲，立即往回跑，把劉老師緊緊拖住，腿子顫抖起來。

劉老師也驚慌失措，和我一邊大聲吆喝，一邊偎依著往後倒退，兩支手電筒一閃不閃地對著老虎的方向。

老虎見到兩束白光，聽到吆喝，也吃了一驚，掉頭便向山上跑，邊跑邊嘯。

我和劉老師退回到小山梁那邊。這時，溝右岸不遠的山坡上，也傳來聲聲虎嘯。

牠們遙相呼應，震撼山谷。劉老師說：「這兩隻虎如果是一公一母，正在發情期的話，我們的命就難保了。」

他這樣一說，我渾身似篩糠一般，汗珠大滴大滴淌下來。

劉老師到底經驗豐富一些。他說：「老虎怕火，趕快燒一堆火。」

我放下擔子。恰好山邊有許多枯樹枝，劉老師照手電筒，我撿樹枝，很快點起來。借著火光，我們又撿了一大堆樹枝投入火中。

火光熊熊，照亮了夜空，照紅了山谷。兩邊山上的虎嘯聲漸漸遠去，我們才舒了一口氣。

這時，刮起了風。火借風勢，越燒越旺，燒著了地上的枯葉，漸漸向山上蔓延。劉老師又大聲喊：「糟了！趕快撲火，燒了山要坐牢的。」

真是一波未平，一波又起。這裡山林無邊無際，如果付之一炬，後果不堪設想。

我與劉老師忙用樹枝打火，哪知越打越旺，無濟於事。

「趕快刨隔火帶！」劉老師彷彿一位指揮千軍萬馬的將軍，又下達命令。

我們奮不顧身地把山邊尚未燒著的幹枝枯葉往山邊扒，用手在地上刨，開出一條兩米多寬、三米多長的隔火帶，控制了大火的蔓延之勢。

我們站在山邊，監視著火勢。它漸漸減弱，漸漸熄滅。我們又撿了一些石頭，捧了一些泥土壓住餘燼，防止它死灰復燃。

下一步怎麼辦？我同劉老師商量起來。如果往前走，還有十多里路沒有人煙，都是深溝密林，倘若再碰上老虎或其他野獸就更糟；路也很難走，都是溝溝壑壑，又怕摔跤，只有返回學屋才是上策。

待火徹底熄滅後，我依然挑著擔兒在前，劉老師背著挎包在後，走幾步吆喝幾聲，放幾個鞭炮。待爬上學屋時，已是精疲力竭了。

朱大伯已睡，聽到敲門聲，趕忙提著馬燈開門。看到我們汗流如注，滿臉烏黑，一副狼狽的樣子，他大吃一驚。一邊問情況，一邊領我們到火塘屋，把火扒開，添上一些柴。

朱大伯聽完我們的講述，笑著說：「好不容易逃出虎口，又差一點進牢門，算你們運氣好！」說著，他打來一壺水，掛在吊鍋鉤子上燒著。

我無可奈何地說：「古人說過，『未晚早投宿』。從今以後，我寧可多走一天兩天，再也不摸夜路了。」

我檢查東西，捆在擔子上的雨傘和棉鞋不在了，大概掉在路上。手有些疼，一看，有幾個指頭刨破了皮，血已凝固。內衣和棉襖汗濕透了，擰得下水來。劉老師的棉襖也已濕透。我們脫下來，一件一件地烤乾。

朱大伯又忙著在堂屋裡開地鋪。我們洗了臉，吃了點東西，才拖著疲憊不堪的身子去睡覺。夜裡，我和劉老師不住地打顫、做惡夢。

一覺醒來，朱大伯已做好早飯。我們匆忙吃完飯，告別這位善良的老人，繼續趕路。在途中，先後找到了棉鞋和雨傘。走到燒火的地方一看，多險啊！山上是密密麻麻的樹林，一眼望不到邊；地上有一尺多厚的枯葉。如果不刨隔火帶，火一燒上山，就難撲滅了。大火比老虎還要可怕啊！

再往下走，在胳膊彎處，老虎躺臥的一個大窩就在路邊，路上還有一堆糞，糞裡有許多棕黃色的毛。我們心有餘悸，不敢多看，趕忙走開。

昨晚遇虎，今天一路上的話題也就離不開虎。劉老師說：「新華公社是個出老虎的地方。老虎經常拖群眾的豬、羊，還吃人。五〇年代初，發生過好幾起老虎吃人的事。」我懷著好奇心，要劉老師講給我聽。

劉老師邊走邊一個一個地道來：

「一起發生在龍潭大隊的唐絮營。一天，一個姓吳的民兵隊長到保康縣麻坡去參加治安聯防會。從唐絮營到麻坡，途中沒有人煙。散會後，已是半夜時分，麻坡的同志一再留吳隊長住一晚，天亮再走。但他惦記著新婚妻子，執意要走。第二天下午，老吳家裡人還沒見他回來，有些蹊蹺，就給其他隊幹部講了。隊幹部到麻坡去找，只走了幾里路，就在路下發現了老吳隨身帶的一把大刀。仔細一看，石頭上還有血跡，再下去，在草叢裡發現了老吳的頭和幾根大腿骨。這才知道老吳已葬身虎腹了。他的遺腹子叫吳啟奎，已上小學二年級。大合校時，唐紮營小學的谷老師還指給我見過，十分可憐。」

「龍口大隊的豹兒洞發生過兩起。一起是土改時，豹兒洞開群眾大會。有一個人坐在堂屋門檻上，老虎突然把這個人拖走了。工作隊的同志忙出去鳴槍，幾十人點燃火把出去追趕，老虎沒把人放下，拖到對面草叢中吃了。另一起也是開會。散會後，五個同路的群眾結伴回家，走到半路，中間的那個人突然要大便，到路邊林子裡去屙，其餘四人坐在路邊石頭上等。等了好一會不見轉來，他們便打著火把去找。老虎正在草叢裡舔血撕肉，那個人只剩下半個身子了。這四個人嚇得魂不附體，一齊吆喝驅趕，老虎才慢條斯理地走進林子深處。」

「又一起發生在龍口七隊。被老虎吃了的就是我校三年級學生李文清的父親。大白天，他背著一口袋漆籽，下河到榨坊打油。快下溝時，老虎把他拖去吃了。漆籽撒得滿坡都是，大概他還同老虎進行過搏鬥。後來在溝裡找到了他的頭、腳和被撕爛了的衣服。」

「再一起發生在騾馬店。騾馬店是保康馬橋口和房縣陽日灣通往興山板廟的必經之地。沿途山大林密，幾十里沒有人煙，經常有虎豹出沒。以前騾馬店有幾間草房，住著一個老頭。他身材魁梧，膽量過人，經常扛著一柄鋼叉護送過往行人。有一天，他在屋後山上刨樹葉積肥，沒有防備，老虎把他幹掉了。後來人們看到老虎在附近臥了一個大坑，說明牠已窺視老人好長時間。」

「還有一起發生在龍口大隊一個叫白岩的地方。以前那裡住著一戶人家，單家獨戶，只有老倆口。男的叫王運太，五十多歲，學過武功。一天晚上，月明星稀，老倆口坐在堂屋裡吃晚飯，王運太坐在側面，老婆背朝大門。因天熱，大門開著。王運太去廚房盛飯，老虎竄進去，咬住他老婆的脖子就往外拖。說時遲，那時快，王運太回頭便一碗砸去，又忙將大門一關，把老婆的身子卡在屋裡，老虎在門外咬著脖子不放。王運太提起拳頭，朝老虎的眼睛、鼻樑重重打了幾拳，老虎才鬆開口，跳下坎跑了。之後，這隻虎在老王住的附近林子裡圍了幾天，晚上還來到門前窺視。王老頭再不敢在這裡住了，才搬到常家岩去。這位打虎英雄前年已過世，他的老婆還在，脖子上有幾道傷痕。」

談虎色變，我越聽越怕。劉老師寬慰我說：「蛇不亂咬，虎不亂傷。並不是所有的老虎都吃人。那隻吃人的老虎，後來政府組織獵人把牠打死了，虎皮賣給板廟供銷社，掛在屋樑上，尾巴垂到地下，額頭上還有『王』字，就像武松在景陽崗打的那隻吊睛白額大蟲一樣。打那以後，就再沒聽說過老虎吃人的事了。」

劉老師一個接一個地講著駭人聽聞的故事。我的肩膀不覺得疼，腿也不覺得酸了，不知不覺走了五十多里路，來到鄭家坪劉老師的表兄李世雲家。

李表兄留我們吃飯。我們饑腸轆轆，也就沒推辭。哪知一頓飯吃下來，已是三點多。鄭家坪距我的家還有四十里路。我趕快告辭，就此與劉老師分手，他進三溪河，我順大河出去。

看看天色已晚，我加快腳步。走到滿天星時，還有十里路，天黑了下來。在這裡，我遇到一個家鄉人。半年不見，分外親熱。他說：「今天晚上在我們隊玩燈，你回去還可以看燈。」

為搶時間，我沒與他多談，便匆匆告別，各走各的路。

離家鄉越來越近了。再過一小時，就要見到慈愛的母親和眾多親友，就可以欣賞玩燈的熱鬧，我還要向大家講述昨晚發生的故事。想到這些，心裡樂滋滋的。

提到玩燈，又勾起我美好的回憶。家鄉的燈，很有特色。有舞獅子、打花鼓、跑旱船、玩蚌殼、踩高蹺等傳統節目。每年冬季，幾位民間藝人就忙著策劃、做燈、排練。玩燈的時候，先到軍屬家拜年，然後逐個院落地玩。小孩子爭著打燈，有排燈、鼓兒燈、五角星燈、魚燈等，裡面插著蠟燭，五彩繽紛。還有一班敲鑼打鼓吹嗩吶的。每到一處，打燈的和鼓樂隊兩邊一站，主人家放一掛鞭，獅子就在場子中間舞起來。

獅子舞過之後是打花鼓子。一旦一丑，由兩個老藝人扮演。旦角穿著古裝裙子，頭上戴著掛滿銀色墜子的帽子，手裡拿著花手帕，在場子中間走著碎步，轉小圈子，扭扭捏捏，嗲聲嗲氣的。丑角打著大花臉，戴著鬏鬏帽，頭一低，鬏鬏往下一甩；頭一揚，鬏鬏往上一甩。腰裡繫根繩子，手拿一把破扇子，圍著旦角轉圈圈，做出各種滑稽動作，鑼鼓一停，丑角邊扭邊插科打諢。記得有這樣兩段詞：

「得——嘿！說日白，就日白，日了個白，了不得。公雞生了碗大個蛋，屁眼子脹得稀巴爛。五黃六月下大雪，寒冬臘月割大麥，大麥田裡一條蛇，三十六人沒抬起，四十八人抬一節、抬一節。」

「清早起，下河去，碰到公雞攆母雞，公雞爬上母雞的背，撲騰撲騰一頓屁，公雞問母雞怎麼樣，母雞忙說不咋地、不咋地。」

接著，又是一陣鑼鼓，旦角和丑角扭得更加起勁。

花鼓之後玩彩蓮船。由一個年輕姑娘扮船娘，穿著水紅衣服。艄公戴頂破草帽，腰裡繫根繩，嘴上八字鬍，手拿竹杆撐船。船婆穿一身黑大褂，頭上挽個大纂，臉上畫些皺紋，搖著一把大蒲扇，跟著船轉來轉去。彩蓮船每轉幾圈就停下來，在原地搖著，人們開始唱歌。歌詞是事先編的，一人唱，大家和，十分熱鬧。

再下去就是蚌殼舞。由玩船的姑娘手執大蚌殼，一扇一扇，分外妖嬈。一個漁翁拿著一部破魚網，以撒網的姿式，圍著蚌殼轉來轉去，伺機捕捉，做出各種滑稽動作，最後以蚌殼把漁翁的頭夾住而結束。

前年春節，我們幾個學生根據報上登的《除四害》創作了一出活報劇。「四害」由四個人扮演，分別戴上老鼠、蒼蠅、蚊子、麻雀的面具。另有幾人扮少先隊員，分別拿著夾子、彈弓和拍子。我扮老鼠，屁股後面還拖了一條長長的尾巴。首先是「四害」登場，自報家門，自敘對人類的危害，然後少先隊員一齊上陣，打的打、夾的夾、彈的彈，「四害」倉惶逃竄，最後在群起而攻之中一個個倒地被「消滅」。

一個院落玩結束後，再到另一個院落，走的時候又放一些鞭炮。看燈的有本村的，也有鄰村的，常常有幾百人。

農民看燈是一年中最快樂的時光。每個節目都要引起哄堂大笑。人們在笑聲中驅散了疲勞，忘記了生活中的憂愁，迎接新的一年的到來。

我想著想著，不覺來到水田壩，過了南溝，只剩下五里路了。我沉浸在幸福美好的回憶和勝利在望的喜悅之中。突然，手電筒一閃，不亮了。我把擔子卸下來，把手電筒拍拍打打，整了好一會，還是不亮，估計是燈泡燒了。沒有新燈泡更換，路上也無行人，天黑得伸手不見五指。怎麼辦呢？我想，反正只有幾里路了，又是熟路，邊探邊走吧。

我高一腳、低一腳，摸著走了兩里多路，來到二里半。河對岸孫家灣子一帶，有一些微弱的亮，一閃一閃。我知道，那是墳塋。家鄉的習俗，過年時要給死去的人上亮（即晚上點支蠟燭插在墳前），有的上三天，有的從臘月三十上到正月十五。每一個有亮的地方，就有一個人長眠在那裡。

由河對岸的墳塋，我又想起，前面不遠處就是一個岩屋。以前岩屋外面有幾間草房，住著一戶姓孫的人家。有一年大年三十，一把火燒得乾乾淨淨，孫家也就搬往他鄉。後來在岩屋裡殺過一個過路的小販，就埋在離岩屋不遠的路邊。

再往前去就是沙壩溝。聽老人們講，抗戰期間，深渡河一帶住著國軍的一個野戰醫院，死的傷兵就埋在沙壩溝。

俗話說：「遠怕水，近怕鬼。」在這漆黑一團萬籟俱寂的夜裡，我又想起一年前，也是正月初二，我和家鄉的許多人到水田壩看燈。回來時，遠遠望見這一帶河壩裡，有一些忽隱忽現的綠火，有的還在移動。大家感到蹊蹺，乾脆坐下來觀察。有的說是「鬼火」，有的說是被大水沖來的夜夯木或動物屍體腐爛後自動燃燒的磷火。各執一詞，爭論不休。幸好那一次人多，沒有恐懼感。

想著想著，我抬頭一看，前面似乎有一個黑樁。我大喝一聲：「誰？」無人答應。我不覺眉毛一豎，毛骨悚然。這時，腳下一滑，我忙將雙手撐地。手一鬆，擔子掉下來，我又趕快去搶擔子，結果手中的電筒和一個小包，順著山坡軲軲轆轆滾下去了。路下是一片很陡的沙坡，稀稀拉拉長著一些桐樹，是擋不住東西的，這一滾，一直要滾到河邊的水田裡去。

我心裡真不是滋味，欲哭無淚，欲喊無聲。昨夜路遇老虎，下決心再不摸夜路了，哪知第二天就重蹈覆轍。前面的黑樁不知是何物，電筒和包包又滾落河邊，真是禍不單行。我冷汗直冒，焦急萬分。電筒是銅的，虎頭牌，質量很好，花兩塊五買的；包包裡是買的衣服、白糖和一些雜物。這兩樣東西非找回來不可。

我遲疑不決，往前走吧，沒有人家，而且越走越怕。突然，我想起南溝邊大路下面有幾戶人家，我的小學老師李道全就住在那裡，只有轉去到他家求助。

我摸著折了一根樹枝放在摔跤的地方，做個記號。然後挑著半頭重半頭輕的擔子，又高一腳、低一腳地往回摸去，好不容易才摸到李老師的家。

只有師娘在家，她忙給我倒水、找果子，問我的情況。師娘聽了安慰我說：「你莫著急，吃點果子、喝點水。我找一把火把，你再去找東西。」

師娘給我找了六尺多長一把篾黃，還有些濕，便放在火邊烤著。

火把烤乾後，我謝別師娘，點著火把上路。有火把照路，心裡不怕，走起來也快多了。

走到摔跤的地方，我把擔子放下，又去找下河的小路。順小路下到山腳的水田裡，幸好水田是乾的。我邊走邊尋，終於把電筒和包包都找著了。

我回到放擔子的地方，迅速把東西收好，趕快走路，因為火把已剩下不多了。走到沙壩溝，火把就燃完了。不過，路寬一些、平一些，可以大步大步地走。

到家時，燈早已玩結束，母親和妹妹也已歇息。我叫開門，母親十分驚奇，問我怎麼沒回家過年。

這時我才知道，母親並沒有收到我寫的信，天天盼望兒子回家。我的十二歲的妹妹永惠，從臘月二十四起，連續三天到夫子岩去接我，每次都是高興而去，失望而歸。母親每天在家裡把飯做好，總要等到天黑，母女倆才吃。

我十分愧疚，母親和妹妹把我盼得好苦啊！我又非常懊悔，真不該在新華過年，否則，哪有這兩晚的遭遇！

那時我就萌生了要把這兩夜遇到的情況寫下來的念頭。四十多年後的今天，才了卻這樁心願。

得不償失

從一九五九年開始，中國遭受了連續三年的特大旱災，農業歉收，糧食減產，物資匱乏，進入經濟嚴重困難時期。許多地方烈日炎炎，赤地千里，糧食顆粒無收。一九五八年雖然是豐年，但損失浪費嚴重，集體和農民個人都沒有糧食儲備，遇到特大旱災，就更是雪上加霜。

那時候，儘管物資緊缺，但單位與單位之間差別很大。供銷社掌管著緊俏物資，糧管所掌管著糧食和食油，後來設立的食品所掌管著豬肉、豬油。這幾家各有優勢，又互通有無，日子好過。唯獨學校一貧如洗。我們的口糧由每月二十九斤降到二十五斤。吃的、穿的、用的，全憑票證供應。物價不斷上漲，貨幣貶值，工資雖增加到每月二十六元，但遠沒有一九五八年每月十九元經用，常常入不敷出，寅吃卯糧。學校食堂實行分餐制，早餐二兩稀飯，中晚餐三兩玉米麵飯，一碗漂著幾滴油珠的白菜湯或蘿蔔湯。每天只覺得餓，渾身乏力，有的面黃肌瘦，有的浮腫起來。

時光易逝，一晃在困境中過了兩年。一九六〇年寒假，全社教師集中到頂塘小學開總結會。校長突然接到公社通知，去參加公社擴大會。他安排我們每人寫一份工作總結，等他回來後再開教師會。

公社擴大會開了兩天。次日上午，教師會開始。校長首先宣布了一個重要消息：「縣裡決定，所有國家脫產幹部，包括教師、醫生，一律不放年假，不准回家探親，就在本單位過年。」

校長話音剛落，全場像炸開了鍋。你一言、我一語，嘰嘰喳喳，議論紛紛。有的已收好東西，只等著散會的那一天。尤其是結了婚的老師，牛郎織女離別半載，早就在思念老婆了，恨不得插上翅膀飛回去，把心上人親個夠。這時突然聽說「不准回家探親」，如五雷轟頂，似洩氣皮球，坐在那裡愣著一雙失望的眼睛，不斷唉聲歎氣。

校長等大家嘈雜一陣後說：「老師們安靜下來！縣裡為什麼作出這個決定，我把會議精神一傳達，你們就明白了。」會場上慢慢靜下來。

校長接著說：「公社這次擴大會議，是一次非常重要的會議，傳達了中央、省委和縣委的重要文件，傳達了國際國內的形勢。有些內容，對下沒有傳達任務。但你們都是人民教師、國家幹部，我還是講一講。」聽說內容很重要，老師們都聚精會神地聽著。

校長繼續說：「我們國家受到嚴重困難，中央決心認真調查研究，糾正錯誤，調整政策。已在全國開展整風整社運動，主要是肅清『五風』，即共產風、浮誇風、強迫命令風、生產瞎指揮風和幹部特殊化風。」

「中央下發了《緊急指示信》，規定了十二條政策，其中最主要的是：重申『三級所有，隊為基礎』，徹底清理『一平二調』，堅決退賠，允許社員經營少量的自留地和小規模家庭副業，恢復農村集市，等等。」

「興山縣是『五風』和自然災害比較嚴重的縣，群眾生活更加困難。農村每人每月只有十五斤口糧，加上大隊、小隊幹部和食堂事務長層層貪汙、剋扣，真正到群眾口裡的就更少，因而一些地方發生了浮腫病，死亡人口不斷增加。」

這時，校長壓低了聲音說：「據公社領導透露，全縣已餓死八千多人。古夫區以龍珠、龍池、北斗、麥倉、長坊等公社最嚴重。全國總人口也急劇下降，一九六〇年全國總人口比上年減少了一千多萬。這一情況，我們在這裡說就在這裡了。誰對外講了，後果自負！」

校長接著講：「省裡一位姓陳的副省長，到興山縣微服私訪，還到了長坊公社，才發現問題嚴重。長坊公社原來上報糧食多得不得了，縣裡組織幾百名勞力去調運糧食，連老百姓的口糧、種子都調光了。還有許多去背糧食的人空手而歸，所以長坊餓死人更加嚴重。袁代發不僅是一個政治騙子，不顧群眾死活，弄虛作假，浮報虛誇，騙得了全國勞模桂冠，而且是一個大流氓、山霸王，在長坊任職期間，姦汙婦女三十六人，抄群眾的家一百九十八戶，逼死人命七條，餓死幾百人。袁代發已經被抓，判了八年徒刑。興山縣委、縣政府原領導班子一鍋端了，進行了改組。全縣還撤換了不少公社領導，抓了一大批大隊、小隊幹部和食堂事務長。正如國家主席劉少奇同志說的，這次全國性的災難是『三分天災，七分人禍』。」

這時，大家小聲議論起來，講起前年在區裡開會時的情景。袁代發何等風光，何等榮耀！那時誰能想得到他竟是一個政治騙子、大流氓、山霸王。現在淪為階下囚，是罪該應得。

校長繼續講：「省裡和縣裡已採取了一系列救災措施。一些大隊開辦了腫病醫院。國家從雲南、貴州和東北調來大米、混合麵、奶粉，分發給浮腫嚴重的群眾。一些建設工程也下了馬，勞力不再上調，實行休養生息政策。動員群眾在房前屋後、田邊地角大種蔬菜，搞瓜菜代，度過災荒。」

「現在國際上鬥爭也很激烈。赫魯雪夫徹底背叛了馬克思列寧主義，大反史達林，命衛兵用刺刀挑了史達林的遺體。在國際共產主義運動中，蘇聯黨以『老子黨』自居，要求中國跟著他們的指揮棒轉，對中國黨橫加指責。中國黨不向壓力屈服，蘇聯便片面決定召回在華工作的全部專家，撕毀經濟技術協議，使蘇聯援建我國的所有項目被迫停下來。蘇聯還趁火打劫，在我國遭受嚴重自然災害，國民經濟異常困難時期，催逼我國償還抗美援朝期間欠下的武器彈藥債務，而且必須以優質農產品償還。」

校長越說越氣憤，後來打住話頭：「國際國內形勢內容很多，我就不一一傳達了。縣裡決定機關學校不放假，幹部不准回家探親，就是因為群眾生活太困難，同志們回去看了痛心，造成不好影響。公社領導要求老師們服從安排，安下心來，在新華過一個艱苦奮鬥的春節。大家早一點寫封信回去，免得家人盼望。」

校長又說：「經我和供銷社、衛生院的領導商量，我們三個單位把過年供應物資湊到一起過年，費用按人均攤。大隊學校的老師願意參加的，我們歡迎；在自己學校過年也可以。會議結束時，就把春節供應物資票證發給大家。」

接著，就是各學校彙報工作，總結成績，找差距，談打算，進行常規性會議。休息的時候，老師們忙著寫家信。

會議最後一項議程是評福利費。每年評福利費是最難辦的一件事情。福利費是按工資總額提取的，一般分一、二、三等。那幾年一等二十元、二等十五元、三等十元。評的條件是，家裡發生天災人禍的、家大口闊的、勞動力少的。評的時候，各人先介紹自己家庭的情況，然後大家評議。人人都想評上，但又不可能，因而常常爭得面紅耳赤。在會上評了後，校務會研究；校務會研究後，報公社審批；公社審批後，校長才敢公布，程序極為嚴格。有的沒評上不服氣，與這個比，與那個比，找了校長還要找公社領導。現在看起來，為幾元錢大動干戈真是不值得。但在那時，工資低，無任何補助，物價又高，一年一次的福利費是工資以外的唯一收入，怎能不力爭呢？

會議期間，事務長從公社領回了春節供應物資票證：每人一斤肉票、半斤糖票、半斤酒票、半斤茶葉票、五包香煙票、一條肥皂票，還有下年度的一尺六寸布票。另外，憑糧食供應證，每人補助四兩食油、供應五斤大米。會議結束時，事務長把票證發給大家。我校老師把肉票、酒票交給了事務長，其餘的票證自己拿去購買物資。幾個不抽煙的，被抽煙的老師早就掛了鉤，煙票給了他們。

開完會，外校的老師就回校了。離過年還有十多天，我校幾個老師在一起商量，覺得在學校待著沒意思，不如下去進行家訪。給校長一說，校長同意。

名曰家訪，實則是想出去混幾頓飽飯吃，節省一點口糧，以補貼平時。各大隊都有在我校上高年級的學生。我們每到一處，便事先瞭解，哪些學生家裡有飯吃我們就去哪幾家。那時候，新華公社有些單家獨戶的農民，在山溝溝裡偷偷摸摸開了點荒地，「多收了三五斗」，生活還較寬裕。老師去了，當然是座上客。家長煮肉殺雞，盡其所有。儘管晚上蓋濕漉漉的被子，但乾癟的肚子卻得到了充盈。

我們一圈轉下來，就是一個多星期，回校時已是春節臨近。

集體過年的準備工作正在緊鑼密鼓地進行。學校、供銷社、衛生院三個單位共十五人。聽說公社還要來一位領導陪我們吃年飯，共十六人，正好兩桌。時間定在臘月三十中午，因供銷社、衛生院有幾位同志家在新華，下午還可以回家團聚。地點定在學校，具體事務由學校事務長經辦，二姐擔任廚師。

與供銷社的同志一起過年，在物資上沾了不少光。買了二十斤豬肉（只有十四斤肉票），打了十斤白酒（只有七斤酒票）。計畫之外，還搞了一副豬肝、一個豬肚、一對豬腰子，他們把自己飼養的一隻大紅公雞也提來了。衛生院拿來半隻病人送的山羊腿。這兩家都有額外貢獻。幾個老師便弄了一筐生石灰，倒在小河一處岩縫裡，還真湊效，搞了兩斤多小魚兒。大米、菜油也從糧管所買回來了，都比計畫指標略多一點。過年的費用，等搞結束後核算，按人頭平攤。

從臘月二十九開始，二姐、事務長和一位會做飯的老師就開始忙起來。

臘月三十早上，二姐像往常一樣，做好早飯，喊了幾遍，但沒有一個人去吃。有的說不餓，有的說要多睡一會兒。

二姐吵道：「你們這些人，要是早說一聲，我也好不做。今天這麼忙，把我的功夫耽誤了。」

為什麼都不吃早飯？大家心照不宣。只有事務長心直口快，一語破的：「不吃也好，把肚子餓空，中午多吃一點。」

這一個上午實在難熬。廚房裡不時傳來炒、炸的聲音，陣陣香氣撲面而來。我們的肚子咕咕直叫，唾液不斷湧出，只得把褲帶勒了又勒。

供銷社主任和衛生院院長先後來看了一下，都很滿意。

我們打掃了一間教室，用課桌拼了兩張餐桌，擺好板凳，清洗了碗筷，生了兩盆炭火。

大家實在擋不住廚房的誘惑，總要找個藉口進去一下，把鍋蓋揭開，聞一聞香氣，看一看正在鍋裡翻滾的排骨蘿蔔湯。臉厚的還以嘗嘗鹹淡為由，用筷子夾起一塊肉，吹幾下，連忙餵進嘴裡。

公社領導來了，校長陪著烤火、下棋。上午十一點多鐘，供銷社和衛生院的同志鎖上大門也來了。學校頓時熱鬧起來。

一會兒，事務長告訴校長，廚房裡已搞好了。校長清點了一下人數，三家都已到齊，便下令：「開始上菜吧！」

幾個老師趕快上廁所，悄悄把勒進去的褲帶鬆了鬆。

大家一齊動手，很快把菜端出來。有粉蒸肉、回鍋肉、紅燒肉、紅燒雞、炒豬肝、炒肚片、炒腰花、炒山羊肉、炸小魚、炸土豆絲，湊了十大碗。中間是一盆排骨蘿蔔湯。二姐把她的十八般武藝都拿了出來。供銷社和衛生院的同志誇道：「祝天俊真能幹！」劉老師聽了樂呵呵的。

人們開始入座。校長、供銷社主任、衛生院院長、劉老師等陪公社領導坐一席，其他人坐一席。那時沒有酒杯，喝酒用飯碗。每人面前斟了小半碗酒，十斤酒就剩下不多了。

大家坐定以後，公社領導端著酒碗站起來祝辭，大家也連忙站起來。他說：「同志們一年來工作辛苦。在這新春佳節到來之際，我代表公社黨委和管委會，給大家敬酒，拜個早年，感謝你們為新華人民做出的貢獻，並祝同志們在新的一年裡工作進步！」說完他分別與同桌的人碰了一下碗，然後喝了一口，大家也都喝了一口。

今天，菜的味道特別的好，酒特別的香，我們的肚子也特別的餓。大家狼吞虎嚥般地吃，大口大口地喝，誰也不謙讓，就連不喝酒的人也喝起來。因為人人心裡明白，一年就這麼一次，吃多吃少、喝與不喝，錢是要一樣出的。

一會兒，校長、供銷社主任、衛生院長分別給公社領導敬酒，然後給同桌的其他人敬酒，也過來給我們這一桌敬酒。

我們也到那一桌，分別給各位領導敬酒，氣氛開始熱烈起來。

菜吃得很快，排骨湯已添了幾次，其他的菜有的已露出碗底，酒也喝光了。

這時，供銷社主任老馮把營業員小高喊過去，對著他的耳朵說了幾句。小高提著空酒壺出去了。一會兒，小高又提了十斤酒來。他回到座位，對我們解釋說：「這是留的一點機動酒，馮主任叫我都提來了。」

每人已是半斤多酒下肚，有的滿臉通紅，有的走路已飄飄然。事務長又給每人斟了小半碗酒。二姐趕忙到廚房，在排骨湯裡下了一些白菜，每桌又盛了一盆，把原來沒盛完的菜也全部加到了桌上。

大家已有了幾分酒意，見又斟了酒、添了菜，情緒高昂起來。你敬我、我敬你，觥籌交錯；碰碗聲、吆喝聲，響成一片。有的一飲而盡，自己提起壺斟起來；有的不喝了，其他人拎著耳朵要灌。有的高淡闊論，有的豪言壯語，有的甚至胡言亂語起來。教室裡人聲鼎沸，亂成一團。

我只覺得心裡火辣辣的，頭重腳輕，天旋地轉，不能自已了。

二姐趕快給每人盛了一碗飯，勸大家吃飯。

鬧了一陣，酒、菜、飯一掃而光。教室裡酒氣瀰漫，桌子上碗筷狼藉。人們踉踉嗆嗆地離開臨時餐廳，有兩人還未跨出門檻便哇地一聲吐了出來。

我一覺醒來，竟不知自己睡在什麼地方。探起身子過細看了一下，才認出是自己的寢室，和衣倒在自己的床上。枕頭上、衣服上、被子上，到處是嘔吐的穢物；再望地下，床前有篩子大一攤。其他幾個老師睡在那裡，鼾聲如雷，每人的床前也都有篩子大一攤，有的新棉鞋也被吐的東西蓋住了。我在酒席上說了些什麼話，是怎樣下桌子，又是怎樣上樓爬上床的，全然忘卻了。只覺得臭氣難擋，頭痛噁心，整個房子都在旋轉，接著又是一陣嘔吐。

一會兒，聶其倫老師端著一筐子火灰搖搖晃晃地走上樓來，把我們吐的汙物用灰掩住。看到我醒了，他得意洋洋地說：「你們都不是裝酒的罎子，有啥用！都當『月母子』了，哈哈！」

又過了一會兒，天快黑了。我掙扎著起床上廁所。走過操場，朦朧中看到好像有一個人躺在上廁所的路上。仔細一看，竟是剛才嘲笑我們的老聶，旁邊也吐了一大攤，他是慢發作。五保戶袁老頭養的一隻大黃狗，正在搶著吃老聶吐的東西。把地上的吃光了，又去舔他的嘴角。他耷拉著腦袋，眯著雙眼，喃喃地吐詞不清地說：「莫開玩笑，走開！」他以為是哪個在開玩笑。

我趕快把狗子趕開，去扶他。但他個子大，我醉如爛泥，哪裡扶得動？

我上廁所轉來，稍微清醒了些，使勁把老聶喊醒。他爬起來，在我的攙扶下，慢慢走進屋去。這時，那條貪吃的大黃狗也醉倒在屋簷下。

大年初一，我們一個個掙扎著爬起來，洗臉，擦衣服和被子上的污物，打掃寢室。二姐煮了半鍋酸菜，每人吃了一碗。

二姐告訴我們：「老劉也『下豬兒』了，吐了幾大攤。」

後來聽說公社領導睡在供銷社客房裡，他和供銷社、衛生院的同志無一倖免，都吐得翻腸倒肚。

此後幾天，個個似害大病一般，見了面，無可奈何地苦笑一笑。這個年，正如南唐李後主的詞句「別是一般滋味在心頭」。

附記：興山縣退休幹部劉世嚴先生二〇一〇年編著的《興山事件大揭秘》一書指出：「所謂興山事件，就是一九五九年至一九六〇年期間，在一個人口不足十三萬人的小縣，發生了餓死八千人的事件。」「實際上這兩年人口減少了一萬多人，可見當時非正常死亡現象之嚴重。」「龍珠管理區第八生產隊五百五十二人，餓死一百八十八人，占該隊人口的百分之三十四點六，該隊全家死光的有十五戶。」

樂在其中

在那些艱苦的歲月，儘管物質生活極度貧乏，文化生活異常單調，但我們仍過得很充實，常常以特有的方式，尋求精神的愉悅，打發寂寞的時光。

一

一天放學後，衛生院的廖光華醫生叫學徒喊我去，要我把欠的一元多醫藥費結一下。我交了錢準備走，尹正倫醫生從裡屋走出來，很熱情地叫我坐，要同我聊聊天。反正放學了沒啥事，我就坐下來。

尹醫生自言自語：「好久沒喝酒了，什麼時候搞點酒喝就好了。」然後問我：「你想不想喝酒？」

「過年喝吐以後，好幾個月不想酒喝。現在要是有酒，也喝得下去。」

尹醫生說：「你如果想喝，我可以搞得到酒。」

我問：「你們又進了藥酒？」

「藥酒有啥喝頭，要喝就要喝玉米酒。」

「您老人家真是異想天開，如今哪還有玉米酒！」我搖搖頭。

尹醫生湊近我小聲說：「昨天我到供銷社買東西，他們正在收貨。我親眼看到背來一大桶酒，有一百多斤。小高把蓋子一揭，好香好香。」

廖醫生也插話道：「我聽老馮說，這桶酒是直接從興山酒廠調的玉米酒，比過年供應的酒還要好，但要公社批條子才賣。」

尹醫生拍著胸脯：「我一不要條子，二不要票子，同樣搞得到他們的酒。」

我冷笑一聲：「去偷？樑上君子可當不得。」

尹醫生神秘地說：「你不知道。我年輕時，在家鄉跟一個端公學過法術，驅魔壓邪、鎮妖招魂、醫治怪病，樣樣都搞過，最拿手的是用法術取酒。」

我笑了笑：「如果真取得來，跟偷不是一樣嗎？」

老尹說：「這跟偷不一樣。去偷，要敲門扭鎖，留下痕跡，弄不好被人抓住了，輕則背上『強盜』黑鍋，重則坐牢。取酒是運用法術，人不知、鬼不覺，不留蛛絲馬跡。再說，供銷社的那些人，對外口口聲聲要公社批條子，可他們自己還不是天天在喝，未必給了錢。他們喝得，我們為什麼取不得？」

端公用法術取酒的事，我似乎聽說過，但沒見過。老尹這麼一講，我倒很想見識見識。便說：「尹醫生言之有理。你要真會取酒，搞一回試試看，取到了，我們大家也沾沾光。」

尹醫生見我有了興趣，便滔滔不絕地講起來：

「這取酒，說難也難，說不難也不難。第一，要事先知道哪家有酒，不能盲無目的地幹。第二，要有一個最合適的取酒人。取酒人必須具備四個條件：一是要是童子，就是沒結過婚的男子；二是要忠厚老實；三是要守口如瓶；四是要會喝酒，酒量越大，取的酒就越多。第三，要一個金邊細瓷白碗，其他任何東西都不行。第四，要有一個學過法術的人念咒語。」

老尹喝了一口茶，繼續說：「供銷社有酒，又是一牆之隔，這第一條已有了。關於取酒人，你是打起燈籠也難尋的人選，最合適不過。不知你願不願意。」

我說：「只要真取得到酒，我可以試一試。」

老尹高興地說：「那好，第二條也有了。就是取酒的碗有點難找，我聽說只有你們學校隔壁的五保戶有這種碗，但必須由取酒人自己去借才靈驗，你是借得到的。最後一條，我學過法術，會念咒語。哈哈！這四條都有了。」

這時，廖醫生把臉一板，很嚴肅地說：「老尹，我勸你還是不要搞！這明明是封建迷信活動，公社要是知道了，不得了的。現在整風整社工作組還沒走。你這不是無事討有事，自找麻煩？」

老尹辯駁道：「這樣的事，要是上面知道了，確實不好交待。但我們把保密工作做好，你知我知他知，也未嘗不可。」

廖醫生說：「隔牆須有耳。上面知道了，你我都是『貓子吃糍粑——脫不了爪爪』，還要把小嚴老師扯進去。」

老尹發火了：「行！你怕事，你不參加。要是出了問題，我老尹一個人頂罪，一個人去坐牢，決不連累其他任何人！」

老廖晃著頭說：「不聽老兒言，必有棲惶事！」氣衝衝地走出去了。

老尹怕我動搖，忙對我說：「他是個膽小鬼，莫聽他那一套，我們搞我們的。你現在就去借碗，事先把借碗的理由想好，千萬別說是取酒用的。」

我立即到五保戶家，袁老頭和王婆婆都在。我對他們說：「我想找你們借一樣東西。衛生院給我配了幾味中藥，碾成麵子，要用蜂糖調了吃，只能用細瓷白碗調。我想把你們家的細瓷白碗借一個，用完就還來。」

王婆婆說：「我的細瓷白碗是祖上留下來的，只剩四個了，前天尹醫生來問過我，哪個人我也不借！」

「我保證有借有還，請王婆婆放心！」我懇求道。

僵持了一會兒，袁老頭看到我著急的樣子，對他老伴說：「小嚴老師經常幫我們挑水劈柴，又是個過細人，就借給他用用。」

「旁人我是不借的。你拿去小心一點，莫打破了。」王婆婆終於答應了，邊說邊站起來，打開箱子上的鎖，找了一個遞給我。

我接過來一看，金邊白瓷，周圍是紅色圖案，非常精緻，還有「景德鎮」三個字，實屬珍貴物品。我說聲「謝謝」，趕忙拿到衛生院去。

老尹見我借到了碗，連連誇獎。他說：「趁老廖他們都不在，我們趕快搞。」接著把大門拴上，把煤油燈點著。

他搬來一個凳子，放在離牆不遠的地方，叫我站上去，舉起右手。他用一根細竹棍比了一下，然後叫我下來。他把竹棍砍去一截，大約還有兩尺多長。

老尹小聲囑咐我：「你的一切行動都要聽我指揮。你的心要誠，心誠則靈。現在別的什麼都不想，一心只想取酒。準備工作做好以後，我就念咒語，不到三分鐘，酒就來了。」說完，叫我站到凳子上，手拿竹棍。他把梯子搬來，靠在牆邊，然後拿著碗爬上梯子，把碗扣在樓板上，叫我用右手拿竹棍頂住碗。樓很高，竹棍稍微短了點，我要把腳踮起來才勉強頂住。頂住後，他忙下去搬走梯子，口中念念有詞，叫我千萬別動，否則前功盡棄。

老尹一邊叫著「成功了！成功了！」一邊把大門打開。這時，門外已站滿了人，老廖把學校、供銷社的人都喊來了，靜靜地站在大門口。大家一齊擁入屋中，個個捧腹大笑。這時我才知道上當受騙。

我恨不得一步跳下來，但細瓷白碗就要摔破。這碗是我自己借的，王婆婆又是「吝嗇鬼」，如果打碎了，遠近都買不到這種碗，無法賠償，我只好挺住。

老馮笑著說：「你們看，這就是好喝酒的下場！」大家拍手的拍手，嘻笑的嘻笑。老尹、老廖笑得喘不過氣來，連連咳嗽。

我的腿開始發抖，趕忙求饒，請他們搬梯子把碗接下來。但我喊了幾遍，無人理睬。後來校長才搬來梯子，把碗接住，我才被解救下來。

老尹這時像召開新聞發布會似的，向大家通報真相：為了這場玩笑，他與老廖已策劃了好幾天，如何物色人選，如何打聽借碗，如何騙造謊言，如何設計細節，如何與老廖上演爭執不休的「雙簧」給我看。

兩位醫生真是老謀深算，配合默契，把「戲」演得天衣無縫，使我終於上了鉤。不過大家也樂了一場。

二

新華公社有三位姓劉的老師，人稱老劉、大劉、小劉。小劉老師在龍灘小學任教，已結婚，妻子在興山老家務農。他很活躍，愛說下流笑話，愛開無聊玩笑，別人說不出口的他說得出口，別人做不出來的他做得出來。但大家還是很喜歡他。

有一年五六月份，縣裡派醫療隊到新華普查婦科病。大山裡的婦女很辛苦，又缺乏衛生知識，醫療條件也差。一檢查，許多已婚婦女患了子宮脫垂。醫療隊把病人集中起來治療。一次，全公社教師在龍灘小學舉行公開課。休息時，人們講起醫療隊普查婦科病的事。

有一位姓吳的老師，在船山小學任教，年齡二十出頭，尚未結婚。他一聽說子宮脫垂，特別感興趣。忙問何為「子宮脫垂」，是什麼症狀。第一次問，大家沒有在意，無人回答。小吳又問第二遍。

小劉眉頭一皺，計上心來。他對小吳說：「上個月醫療隊在龍灘大隊搞普查，把一些生過孩子的婦女都弄到大隊衛生室檢查。我感冒了，去衛生室弄藥。當時醫生不在，我從板壁縫往裡一望，你們猜我看到了什麼？」

小吳忙問：「看到了什麼？」

「一個婦女脫得赤條條的，躺在那裡，醫生正在檢查，我才搞清楚什麼是子宮脫垂。」小劉很神秘地說。

不知是小劉胡謅的故事，還是真有其事。這一下，小吳越發感興趣了。他有些嫉妒地說：「我怎麼沒有這樣的好運氣，好事情偏偏被你撞上了。你講講，子宮脫垂到底啥樣子？」

小劉擺起架子來：「你不給我上煙我才不講呢！」

小吳不抽煙，忙找抽煙的老師要了一支「大公雞」遞給小劉，還擦火柴給他點燃。「子宮嘛，就是女人的內生殖器官，長在肚子裡，結婚受孕後，胎兒就在子宮裡發育。」小劉像專家作學術報告，聲調抑揚頓挫。

小吳不耐煩：「這誰不知道，我要聽子宮脫垂。」

小劉說：「你別著急！講『子宮脫垂』，必須從子宮講起。『脫』者，掉也；『垂』者，下也。『子宮脫垂』，顧名思義，就是子宮離開原來的位置，垂下去，掉出來。」

小吳張著嘴巴，眼睛注視著小劉，聽得全神貫注。

小劉深深地吸了一口煙，吐出白色的煙霧，慢慢說：「這是從理論上講，你可能不好理解，最好是搞直觀教學，演示給你看一下。」

小吳真以為要弄一個婦女來，忙說：「我們又不是醫生，誰肯把褲子脫了讓我們研究。」

小劉白了小吳一眼：「你這個蠢貨！我的演示不需要弄婦女來，只要你配合一下就行了。」

說完，小劉到供銷店借了一個秤圪，又到學校隔壁田家拿了一把大火鉗，然後對小吳說：「你就算是一個婦女，一會兒你的子宮就脫垂了，你也就完全懂了。」

小吳心想：「我今天看你到底搞些什麼鬼名堂。」

小劉把秤圪拴到小吳面前的褲腰帶上，比了一下，秤圪正好與膝蓋一平。然後叫小吳伸出雙手，他把火鉗倒過來，用火鉗頸迅速把小吳的手頸子一夾，拉著就跑，從學校操場跑到供銷店，又從供銷店跑到衛生室，再從衛生室跑回學校。秤圪在小吳腿子前面甩來甩去，正好打在膝蓋上。跑得越快，打得越狠。小吳連聲「哎喲」，大罵小劉。幾個單位的職工和附近群眾聞聲都出來看熱鬧，笑得直不起腰。

跑了幾圈，小吳求饒，小劉才鬆開火鉗。小吳一看，手頸子被火鉗勒了一道深深的紅印子；捲起褲子一看，兩個膝蓋被撞得紅紅的，血珠子慢慢滲出來。小吳疼得冒汗，罵了小劉一頓；撿起一根棍子，一跛一跛地攆著打小劉。大家怕他們傷了和氣，趕忙把小吳勸住；要小劉晚上打碗雞蛋給小吳補一補。這場惡作劇才收場。

三

三年自然災害期間，新華公社從平水公社請了兩個女代課教師，一個姓甘，一個姓蔡，都是古夫中學畢業的回鄉知青。小甘白白胖胖的，臉上一對酒窩，性格開朗，喜愛唱歌。小蔡瘦一些，性格內向。大家戲稱她們二人為「乾菜」。校長把乾菜安排在石屋頭小學，一則距平水近，她們回家要方便一些；二則兩個年輕女孩子，在一個學校好有個照應。自從有了乾菜，我們開會或搞教研活動時，氣氛就活躍多了。

那時，新華公社的老師正在傳閱馮德英著的《苦菜花》。這是一部反映抗日戰爭時期，膠東半島人民在中國共產黨領導下，與日本鬼子和漢奸英勇鬥爭的長篇小說。那時的書太少，哪個老師弄到一本好書，大家都傳著看。我們學校的老師已看過《苦菜花》，後來傳到乾菜手中。

一個星期六下午，各校老師都來到我校開會。晚飯後，天還未黑，我和老劉、小劉等幾個人在辦公室打撲克，還有幾個人翻報紙。乾菜在操場上玩。一會兒，她倆興致勃勃地走進辦公室，走到老劉身邊，拿出一張紙條，說《苦菜花》上有兩個字認不到，要請教劉老師。那時說來可憐，書店裡沒有字典賣，全公社只有我們學校有一本《新華字典》，外校老師常常把不認識的字寫了帶到我校求教。

小甘把紙條攤開，畢恭畢敬地放在劉老師面前。我們一面出牌，一面瞥了一下，不覺吃了一驚，紙上赫然寫著「屄屌」兩個字。老劉微微一笑，難於開口。可小劉嘴尖毛長：「你們連這兩個字都不認得，一個讀bi，是女人的陰戶；一個讀diao，是男人的生殖器。」

小劉還未說完，小甘的臉霎時紅到耳根，無地自容，連忙扭頭就跑。小蔡也跟著跑了出去。

大家把小劉譴責了一番。小劉還振振有詞：「書上寫得，我為什麼念不得？只怪她們自己粗心，這兩個字猜也猜得出來。」

小劉固然說得有道理，但那兩位未出閨閣的少女，在眾多男人面前丟臉，怎麼受得了呢？

撲克停下來。校長和我們走出去，只見小甘坐在操場角落的楊樹下擦眼淚，小蔡沮喪地站在旁邊。校長走過去，安慰一番，肯定她們虛心好學的精神，叫她們不要難過。

即便如此，小甘的自尊心受到傷害，情緒一落千丈，歌聲笑聲都消失了。吃飯時，遠遠蹲著；開會坐在角落裡，一言不發。

過了兩個星期，又在我校搞教研活動。上次乾菜問字的事，大家都不再提了，但又發生另外一件事。

頂塘小學的校舍共六大間：樓下兩間教室，中間是辦公室。辦公室的一頭還隔了一小間，幾平方米，住著劉老師一家。樓上兩間教室，中間是教師寢室。兩間教室後面各有一點空地方，是寄讀生的地鋪，一邊住男生，一邊住女生。教師寢室裡放了四張床，住四個人。開會時，每床睡二人，其餘的男老師就睡男生的鋪，乾菜就睡女生的鋪。

晚上沒有任何活動，大家在操場上玩了一會兒，便早早休息。可是睡早了，哪裡睡得著呢？你說一句笑話，他講一個故事，還把嗓門提得高高的，生怕乾菜聽不見。

一個老師說：「我來講一個《老實女婿》。」大家靜下來。

「從前，有一大戶人家，生了四個女兒、四個兒子。女兒們先後出嫁。大女婿在府裡做官，二女婿在城裡經商，三女婿是教書先生，四女婿雖有萬貫家財，但是個白癡。每逢岳父母生日或過年，女兒女婿便坐轎騎馬，回家給父母拜壽、拜年。大的三個女婿都是滿腹經綸，談吐不凡，唯獨四女婿丟人現眼的，只喜歡跟貓兒狗兒攪成一團。三個姐姐、姐夫不屑一顧，岳父岳母深為厭惡，全家上下都沒把四姑爺放在眼裡。四姑娘在眾人面前抬不起頭來，只怨自己命不好，嫁了個活寶，眼淚都哭乾了。四女婿的爹媽看兒子傻裡傻氣，心裡也不是滋味。老倆口商量，給他幾百兩銀子，派個僕人跟著，外出學學見識。一主一仆離開家門，曉行夜住，四處漫遊。一天，來到一個堰塘邊，見裡面有許多魚兒游來游去。一個老漢站在塘邊自言自語：『一塘好魚，可惜無網。』四女婿一聽，趕忙叫僕人拿一錠大銀給老頭，求他把這句話教給他。又走到一條小河邊，河上只架著一根木頭當橋。一個老頭也恰恰來到河邊，望了望橋，搖搖頭說：『雙橋好過，獨木難行。』四女婿又給一錠大銀，把這句話學到了。再往前走，是一塊草地，一個人在那裡放驢子，驢子在地上一邊打滾一邊叫。放驢人自言自語：『老驢子打滾，四腳朝天。』四女婿又給一錠大銀，把這句話學到了。銀子也快花完了，他們高高興興回家。過了幾天，泰山七十大壽。女婿女兒們前去拜壽。聽說老四走南闖北，學了不少見識，都刮目相看。丫環給每位客人奉上一碗糖水泡炒米花。姐姐們想考考學了見識的四妹夫，故意不給湯匙。只見老四搖頭晃腦地說：『一塘好魚，可惜無網。』大家一聽，連連誇獎。一會兒，酒宴開始，姐姐們又開了一個玩笑，給四妹夫只給一支筷子。他又搖頭晃腦地說：『雙橋好過，獨木難行。』大家聽了肅然起敬，都說老四今非昔比也。這時，老岳父從樓上下來入席，一腳踩空，摔了一跤。大家趕忙去扶。四女婿也站起來，搖頭晃腦地說：『老驢子打滾，四腳朝天。』」

老師們一齊哈哈大笑，乾菜在隔壁也笑出聲來。

又一位老師搶著說：「我來講一個打酒的。從前有一戶人家，只有父女兩個，在城裡開個小賣部，賣煙酒副食。一天晚上，父女倆已睡，對門一個叫胡大的男人來敲門打酒。睡在貨架後面的老頭不想起來，便喊睡在隔壁房間的女兒起來。這女兒十八九歲，濃眉大眼，頗有幾分姿色。她只穿著一件針織汗衣，一條三角短褲，乳房高高聳起，身上輪廓分明。白天搽的胭脂口紅還沒完全洗掉，在燈光照耀下分外妖嬈，剛從床上起來，身上散發著濃郁的香水氣。這胡大本來就不是安分之輩，一見姑娘這般模樣，心裡癢酥酥的，便隔著櫃檯，伸手去摸姑娘的乳房，把頭湊過去，抱著姑娘親嘴。這姑娘深諳經商之道，懂得『顧客就是上帝』，不敢得罪胡大，因而不便發作，只是胡大摸一把，她喊一聲『胡大』，以此制止其流氓行為。胡大摸了親了五六次，姑娘喊了『胡大』五六回。那老頭兒在裡面聽得不耐煩了，大聲吵道：『你這個老實丫頭，你管他壺大壺小，橫直是有提子的。』」

大家又是一陣哈哈大笑。

到後來，有的講性的知識，有的講新婚之夜，有的講男女偷情，把一些烏七八糟的東西都搬了出來，校長勸阻過幾回，正在興頭上，有誰聽呢？鬧騰了幾個小時，還沒有一絲睡意。這時，有一個老師像哥倫布發現新大陸一樣，發現乾菜還沒有熄燈，昏黃的燈光從板壁縫裡照射過來。大家又把話題轉向了乾菜。

有一個姓張的老師出了一個餿點子：「哪個有膽量一絲不掛地把那邊的燈端過來，我獎給他五斤糧食。」

這老張三十多歲，在袁家灣小學任教，會講故事，愛說笑話。生產隊給他劃了半畝學農基地，每年收幾百斤玉米。當時口糧之外還有幾百斤糧食，就像如今的百萬富翁。別人連飯都吃不飽，他還動不動拿糧食搞獎賞，真是「糧多氣粗」。

老張的話一出口，大家立刻回應，都說搞得。這時，乾菜如果聰明一點，就應該趕快把燈吹熄，但板壁縫裡依然射過來昏黃的燈光。

老張像一個發包商，再次問道：「誰願意搞？」

小徐搶答道：「我願意搞，但五斤糧食太少了。」

老張說：「可以適當增加一點。」

兩個討價還價。小徐要十五斤，老張堅持只給八斤，相持不下。後來有人提出一個折衷方案，搞十斤。

雙方接受了這個方案。但小徐提出，要馬上兌現。他怕事後老張賴帳，白搞一場。老張說兌現就兌現，立即起來，打著手電筒從衣袋裡掏出黑色豬皮票包，取出十斤湖北省糧票、五角錢，交給事務長。叫事務長在小徐把燈端過來後再付給他，怕小徐得了糧票不付諸行動。

重賞之下有勇夫。小徐把短褲脫掉，穿上鞋子。老張不相信，用手電筒照了照，果然一絲不掛。這時，板壁縫裡依然射過來昏黃的燈光。小徐開門走過去，不到一分鐘，赤條條地把燈端了過來，在大家的笑聲和掌聲中，十斤糧票、五角錢也就到手了。

四

有一年春季，區裡給我校調來一位年輕的女代課教師，姓李，二十出頭，雖不十分漂亮，但也並不難看，已結了婚，尚無孩子。她的丈夫在平水公社任副主任，年紀三十多歲，是與前妻離異後同小李結婚的。

來了女教師，住房問題可把校長難住了。學校只有一大一小兩間寢室，四個男老師住一大間，劉老師一家住一小間。隔壁兩個單位都是經濟重地，不能借住。附近老百姓有房子，一個年輕女人住到別人家裡也不方便。怎麼也想不出辦法來。

後來只好在男教師宿舍打主意。把原來的四張床挪了一下，在牆角裡騰出一點地方，剛好可以加一張窄床。一頭是牆，另一頭是別人的床。我們用竹子做了兩塊篾笆，糊上報紙，一塊豎在床頭，把床與床隔開；另一塊掛在床頂上擋灰。否則，風雨交加之時，雨點雪片就從瓦縫裡飄落下來，把被子打濕。床正面掛了一床舊單子，像窗簾一樣。她的床這樣一武裝，就成了封閉式的小間。

雖然男女同居一室，但我校老師規規矩矩，文文雅雅，說話並不粗魯，開玩笑也不過分，大家特別尊重和愛護這位新來的女老師。

小李到底是結過婚的人，比乾菜要成熟得多。每天晚上，她總是坐在辦公室，等男老師都睡了才上樓，先吹熄燈，然後脫衣上床，生怕別人窺視。清晨，男老師還在夢中，她就起床，輕手輕腳地下樓，在下面洗漱梳頭，然後看書。她丈夫來過幾次，每次一來，我們就到學生鋪上去擠，或到附近老百姓家中去借歇，把寢室讓出來。

有一個星期天，閑著無事。早飯後，我們五個人約到寢室裡打撲克。寢室中間放了一張舊課桌、幾個凳子，是專門打撲克用的。他們四個人打，我觀戰。兩邊有輸有贏，打得很高興。

真是「天有不測風雲，人有旦夕禍福」，突然從瓦縫中掉下一條蜈蚣，不偏不歪，恰恰掉在小李衣領處。她忙用手去摸，那蜈蚣受了驚嚇，慌忙逃命，竟順著小李的脖子鑽到衣服裡面去了。

小李把牌一甩，嘰哇一聲，趕忙站起來抖衣服，但哪裡抖得掉！我們愛莫能助，眼睜睜地看著她亂抓亂叫，不能幫她一把。人到急處什麼也不顧及了，只見她連扯帶解，迅速把上衣脫下，將蜈蚣抖落到地上，大家一擁而上，用腳將牠消滅了。時值夏日，小李只穿了一件花布襯衣，既沒穿汗衣，也沒戴胸罩。她那白皙的肚皮、豐滿的乳房，頓時暴露在四條漢子面前。四雙貪婪的眼睛不約而同地投向那奇妙的一幕。她把蜈蚣抖落之後，閃電般地把上衣穿上，儘管是結了婚的女人，但臉還是緋紅緋紅。

撲克只得散場。小李感到背上有些疼，可能是蜈蚣咬了一下，趕忙去衛生院弄藥。她只工作一學期就調到平水公社去了。

後來又調來一位年輕女教師，姓章，瓜子臉蛋，一對酒窩，中等個子，苗條身材，梳兩個小辮。她是宜昌師範畢業後分來的，到底受過專業教育，文化業務素質較高，比乾菜、小李之輩強多了。

校長說，再不能搞男女同居一室，那樣確實不方便，傳出去，影響也不好。他提出在校內挖掘潛力。經過樓上樓下觀察，大家獻計獻策，辦法終於想出來了。

從天井一進校門，有一個小巷子，向左有一個門通往教室，向前有一個門通往辦公室。這個巷子有三米多長、一米多寬。於是，請木匠在進巷子的一頭裝了板壁，在進辦公室的一頭做了門，把巷子封起來，就成了一個沒有窗子的小小房間。人們進出走左邊教室。小房放一張窄床，還可勉強走人。小章老師有了屬於自己的一方天地，感到很滿意。後來，學校規模不斷擴大，老師逐漸增多，加之劉老師的孩子也不斷出生，他在吳家灣租了兩間屋，搬出去了。這樣，男教師就有了兩間寢室。

小章老師是高中畢業後上的師範，知識面較寬，性格開朗，非常隨和，經常講一些宜昌發生的事情，使我們耳目一新。每逢開會，外校的老師喜歡與她開玩笑。她也以牙還牙，毫不示弱。

有一次她不在，幾個外校老師到她房中做起了手腳：把疊得整整齊齊的被子打開，中間隆起，似睡人一般；枕頭上，用衣服做了一個頭，蓋上火紙；找了一雙布鞋豎在另一頭，鞋尖朝上，把燈點燃扭小，放在床下。站在門口一看，昏暗中儼然停放著一個死人。

小章回來，準備進房，走到房門口一看，哎呀一聲，倒退幾步。她猜出是哪幾個老師幹的，又是罵又是打。那幾個老師讓她打，還說「打是心疼罵是愛」。小章逼著他們進去把燈端起來，把床上收好，恢復原樣才甘休。

學校校舍是百年老屋，牆壁剝落，老鼠洞特別多。夏天一到，除經常有蜈蚣襲擊之外，還不時有蛇「光顧」。在樓下教室裡打死過一條，在樓上發現過兩次，等老師們拿棍子跑上去，蛇已從鼠洞溜之大吉。小章聽說過小李脫衣抖蜈蚣之事，又目睹過打蛇的戰鬥。她最怕這些東西，因而警惕性很高，每晚睡覺前，總要打著手電筒把床上床下仔細檢查一遍，把被子抖一抖，生怕有東西藏在裡面。

一天中午，我和另一個老師去供銷社買東西。老馮把我們喊到一邊，笑著小聲說：「我們今天做小章一個玩藝兒（開個玩笑）。剛才背貨的打了一條蛇，我把牠包好，就說是她父親帶來的東西，把她嚇一下。」

老馮是供銷社主任，三十多歲，常到學校來玩，與老師們相處得很好；也喜歡開玩笑，逗逗小章老師。小章的父親在區供銷社當倉庫保管員，發貨收貨，與老馮、小高都很熟。

老馮說完，領我們到屋角堆貨的地方看死蛇。是一條菜花蛇，足有一扁擔長。當時沒有吃蛇肉的風氣，要是如今，弄到這樣大一條蛇，簡直是寶貝。

看了蛇以後，老馮說：「準備工作由我搞，放學後我喊她來拿，你們到時候只管看戲，但現在要保密。」說完，他拿來一疊報紙，攤在地上，把蛇蜷成一盤，裡三層、外三層，包得嚴嚴實實，用繩子捆好，從外面看不到也摸不到蛇的痕跡。然後找出毛筆，叫小高拿來章老頭開的發貨單，摸仿老頭的筆跡，寫上「煩交新華公社頂塘小學章某某兒收」，落款是「古夫區供銷社章托」。

我們回到學校，心裡懷著鬼胎，下午上課時老想著這件事，下課看到小章就想笑。一場「厄運」正在等待著這個可愛的姑娘，那將是怎樣一個驚心動魄的場面啊！

放學後，還未吃飯，我們都坐在自己的辦公桌前批改作業。辦公室與供銷社的天井只一壁之隔，為了採光，中間開了一個窗子。這時，老馮走到窗子跟前，問小章在不在。小章剛進她的房間，聽老馮問她，趕忙走出來。

老馮沉著地說：「小章，你爸爸請背貨的帶來一個紙包，你過來拿。」

古詩云：「家書抵萬金。」父親帶來了東西，裡面肯定還夾得有家信。小章飛也似地跑出去，很快把紙包拿回來，放在她的辦公桌上。

我們坐在辦公桌前，裝出若無其事的樣子，但心裡並不平靜。老馮、小高關上大門，站在天井邊，等待好戲開場，對著我們悄悄做鬼臉。

小章把繩子剪斷，然後一層一層地撕紙，撕到最後一層，竟是茶杯粗一條大蛇，腥氣撲鼻。她「媽呀」一聲驚叫，身子往後便倒，把凳子也打倒了，幸虧後面是牆，人沒倒下去。她臉上煞白，用手按著心窩，連說「沒嚇到！沒嚇到！」

老馮、小高走到窗子跟前大笑起來。我們忍著不便大笑，趕快喊學生拿火鉗來，把死蛇夾了出去。小章稍微鎮定了一下，指著老馮大罵起來：「你這個死東西！你討不到好死的！」罵幾句，又按按心窩，說幾句「沒嚇到、沒嚇到」。她越罵，老馮越笑。持續了半個小時，這場鬧劇才收場。可憐的小章連晚飯也沒吃。

五

三年自然災害過去了。國家實行「調整、鞏固、充實、提高」的八字方針，國民經濟開始好轉。口糧、布票略有增加，農副產品逐漸多了起來，價格也有所回落，我的工資增加到每月三十四元。

這時，學校調來一位小夥子，叫向祖強，初中畢業，開始當炊事員，後來缺教學人員，便改做教學工作。小向擅長音樂，會唱歌、吹笛子、拉二胡、彈秦琴。他的到來，使學校充滿了生氣與活力。

在小向的影響下，校長和我也學起二胡來。我花半個月工資買了一把秦琴，後來袁裕清老師也買了一把秦琴。小向手把手教我們，課間休息練，中午練，晚上練，簡直入了迷。

功夫不負有心人。經過幾個月勤學苦練，我們基本會彈會拉了，可以演奏當時流行的許多革命歌曲，如《歌唱祖國》、《社會主義好》、《學習雷鋒好榜樣》、《十送紅軍》、《逛新城》，以及《洪湖赤衛隊》、《劉三姐》等歌劇中的部分歌曲，共一百多首。高白岩小學的王賢福老師也是一把好手，不但會各種樂器，還會吹嗩吶、打圍鼓、唱歌、演戲，書法也漂亮，可謂多才多藝，般般俱會。他一來，我們就四人或五人合奏，有時小章老師唱歌，學校極其熱鬧。供銷社、衛生院的同志和附近的群眾，經常來聽我們的大合奏。

小向改做教學工作後，區裡又調來一位炊事員，叫何建行，三十多歲，原是武漢市某單位的幹部，一九五八年支援山區建設下派到興山。次年在反右傾運動中說了錯話，被批鬥之後，送到興山煤礦勞教。後來煤礦坍塌，老何雖倖免一死，但雙腿被砸成粉碎性骨折，睡了半年石膏床才能下地走路，從此成了跛子。

老何平反後，安排到古夫一所小學教書。上課時，他照本宣科，笑話百出，教了一學期，實在幹不了，才調到我校做飯。月工資六十多元，比公社書記還高。他做的玉米麵飯，不是太乾，就是太稀；不是生的，就是糊的，真難下嚥。他還喜歡吃臭雞蛋。於是，大家給他送了一個綽號——「活見鬼」。

活見鬼經常從票包裡拿出一張夫妻倆的合影照片，愛不釋手。從彩照上看，他的妻子是個漂亮女人，老何也很英俊。聽老何講，妻子隨他來過一趟興山。當時從香溪到縣城不通公路，只好坐小木船。那些拉船的縴夫和老艄公，都是一絲不掛，太不雅觀，她實在受不了，說興山是野蠻之地，只住了兩天就返回武漢。老何被打成「右傾機會主義分子」以後，妻子就向法院遞交了離婚訴狀。老何不同意，後來法院判決離婚。老何一提起來，就眼淚花花，流露出無限的思念與悔恨。

活見鬼的到來，給我們增添了許多新的話題。他常常一遍又一遍地講述武漢鬧市的繁華、勞教生活的艱苦、煤礦坍塌的驚險、睡石膏床的苦楚，還有與漂亮妻子感情上的糾葛，就像《祝福》中祥林嫂一遍又一遍地講述她的故事一樣，我們百聽不厭。

星期天，我們也去遊山玩水。

新華公社是興、房、保三縣交界之地。保康的馬橋口、房縣的陽日灣，當時是我們心目中嚮往的小集鎮。我校與之成三角之勢，都只有六十里路程。大家早就想光顧這兩個地方，領略異地的風光。

經過幾次醞釀，終於成行。首先到馬橋。同去的有舒世甫、劉漢復、袁裕清、王賢福、向祖強和我。星期六中午放學後動身，下午五點多就到了。那古樸的小鎮，寬闊的河壩，滔滔的河水，使我們這些長期在山溝溝裡生活的人，感到心曠神怡。晚上，我們披著月光，在凸凹不平的小街上漫步，從東走到西，從北走到南。次日早晨，在河邊徜徉，目送遠去的白帆，比賽打水漂漂。早飯後又去馬橋小學拜訪同行，去逛商店，買了一些新華買不到的東西。那時，馬橋還有一個小照相館，我們合了影。我提議在底片上寫上「在我們嚮往的地方——馬橋」，由王賢福老師執筆。洗出來後，字很清晰。這張已泛黃的照片時常勾起我美好的回憶。

人生苦短，歲月無情。照片上的年輕小夥子，如今都已是花甲之年了（袁裕清、向祖強已離世）。孩子們看了不可思議：「馬橋哪點值得你們嚮往呢？」是的，他們怎能理解，幾十年以前，他們的父輩能到馬橋一遊就很滿足了。

到陽日灣是一九六六年初冬，文革已經開始。我們走過鋼絲吊橋，到了寺灣大樓。大樓門前掛著「湖北省開發神農架房縣指揮部」的牌子，牆上貼滿了大字報。我們又去陽日小學，結識了幾位老師。當時誰也沒有想到，幾年之後，我們將成為一個新的大家庭的成員。神農架林區召開第一次教師大會時，大家彼此還認識。談起那次相逢，都無限感慨。

目睹水怪

一九六五年六月中旬，古夫區文教組在龍珠小學舉辦全區語文教學觀摩活動，校長安排我和教研組長劉漢復去參加。我校距龍珠小學一百二十里路，要走兩天時間。我同劉老師商量，為少耽誤一天課程，決定頭一天放學後動身，到苗兒觀他的親戚劉祖華家住一晚，第二天早晨趁天氣涼爽好爬山。

上完課，我們背著幾個玉米麵饃饃，穿著偏耳草鞋出發了。上午還是晴空萬里，但中午以後天上烏雲翻滾，沒有一絲風，悶熱得使人喘不過氣來。走在路上，汗水不住地流淌，討厭的小蚊子在面前飛來飛去，不時撲進眼睛和嘴裡。

過了韭菜坪便進入峽谷。這段峽谷長十二里，谷中山勢陡峻，怪石嶙峋，濃陰蔽日，荒無人煙。山坡上、深溝裡，時有野獸出沒，人們常在這一帶狩獵。小河穿過峽谷，千迴百轉，喧嘩著奔向遠方。河水隨河床地形的變化，時而湍急，時而平緩。道路沿河而下，蜿蜒曲折，兩旁荊棘叢生，雜草遍野。走這段路要涉十八道水。水有深有淺，深則齊腰，淺則沒膝。

這時，天已近傍晚，不見行人。我們默默地趕路，涉水時濺起的水花打濕了衣褲，雖然頭上仍汗流滿面，但下半身卻涼爽多了。

不知不覺來到碓窩子潭，距苗兒觀還有五里路。這裡，河左岸的岩石凹進去，像一個打翻了側掄著的巨大石碓窩。碓窩上長著幾株岩松，傲然伸向半空；下面是一個深潭，河水從上游奔騰而來，沖進碓窩又慢慢折回來，轉一個圈以後再向下游緩慢流去，留下一個個可怕的漩渦。水潭呈半圓形，面積約五十平方米，深不可測。因潭壁岩石有巨大的裂縫，水又是往裡沖的，誰也不敢下去。行人走到這裡，都小心翼翼地迅步而過。

我們到達碓窩子潭時已是暮色蒼茫的黃昏。狹長的天空烏濛濛的，綠色的深潭陰森森的，遠處的狼嚎淒慘慘的，恐怖的氣氛使我們加快了腳步。當我們正從水潭下方的淺灘上過河時，突然「嘩」的一聲水響。我們回過頭去，只見從岩縫裡躥出一個黑乎乎的東西，頭像蟾蜍，身子像蟒蛇，似獸非獸。牠前半個身子伸出水面，後半個身子隱在水裡，朝我們狂奔而來，湧起一股波浪。我和劉老師一聲驚呼，頓時魂飛魄散，不顧一切地衝上河岸，拼命朝下游逃去，跑到轉彎處，才回頭望了一下。真怪，那個東西並沒有追趕我們，而是在潭裡轉圈子。潭裡已波濤洶湧，水頭一米多高。我們不敢多望，快步如飛地向苗兒觀奔去。

到達苗兒觀時，我才發現一隻草鞋不知何時已不翼而飛。一個腳趾被踢破，腳板下劃了幾道口子，這時才感覺疼痛。幸虧苗兒觀有個衛生所，我去弄了點藥，才一跛一跛地與劉老師走進劉祖華老人的家。

劉老見我們狼狽不堪的樣子，忙問是怎麼搞的。我和劉老師邊擦汗邊講述剛才發生的事情。

劉老笑著說：「你們好運氣，碰到水怪了。我在苗兒觀住了幾十年，聽幾個打魚的人說，碓窩子潭有水怪。我專門去過幾回也沒有見著。牠藏在水潭底下的岩縫裡，只有天氣悶熱時才出來，不容易碰著的。牠雖然是怪物，但從沒聽說傷過人，不必害怕。你們膽子小，受了一場虛驚。」

我們聽了哭笑不得，差一點嚇破了膽，還說我們是「好運氣」，這種「運氣」真不可多得，但我們總算安全到達了目的地。

劉老吩咐小兒子給我們打洗臉水，又叫老伴給我們做飯。一會兒，飯菜端上來。劉老還拿出自己泡製的虎骨藥酒。他說：「我這酒是從不待客的，今天讓你們喝幾杯壓壓驚。」

這時，我雙腳疼痛，渾身癱軟，站不起來了，吃了飯便上床歇息。夜裡，雷雨大作，一場暴雨終於降臨。我也惡夢不斷，幾次喊出聲來。

第二天清晨，天氣轉晴。大雨過後，空氣格外清新涼爽。樹上掛滿了晶瑩的水珠，渾濁的河水咆哮著湧向遠方。今天還有九十里路程，想著心裡不禁發怵。我們告別熱情好客的劉祖華老人，拖著疲憊的身子踏上了更加艱難的旅途，向隱沒在霧靄中的煙墩埡攀登。

這個故事並非杜撰，而是我和劉老師人生旅途中千真萬確的一次奇遇。打那以後，因一個政治運動接一個政治運動，我們怕招惹是非，就沒有再向別人提起，時間一長，竟將它忘卻了。

斗轉星移，一晃四十多個春秋。九〇年代末我重游故地時，十二里長峽已通了公路。我坐在車上，特意觀看了碓窩子潭。這個昔日藏妖匿怪的地方，也因泥沙淤積和修建公路而面目全非了。四十多年前我們有幸目睹的那個東西，到底是何物，無從考證，不得而知。權且用已故劉祖華老人的說法，叫「水怪」吧。但願熱心自然之謎考察和研究的人們，早日得出結論。

荒唐歲月

一

一九六五年十一月，報紙上發表了姚文元題為〈《評新編歷史劇《海瑞罷官》〉的長篇文章。《海瑞罷官》是當時北京市副市長、著名歷史學家吳晗於一九六〇年為回應毛主席提倡海瑞精神而創作的歷史劇劇本。劇本取材於明代海瑞任應天巡撫時除霸退田、平反冤獄的史實，表現了海瑞剛直不阿、不畏強暴、秉公執法、除暴安民的可貴精神。姚文元毫無根據地把這些與一九六二年受到指責的「單幹風」、「翻案風」聯繫起來，對劇本作了猛烈的政治攻擊，說它是資產階級向無產階級進攻的階級鬥爭的反映。此後，報紙上連篇累牘地發表了討論和批判《海瑞罷官》的文章。到一九六六年春，對《海瑞罷官》的批判發展到史學界、文藝界、哲學界，並與一九五九年廬山會議上罷彭德懷的官聯繫起來了。同時，對鄧拓、吳晗、廖沫沙的《燕山夜話》開展批判，把他們打成「三家村」反革命集團。一時間，「文字獄」在中國的大地上開始死灰復燃，蔓延開來。

「山雨欲來風滿樓」。從種種跡象，我們已經預感到一場大的政治運動就要到來。

這場政治運動很快就到來了。一九六六年春夏之交，隨著中共中央「五・一六」通知的下發，毛主席親自發動和領導的無產階級文化大革命拉開了序幕。接著，黨的八屆十一中全會召開，通過了《關於無產階級文化大革命的決定》（即十六條）；《人民日報》發表了題為〈橫掃一切牛鬼蛇神〉的社論；毛主席親自寫了「炮打司令部——我的一張大字報」；中央成立了文革小組，其成員有陳伯達、康生、江青、張春橋等人。隨後，「炮打」了劉少奇、鄧小平，給他們分別戴上了「黨內頭號走資本主義道路的當權派」和「黨內第二號走資本主義道路的當權派」的帽子，撤銷了黨內外一切職務。從此，文革在全國如火如荼地開展起來。

歷次政治運動都是教師首當其衝，這次也不例外。一九六六年六月中旬，學校提前放暑假，全縣教師集中到興山城開展文化大革命。縣裡派出了文革工作組，每個公社由一名公社幹部帶隊。古夫區工作組組長姓胡，是供銷社政治指導員、軍隊轉業幹部。會議實行封閉式管理，全縣教師都住在興山一中，校門口有荷槍實彈的武警戰士站崗，憑通行證出入。

文革工作組要求全體教師在反覆學習文件的基礎上，以「四大」（大鳴、大放、大字報、大辯論）為武器，把隱藏在教育戰線內部的「資產階級代表人物」、「反動學術權威」、「黑幫分子」、「牛鬼蛇神」統統揪出來，批倒批臭，把他們篡奪的一部分權力奪回來，徹底肅清「十七年」（一九四九至一九六六）來資產階級反動教育路線的流毒。

古夫區首先揪出來的是古夫中學一個姓萬的老師。

萬老師解放前夕在興山縣中讀書，解放後參加了中國人民解放軍。五〇年代中期，他從部隊考上北京師範大學。學習期間，與北京籍一位姓趙的女同學建立了愛情，畢業後雙雙分到湖南邵陽師專任教，並結為伉儷。之後，調到興山古夫中學。

萬老師的被揪，純屬禍起蕭牆，材料幾乎完全是妻子一人提供的。他們在共同生活中產生了矛盾，積怨甚深。妻子便利用搞政治運動的機會，把萬的言論和盤托出，一夜之間，寫了幾十張大字報。

大字報寫道：他們在邵陽師專工作時，時值三年自然災害期間，夫妻倆下班後經常在資水大橋上散步。萬說，中國餓死這麼多人，毛澤東作為黨和國家的最高領導人，不能沒有責任；萬又說，在廬山會議上，毛澤東罷了彭德懷的官，是因為彭在朝鮮戰場上沒有把他的兒子保護好；萬還說，我們天天吃紅薯，要是照張相片，登在外國報紙上，旁邊加一條說明：「這就是中國大學生的生活。」外國人將會怎樣看，等等。

這些言論被上綱上線：「惡毒攻擊偉大領袖毛主席，惡毒誣衊社會主義制度。」「為反黨分子彭德懷翻案。」「妄圖裡通外國，洩露國家機密。」僅這幾條，就足以使老萬陷入滅頂之災。再加上又揭露出解放前他在中學讀書時，擔任過班上三青團分隊副。萬老師便成為「歷史反革命加現行反革命」的「雙料貨」，成為興山縣最大的「黑幫分子」。從此，小會批、大會鬥，採取車輪戰術。但是，老萬到底是扛過槍、打過仗，又上過名牌大學的高材生，毫不畏懼，能言善辯，當時被喻為「茅坑裡的石板——又硬又臭」。

工作組長老胡儘管也是扛過槍，現在又做政治工作的幹部，但面對興山的「黑幫之最」，也感到十分棘手，既壓不倒他，也辯不過他。為了領導全區的運動，也為了對付老萬，老胡加強了學習。我們很佩服他的記憶力。毛主席關於階級鬥爭和無產階級專政的語錄，五・一六通知，十六條，十五種專政對象（即地、富、反、壞、右，軍、政、警、憲、特，僧、道、尼、會、娼）等，他都背得滾瓜爛熟，開會講話時，可以信手拈來。

萬老師被揪出來之後，又把區文教組長、部分學校校長，以及一批家庭出身不好，社會關係複雜，說過一些牢騷話的教師揪了出來，其中許多是在歷次政治運動中被整的「老運動員」，全區達三十多人。揪出來後即被戴上「黑幫分子」帽子，作為「牛鬼蛇神」監視起來。不准給任何人寫信，不准同家人見面，不准與他人交談，完全被剝奪了人身自由，連上廁所也由文革小組的人跟著。

有一個老師在學校聊天時，說林彪的家庭是大地主，林彪是鷹子鼻、鴿子眼，像個奸臣。這次被揭露出來，被扣上「惡毒攻擊毛主席的親密戰友林副主席」的大帽子，而且運用數學上的等量定理來上綱：「反對林副主席就是反對毛主席，反對毛主席就是反革命。」有一個老師在做「忠字牌」時，毛主席的像大了一點，鏡框小了一點，他就把下巴下面的部分剪去了。有一個老師在寫「誓死捍衛毛主席」、「誓死捍衛黨中央」的標語時，把「捍衛」二字寫掉了。有一個老師把「毛主席萬歲」寫在廁所牆上。還有一個老師把封面有毛主席像的《紅旗》雜誌放在屁股下面坐。這些人被扣上「妄圖謀害偉大領袖毛主席」，「侮辱偉大領袖毛主席」等等罪名，被無休止地批鬥。

我也未能倖免。一九六六年春，我看了報紙上批判《海瑞罷官》的文章後，也學著寫了幾篇稿子投給報社，但都石沉大海。後來，為了使這些稿子有個發表的園地，我向舒世甫校長建議，辦一個不定期的油印刊物，定名為《新華教師通訊》。校長同意，於是，由王賢福老師題寫刊名，我擔任主編，利用業餘時間組稿、刻蠟紙、油印，然後發給全社教師，寄給全區各學校。共辦兩期，第二期為「文化革命專號」。這次被揭發出來，硬是牽強附會地把這個油印刊物與中央的「新華通訊社」扯到一起，說我的狼子野心是妄圖取代「新華通訊社」，為篡黨奪權、復辟資本主義鳴鑼開道。此事還連累了校長，使他也遭受了禍殃。

文革中，教師又多了一個「冠冕堂皇」的稱謂，即「臭老九」。何為臭老九？就是把教師排在地主、富農、反革命、壞分子、右派分子、叛徒、特務、走資派八種人的後面，一起被作為無產階級專政的對象。

同時，大肆宣揚「血統論」：「老子英雄兒好漢，老子反動兒混蛋。」家庭出身不好的教師既是「臭老九」，又是「混蛋」，人人提心吊膽，惶惶不可終日。

整來整去，發生了許多父子不認、夫妻反目、朋友翻臉、同志互鬥的事。人們謹小慎微起來，在交往中互相提防，不講真話，貌合神離，同床異夢，過去的友情、親情、愛情，都蕩然無存了。

在瘋狂整人的同時，個人崇拜達到了登峰造極的地步。牆上到處用紅漆寫著巨幅標語：「偉大的導師、偉大的領袖、偉大的統帥、偉大的舵手毛主席萬歲！」「毛主席萬歲！萬歲！萬萬歲！」人人做「忠字牌」，個個跳「忠字舞」，大家唱「語錄歌」、學打「語錄拳」。每人胸前戴一枚或幾枚毛主席像章，懷揣一本紅色塑膠封皮的《毛主席語錄》。開會發言之前首先說：「最高指示，偉大領袖毛主席教導我們說：（後面念語錄）」。吃飯之前，每個人雙手捧著小紅書齊聲說：「敬祝毛主席萬壽無疆！萬壽無疆！敬祝毛主席的親密戰友林副統帥身體健康！永遠健康！」然後才端碗吃飯。到商店買東西，一進門便掏出小紅書，立正站好，大聲說道：「敬祝毛主席萬壽無疆！萬壽無疆！」說畢才走向櫃檯買東西，等等。

林彪還「創造」了「天才論」、「頂峰論」、「萬句論」，說「毛主席是世界五百年、中國一千年才出一個的曠世天才」，「毛澤東思想是馬列主義發展的頂峰」，「毛主席的話句句是真理，一句頂一萬句」，等等。

當時，如果有誰敢說個「不」字，那他就沒命了。經歷過這場運動的人，可能還記得「張志新」這個名字。

張志新生前是中共遼寧省委宣傳部幹事。她指出：「文革」走的是左傾政治路線，對毛主席的個人崇拜不對。她說：「再過幾十年的人，看我們現在和黨的領袖的關係，就像我們現在看從前的人信神信鬼一樣可笑，像神話一樣不可理解。」就是這幾句現在誰都敢說的話，把她送上了「斷頭臺」。行刑那天，「沒等張志新弄清是怎麼回事，就被幾個躥上來的人按倒在水泥地上，頭枕一塊磚，強行切斷了喉管。為了維持呼吸，就把一個三寸來長的小手指粗的不銹鋼管插進氣管裡，再用線將連接著鋼管的金屬片縫在刀口兩邊的肉上。張志新奮力反抗，劇痛使她咬斷舌尖，血水淌滿了前胸。她脖頸上的傷口，不時地冒著帶血的氣泡，嘴裡不時地嘔吐著似血似水的唾液。」張志新在劇痛中流盡了最後一滴血。這是中國進入現代社會以來，最野蠻、最殘酷、最毒辣的行刑方式。在張志新被虐殺四年以後的一九七九年三月，中共遼寧省委作出了「關於為張志新同志平反昭雪、追認她為革命烈士的決定」（原載《人民日報》、《光明日報》、《遼寧日報》，現引自《南方週末》）。

二

一天開早飯時，工作組通知：「今天一中的革命小將上街破『四舊』（舊思想、舊文化、舊風俗、舊習慣），除值班的和黑幫分子留下外，其餘的人整隊上街，支持革命小將破『四舊』的革命行動。」

早飯後在操場上集合。革命小將們身著黃軍裝，戴著紅色袖標，扛著寫有「紅衛兵」的大旗，雄赳赳、氣昂昂地向街上走去。我們每人拿一本《毛主席語錄》，排隊跟在後面。一上街，口號聲此起彼伏，大有「黑雲壓城城欲摧」之勢。小將們紛紛進入居民家庭，把在家的人全部趕出來，站在大門外一側。他們不知所措，面如土色。我們站在街上，像小學生讀書一樣，大聲朗讀毛主席語錄：「革命不是請客吃飯，不是做文章，不是繪畫繡花，不能那樣雅致，那樣從容不迫，文質彬彬，那樣溫良恭儉讓。」「下定決心，不怕犧牲，排除萬難，去爭取勝利！」還一遍又一遍地高呼口號。街上行人不知何事，都來圍觀。

一會兒，小將們抱著罎罎罐罐、玻璃器皿、古玩字畫出來了。造反派頭頭站在高處，一樣樣舉起來，高聲問道：「這是不是『四舊』？」小將們一齊答曰：「是！」他便往下一摔，隨著「啪嚓」一聲，東西被摔得粉碎；然後燒毀字畫。

把這幾家抄出來的東西摔完毀盡之後，又進另外幾家。我們的隊伍也往前移動。站在烈日下，摩肩擦背，又沒有一絲風，人人汗流如注；幾個小時滴水未進，口渴難忍，還要一遍又一遍地高聲朗讀毛主席語錄，高呼革命口號，高唱革命歌曲，給小將們助威壯膽。

有一家罎罎罐罐特別多。造反派頭頭拿起一個青花瓷罎，仔細一看，上面還有一行字：「大清乾隆丙辰年制」。他自言自語地說：「這還是滿清時代的東西，比『四舊』還『四舊』。」這時，這家的老太婆哀求道：「請你們手下留情，這是我祖上傳下來的，幾百年了，我願意獻給政府。」造反派頭頭高聲吼道：「你還留戀封建社會，夢想復古，真是反動透頂！政府要這個破罎子有屁用。」然後問小將們：「怎麼辦？」「砸！」於是，他高高舉起，用力往下一摔，一件珍寶就這樣粉身碎骨了。

破「四舊」的隊伍繼續前進，來到縣印刷廠。造反派頭頭別出心裁，站在坎子上指著臨街的一排大窗子問道：「你們看，這窗子每扇有多少格？」

「十二格。」小將們數了一下回答。

「十二格象徵什麼？」

小將們一時答不上來。造反派頭頭高聲說道：「國民黨的黨旗青天白日，有十二個齒齒。這窗子象徵青天白日，寄託著反革命復辟的希望。怎麼辦？」

「砸！」頓時，小將們衝進印刷廠，找來幾把斧子、榔頭，劈哩啪啦地把臨街窗子砸得稀爛。此後，「十二」便成了禁忌，凡「十二」者，便是象徵國民黨黨旗，寄託反革命復辟的希望，便在摧毀之列。

破「四舊」的隊伍來到一家門口。大門上方掛著一塊黑色長方形匾額，上書「為國捐軀」四個鎦金大字，下面還有一行「留得丹青照古今」的小字。一位家住城關的老師悄悄對我講：「這家姓吳，為國捐軀的人叫吳廷釗，中央陸軍軍官學校畢業，曾任國軍連長，抗日時參加過臺兒莊戰役、徐州戰役，屢建戰功。一九三八年在保衛開封戰役中壯烈犧牲，年僅二十五歲，被追認為抗日烈士。」正說著，小將已把匾取下來，找來榔頭，把它砸得粉碎，還不解恨，又點火燒掉。

這些被破了「四舊」的居民，戰戰兢兢地站在那裡，氣都不敢吭一聲，眼睜睜地看著這群「毛主席的紅衛兵」瘋狂地砸毀他們的財產。有些值錢的小東西進了小將們的腰包。

過了幾天，傳來一個消息，說神農架修路的工人放炮出了事故，當場炸死一些人，還有一些傷員拉在興山醫院搶救，上面馬上要派直升飛機送醫生和藥品來。工作組要大家作好獻血準備。傍晚，興山城大河壩裡堆了三堆乾柴，準備點燃給飛機做信號。城牆上和後面山上站滿了看飛機的人。我們不准出去，只能站在操場上遙望，一直等到天黑，未見飛機蹤影。

第二天上午十點，正在分小組開會，突然傳來飛機「嗡嗡」的馬達聲。大家再也顧不得大會紀律，工作組的同志和我們一起跑出去，衝出校門，向大河壩奔去。山上和城牆上如同昨晚，又是人山人海。導航飛機盤旋幾圈後飛走了。一會兒，直升飛機從回水沱方向的河谷上空飛來，慢慢降落在河壩中央。大家跑到飛機跟前，轉過來轉過去地看，如同山裡人第一次見到汽車一樣。我們準備獻血，但重傷員已在醫院死去。

從八月中旬起，毛主席在北京接見紅衛兵和大中學校學生。興山一中和其他中學的造反派老師帶著學生代表進京去見毛主席。大會組織了隆重的歡送儀式。

會議後期，該揪的已揪出來。積極分子有的去北京，有的搞外調，管理鬆多了，崗哨也撤了。九月上旬會議結束，「黑幫分子」被送到古夫良種場一邊勞動改造，一邊繼續交待「問題」，其餘的人回學校。

三

秋季開學後，校長已易人，部分老師串聯去了。留下來的老師，按上面的指示，組織學生讀毛主席語錄，種學農基地，支持生產隊搶種搶收。

寒假又集中到興山城開會，批判資產階級反動路線。這次會與暑假不同，沒有工作組，沒有嚴格的紀律，自由自在。這時，興山的紅衛兵已開始分化成幾派，組織了一些大大小小的戰鬥隊，每個戰鬥隊有隊旗、紅衛兵袖章和油印的《宣言》，有領導人和組織機構。各種各樣的傳單滿天飛，大字報貼了一層又一層，一群群的人在街上進行激烈的辯論，個個唇槍舌劍。

接著，傳下來江青「懷疑一切、打倒一切」的指示，無政府主義思潮開始氾濫。興山縣委書記盧克田、副書記劉家瑞、縣長楊德山被批鬥。紅衛兵給楊縣長戴上文工團演古戲用的知縣帽子，穿上知縣官服，簇擁著遊街示眾，醜態百出。本來就不寬的街道被看熱鬧的人圍得水洩不通。

我們什麼活動也沒參加，被稱為「逍遙派」、「保皇派」。白天上街看熱鬧，晚上到電影院看電影。當時放映的主要是反映文革的紀錄片——毛主席八次接見紅衛兵。天安門廣場和東西長安街人山人海，紅衛兵們手舉小紅書，蹦著跳著，聲嘶力竭地喊著「毛主席萬歲！」毛主席身穿黃軍裝，戴著「紅衛兵」袖標，不斷向歡呼人群招手致意。林彪拿著小紅書緊隨其後，周總理保持著一定的距離。

再接著，傳來消息說，上海市造反派全面奪權。興山的造反派組織也蠢蠢欲動。會議沒人管，我們就回家了。

過年後回到學校。新華公社雖然山大人稀、交通閉塞，但外地來的人並不少。有大學學生扛著「毛澤東思想宣傳隊」的大旗，徒步串聯路過新華的；有在派系鬥爭中失利，逃進深山避難的；還有北京、湖南、武漢等地造反派組織的外調人員來新華搞調查的。因解放戰爭時期，解放軍一支部隊在鄂西北打過仗，部分傷員掉隊，流落在這一帶，其中一部分被土匪打死，一部分被大嶺的李傳林、石屋頭的黃明初等群眾藏到山洞裡才得以脫險。他們傷癒後化裝成小商販，輾轉找到部隊，後來擔任了軍隊或地方的高級幹部，文革中受到審查，造反派組織要搞清他們在新華掉隊的一段歷史。

這些人的到來，給我們帶來了許多傳單、小報和各種資訊。諸如：什麼全面奪權，實行革命的「三結合」（即革命群眾組織負責人、解放軍代表、革命領導幹部），成立「革命委員會」；什麼解放軍搞「三支兩軍」（即支左、支工、支農、軍管、軍訓）；中央文革小組粉碎了「二月逆流」，把一批「堅持資產階級反動立場、破壞無產階級文化大革」的老師們打下去了。七月二十日，武漢發生圍攻中央文革小組代表王力和「百萬雄師」成員示威遊行事件。江青向造反派組織發出「文攻武衛」號召，各地武鬥升級。四川的造反派組織攻佔了重慶兵工廠，把大炮、機槍都搬出來，互相對射，造反派和無辜群眾死傷無數。還有什麼「砸爛公檢法」、「砸爛總政閻王殿」、「揪軍內一小撮走資派」等等。武漢提出「打倒陳大麻子」（軍區司令員），興山提出「打倒趙大麻子」（縣人武部部長），新華也提出「打倒谷大麻子」（公社人武部部長）。興山「鋼派」、「新派」勢不兩立，城裡發生了圍攻招待所和搶槍事件。神農架的「羅派」、「呂派」武鬥不斷，羅派把呂派頭目呂啟新從香溪抓回來，裝到麻袋裡活活打死。羅派頭目羅山林在木魚上吊身亡。還有批判「唯生產力論」，宣揚「寧要社會主義的草，不要資本主義的苗」，工廠停工，鐵路中斷，農田荒蕪，「白卷英雄」張鐵生上大學，毛主席又有什麼最新指示，等等。這些消息源源不斷地傳來。我們是「秀才不出門，盡知天下事」。

一九六七年十月的一天下午，突然接到通知，縣裡次日上午召開萬人大會，傳達中央重要指示，全體教師務必參加。我們立即出發，十多人同行。途經公堡已是凌晨兩點多。大家又渴又餓，坐在路邊石頭上休息，有的打起盹來。有一個老師無意用電筒一照，發現路下田裡一棵桔子樹，黃燦燦的桔子掛滿枝頭。他小聲喊醒大家。我們如獲至寶，一擁而下，每人摘了一挎包，解決了饑渴問題。儘管是深更半夜，但附近就是農戶，大家還是小心翼翼，趕快逃離現場。

會場設在興山一中大操場。我們到達時，操場上已坐滿了人，好不容易在籃球架下找了一個地方坐下來。在暖融融的陽光下，大家很快進入夢鄉，臺上講了些什麼，全然不知，直到逮捕人呼口號時才驚醒。後來聽說，這次會議是傳達林彪在中央政治局擴大會議上的講話，就是那個大談政變經的講話。辛苦幾天，一無所獲。回去路過公堡時，桔子已沒有了。主人罵得如何，不得而知。

一九六八年寒假，全區教師又集中到區裡開會，搞鬥批改和清理階級隊伍。這一次，我目睹了造反派毒打古夫區委書記舒啟厚的場面。一天，在區公所門前開大會。兩名彪形大漢身穿黃軍裝，戴著紅袖章，兇神惡煞，把剛從外地抓回來的舒書記駕著「飛機」跑進會場。

「駕飛機」是造反派的一大「創造」。舒的兩隻膀子被反扳過去，與身子成垂直角度。彪形大漢一人在左後，一人在右後，每人用一隻手扭住舒的手頸子，另一隻手揪住舒的頭髮，向相反的方向用力，駕著舒狂奔。在會場上狂奔三圈以後，在主席臺前停下，一群造反派一擁而上，拳打腳踢。舒當即倒地，被打得頭破血流。會場上，「打倒走資本主義道路的當權派舒啟厚！」「舒啟厚不投降，就叫他滅亡！」的口號聲一陣接一陣。參加會議的群眾面面相覷，戰戰兢兢。舒又被彪形大漢從地上拖起來，面對開會的人，雙臂被反扳過去，頭被按下去，腰彎成九十度。儘管是寒冬，但舒大汗淋漓，汗與血混到一起，一滴滴落下來。

在毒打舒書記的時候，一個「膽大包天」的老師自言自語：「龍游淺灘遭蝦戲，虎落平陽被犬欺。」雖然聲音很小，但還是被站在旁邊的一個造反派聽見了。這可不得了，老造立即向上司報告，馬上把這個老師揪出去毒打了一頓，還給他戴了一頂「鐵桿保皇派」的帽子，站到舒的旁邊陪鬥。批鬥、毒打一個多小時後，「走資派」與「鐵桿保皇派」才被押下去。

會議結束時，實行貧下中農任用教師，進行大清洗。新華公社有六人未被任用。我本來也在此之列，但他們認為我的工作一貫勤勤懇懇，還以實際行動學雷鋒，自己買了一套理髮工具，給學生和群眾義務理髮，做了不少好事，因而把我保留下來。不過，調往新華公社條件最差的馬鹿場小學去改造。

四

馬鹿場大隊在新華公社西南面，與房縣的大樂溪和興山的牛欄頭交界，群山連綿，山坡陡峭，顯得粗獷而荒涼。我第一次上山時，臨近清明，依然冷風颼颼，寒氣襲人。「人間三月芳菲盡，山寺桃花始盛開」。河谷已是桃紅柳綠、鳥語花香，而馬鹿場的陰坡依然白雪皚皚，只有陽坡那無名小樹綻出的片片紫葉和灌木叢中的朵朵白色小花，才給人透出幾分春的信息。

學校是兩間乾打壘瓦房，座落在二生產隊的一個半山坡上。屋後是峭壁，門前是陡坡，遠遠望去，酷似一座孤廟。在學校門口望得見的人戶，只有溝那邊山腳下幾間草房，住著大隊主任李純學和他的妹夫小魏兩家。那個地方才真正叫馬鹿場，據說是因有人在那裡飼養過馬鹿而得名。

我把行李安頓後，去向李主任報到。他又領著我去見大隊黨支部書記劉定芳。他們非常歡迎我的到來，給我介紹了大隊的一些情況。

第二天，我請學生劉國根當嚮導，到一二兩隊去走訪，動員學生上學。報名的學生有二十多個，一、二兩隊的都來了。三隊桂連坪有十多個適齡兒童，但相距十五里路，山高谷深，道路崎嶇，學生無法上學。經請示公社同意，另辦了一所民辦小學，由當地女青年姚容三擔任教師。

開學後，我帶著學生在學校門前栽了一排楊樹，在光禿禿的陡坡上栽了些杉樹。後來又在教室旁邊開闢了一個小小的操場，使學生有了活動場所。

開學不久，黨的「九大」召開。公社把未任用的六名教師收回來，組成宣傳隊，到各大隊宣傳「九大」精神。有一個組到馬鹿場，我配合他們搞了幾天。

「九大」通過的黨章，把林彪確定為黨中央副主席、毛澤東的接班人。但是，兩年後的一九七一年九月十三日，林彪在妄圖謀害毛主席、搶班奪權的陰謀敗露之後，與老婆葉群、兒子林立果等死黨從山海關機場乘三叉戟飛機逃往外國，墜毀在蒙古的溫都爾汗。從此，全國掀起了揭露、批判林彪反黨集團的運動。當時流傳著一句話：「林死了，葉落了，果爛了。」

經過文化大革命的風風雨雨，我的工作更加勤謹，還是像文革以前那樣備課、上課、批改作業、輔導學生，努力提高教育質量，總想使高山上的孩子多學一點文化知識。

馬鹿場土地脊薄，農業生產仍是刀耕火種、廣種薄收，無任何副業。每個勞動日的分值僅可買一包「大公雞」（一角五分）。社員們點燈、吃鹽、穿衣，全靠賣幾個雞蛋或上山挖點藥材。許多學生交不起書錢學費。面對這一情況，我同劉書記、李主任商量，請他們劃了一塊學農基地，種上了牛夕（一種藥材）。春天帶學生上山挖柴胡、摘金銀花；秋天進林子撿橡子、打松樹籽，每年都要收入幾十元甚至一百多元，實現了書費和學費自給，還給最困難的學生買鉛筆、本子。我把理髮工具帶到學校，給學生和群眾理髮。春、秋兩季農忙假，到兩個隊參加勞動，還幫大隊辦夜校，辦大批判專欄，寫工作總結和典型材料。

這裡的群眾心地善良，為人厚道。他們關心我的生活，經常給我送去豆腐、小菜，殺了年豬務必要接我去吃飯。

一九七一年九月初的一個傍晚，秋風習習，細雨濛濛。我正在寢室看書，突然聽到一聲槍響，接著就是「媽呀」的哭叫聲。我趕忙出去一望，溝那邊小魏的一家，哭的哭、叫的叫。我跑下去一看，原來是小魏準備上窩棚守玉米，擺弄來福槍時，右手放在槍口上，哪知槍裡已上了火藥、鐵子和紙炮，一下子弄響了。他的右手被鐵子打得血肉模糊，蹲在地上嚎叫。小魏的岳母、妻子六神無主，李主任不在家。當時大隊還未辦衛生室，我當機立斷，決定送小魏去公社衛生院。

我忙回學校拿電筒、鎖門。叫小魏的妻子找了一條毛巾把他的手包著，背著就跑，他的妻子跟著。那年我才三十歲，年輕力壯，背著小魏一氣爬上東埡。天黑下來，小魏的妻子照電筒，又一氣走下大爬兒坡，然後上一條嶺，再下小爬兒坡，最後順溝而出。小魏手上的血滴到我身上，和我的汗融合到一起；我的衣服濕透了，成了紅色。小魏的妻子有時也換我背一段路，終於在晚上九點多鐘趕到衛生院。醫生給他清洗傷口，夾出一些生銹的鐵子，縫了十多針，然後打上點滴。醫生說如果不及時送來，一感染就麻煩了，可能得破傷風。

五

毛主席說過，事物在一定條件下可以互相轉化，好事可以變成壞事，壞事也可以變成好事。這是千真萬確的。我到馬鹿場工作，條件極為艱苦，從表面上看，似乎是件壞事。然而，這六年，給我提供了博覽群書的充足時間和沒有干擾的清靜環境，完成了知識的初步積累，為日後的學習和工作打下了較紮實的基礎。可以說，這六年是我人生道路上又一個很重要的時期。

放學後，把作業一批改，我就看起書來。有兩樣東西是我的寶：一個鬧鐘、一隻馬燈，伴隨我六年。我在床頭牆上釘了一個釘子掛馬燈，天黑以後便半靠在床上看書，燈光正好從後面射過來。

文革中，有些書可以看，有些書是不准看的。馬鹿場小學除學生外，很少有人去，我就不受什麼約束了。我閱讀了馬克思、恩格斯的《共產黨宣言》、《哥達綱領批判》，列寧的《國家與革命》，《毛澤東選集》一至五卷，魯迅的小說、散文、雜文、書信，范文瀾的《中國通史簡編》、《中國近代史》，科普讀物《十萬個為什麼》，除此以外，還讀了當時被列為禁書的《三國演義》、《紅樓夢》、《水滸傳》、《西遊記》、《儒林外史》、《說岳全傳》、《水滸後傳》等等。

當時我讀的「禁書」是向興山幾個同學借的。有一次，一位同學來信催還借給我的《水滸傳》。我用紙把書包好，交給郵遞員帶去寄，但被公社一位領導沒收了。我聽說後去要過幾次，並把同學催書的信給他看。他非但不給，還批評我「偷看封資修的東西」。那位同學對我很有意見，再也不肯借書給我了。直到一九七五年下半年，全國開展評《水滸》時，我已調到新華中小學，才理直氣壯地要回。可惜這部「封資修的東西」已被弄得又破又髒，面目全非，不知有多少人看過。後來我買了一部新書還給那位同學，挽回我失去了的信譽。

廣泛的閱讀激發了我的寫作慾望，偶爾也弄弄筆墨。一九七二年大隊買了柴油機和脫粒機，幾十人抬上山。高山上第一次響起了馬達聲，打麥用上了機器。我抓住這一新事物，寫了〈打麥場上話今昔〉，寄給《神農架報》社，被採用了。當時，林區黨委宣傳部的陳連生、余正道（省下派幹部）給我寫信，讚揚該文寫得好，鼓勵我多寫一些反映農村新人新事的稿件。之後，我在群眾中搜集了兩百多條諺語俗語，進行歸類整理，保留精華，剔除糟粕，並撰寫了《革命諺語俗語彙編》和《反動俗語批判》，寄給林區廣播站，也被採用了。漸漸地，我在神農架已小有名氣。「人怕出名豬怕壯」。公社和一些社直單位經常請我寫總結和典型材料之類的東西。林區召開農村工作會議和衛生工作會議時，把我抽到大會秘書組搞材料工作。

六

在馬鹿場工作和生活，也並非苦不堪言。春夏季節，聽山泉流水叮咚，看山野百花爭豔；秋冬季節，吃野果味道鮮美，踏冰雪別有情趣。我盡享著大自然的恩賜，從未產生過調下山的念頭。其間，公社幾次要啟用我，擬調到中學任教。但劉書記、李主任一聽到消息，便去找公社領導說，馬鹿場大隊文化落後，好不容易調去一個好老師，要求公社不要調走。公社領導幾次都同意了他們的請求。哪知一九七五年春，陽日區打我的主意了。

陽日區擬組織一個「教師下隊勞動小組」，作為促進教師思想改造，接受貧下中農再教育的一種嘗試。每個公社抽一名教師，時間半年，地點在陽日公社樂意大隊，我被列入抽調名單。

區裡要抽人，公社只得服從，大隊更是挽留不住了。我離開馬鹿場那天，接任的許貴卿老師以及大隊幹部、家長和學生一直送到東埡，依依不捨地揮淚而別。

教師下隊勞動小組由區輔導組向成友帶隊，成員有王成志、賀德軍、黃興隆、馬興梅、田興鳳和我。我和老向、小馬、小田分在樂意四隊，其餘的分在樂意三隊，分別住隊幹部家。我住在周隊長家。他有五個孩子，一家八口人，靠國家供應糧度日，每餐不是稀飯就是玉米糊糊，一碗醃野韭菜，沒有一滴油。沒想到一馬平川的樂意河還這樣窮，遠不如高山上的馬鹿場。我們每天與社員們一起出工，挖地、栽秧、薅草，樣樣都幹。飯吃不飽，勞動量大，我成天只是餓，漸漸消瘦了。輔導組安排我們每個星期日到公社學習一天，實則是讓我們休息一天，改善一下生活。在這裡，我結識了公社事務員楊守成，他給了我很多關照。

下隊勞動後期，公社要求我們為樂意大隊撰寫隊史。我們分組到各生產隊調查，搜集資料，然後集中到公社匯總情況。大家推舉我執筆。我撰寫了〈陽日公社樂意大隊隊史〉，分三部分，共兩萬多字。第一部分是樂意河貧下中農在舊社會受剝削受壓迫的苦難史；第二部分是解放後，樂意河人民翻身得解放，走合作化道路，開展農業學大寨，改天換地的創業史；第三部分是對樂意河未來的憧憬與展望。寫好後交給公社，作為我們教師下隊勞動小組向大隊和公社獻上的一份禮物。

放暑假時，教師下隊勞動小組的活動宣告結束。在松柏召開的全區教師大會上，這一活動被作為教育革命的新事物，受到了肯定和稱讚，輔導組長況汝動作了典型發言。區裡抽我參加教師下隊勞動小組，「醉翁之意不在酒」，是想在這次活動結束後，把我留在陽日另作安排。但事不湊巧。這年夏天，林區實行撤區並社，陽日區一分為二，新華單獨為一個公社，其餘的為一個公社。新華與陽日再沒有隸屬關係，陽日調我的事也就告吹了。

我在馬鹿場的那幾年，新華公社發生了比較大的變化。社直單位陸續遷到了公社機關所在地樟樹坪，已形成了一個小集鎮。頂塘小學更名為新華中小學，興建了幾棟校舍，辦了初中、高中，已有相當規模。一九七五年秋開學時，公社把我安排到新華中小學。學校讓我擔任高一（甲）班班主任，教語文和其他一些課。我在這裡工作了三年，也是教師生涯的最後三年。

開學以後，我發現學生中「讀書無用論」的流毒很深，學習積極性不高，基礎也很差。我深感責任重大，不能誤人子弟。因而不斷向學生灌輸「知識就是力量」的道理和學習文化科學知識的重要；介紹古今中外青少年勤奮好學，後來成才的事例；舉辦作業展覽，大力表揚學習成績優秀的學生；加強考試測驗，加強檢查、督促和評比，開展「一幫一」和學習競賽活動。我還設計了一種統計圖表，把學生成績公布出來，根據優秀、及格和不及格分別插上紅、綠、黃三色小旗，以此激勵鞭策學生。我不斷改進教學方法，加強基礎知識的教學和基本技能的訓練，嚴格要求，嚴格訓練，千方百計提高教學質量。這些措施，收到了明顯效果。學生逐步形成了愛學習的良好風氣，成績也隨之提高。在我教的最後一批學生中，不乏佼佼者。如現任林區一中校長高開華、教務主任田映培，公安局科長艾生傑，職中女教師高長金，殘聯幹部袁作英，信用社會計袁作坤等，都是當年品學兼優的學生。

在此期間，國家又發生了許多重大事件：一九七六年一月周總理逝世。鄧小平被任命為第一副總理，主持國務院工作。鑒於國民經濟已處於崩潰的邊緣，鄧小平對工業、交通進行整頓，恢復生產，因而引起了「四人幫」（王洪文、張春橋、江青、姚文元）的不滿。三月，「四人幫」發動「批鄧、反擊右傾翻案風」運動。清明節，首都群眾自發到天安門廣場悼念周總理，抨擊「四人幫」。「四人幫」將其打成反革命事件，並嫁禍於鄧小平，給他戴上了「死不改悔的還在走的走資派」的新帽子。毛主席任命華國鋒為代總理，撤銷了鄧小平黨內外一切職務。六月，朱德委員長逝世。唐山發生大地震，二十多萬人遇難。九月九日毛澤東逝世。十月，「四人幫」被粉碎，歷時十年的無產階級文化大革命結束。

《中國共產黨中央委員會關於建國以來黨的若干歷史問題的決議》作了結論：「文化大革命是一場由領導者錯誤發動，被反革命集團利用，給黨、國家和人民帶來嚴重災難的內亂。毛澤東同志負有主要責任。」

史無前例的無產階級文化大革命給國家和人民造成了深重的災難。李健先生編著的《紅牆紀事》（中國言實出版社一九九六年版）一書作了記載：「經過文化大革命的十年浩劫，全國各種問題成堆。工廠停工，學校停課，農業停種，經濟瀕臨破產，冤獄遍佈全國。」「整個算起來，文化大革命在經濟上的損失是非常巨大的，據估算為人民幣五千億元（注：按當時價格計算）。」相當於「從新中國建立到十一屆三中全會的三十年中，我國全部基建總投資。」「林彪、四人幫及其爪牙，在文化大革命中殘酷地迫害幹部與群眾，據粗略統計，黨和國家領導人及中央部委主要負責人和各省市、自治區黨委書記以上高級幹部被誣陷、逮捕、批鬥、毒打、關押的占百分之八十以上。中級領導幹部及一般幹部和群眾受到誣陷迫害的人數有七十多萬人，被迫害致死的達三萬四千多人（注：國家主席劉少奇、國務院副總理陶鑄、原中央軍委副主席兼國防部長彭德懷元帥、外交部長陳毅元帥、國家體委主任賀龍元帥、中央首長的保健醫生傅連璋部長等一大批功勞卓著的開國元勳，以及許多知名的科學家、文學家、詩人、藝術家、大學校長、教授等被林彪、四人幫誣陷為叛徒、特務、走資派、反革命、反動學術權威，活活整死），受到株連的達一億多人（注：當時全國總人口為八億人）。」

十年函授

一

一九六二年，興山縣函授師範學校在小學教師中招收中師函授生，經考試，我被錄取了。

暑假，函校在興山城關小學舉行了第一次面授。從此我又認識了幾位老師，有語文老師廖伯昂、屈祖培、楊玉書，數學老師黃樟樹等。幾位語文老師不但課講得好，而且文章也寫得好，書法也漂亮。我認真閱讀教材和輔導資料，按時完成作業寄給函校批改。函校辦有一種不定期的油印簡報——《函授學習》，反映教學工作情況，表揚優秀學員，交流學習經驗，有時也對不交作業和不參加面授的學員進行曝光。簡報發給各校校長及每個學員。我經常受表揚，名字多次出現在簡報上。

一九六四年春，語文老師出了兩道作文題：〈我們的公社〉、〈學生在我身邊〉，要求任選一題，寫兩千字以上，四月底以前寄給函校。我把兩個題目都寫了。第一篇是以新華公社龍灘坪自然面貌和農民生活的巨大變化為題材，寫了一篇歌頌人民公社的散文，有三千多字。第二篇作文是寫如何做一個雙差生的轉化工作的。

六月下旬，我收到函校寄來的一個函件，打開一看，除了已批改的數學作業和作文本之外，還有一期《函授學習》，登載的竟是我的那篇〈我們的公社——龍灘坪今昔〉。前面是「編者按」，後面是「作文評析」。老師從文章的取材立意、謀篇布局、寫作技巧到語言文字，進行了全面分析，給予了高度評價，作為全縣函授學員作文的一篇範文，要求大家學習。

我為之一震，連忙把老師寫的評析看了幾遍，再回過頭去看原文，確實如此。不過，我寫的時候並沒有想到那些。

暑假在縣城面授，語文老師上寫作課時，把〈龍灘坪今昔〉朗讀了一遍，並進行分析，指出它的妙處之所在，大加讚賞。同時批評了沒交作文的學員。我因這篇作文而名聲大振。這也是我四年中師函授期間最輝煌的一頁。

二

一九六五年寒假，函校分兩片進行面授。古夫、榛子、黃糧、三陽四個區的學員在界牌埡小學，其他幾個區的學員在南陽河小學。我們已進入四年級，一九六六年暑假還要面授一次，只要畢業考試成績合格，中師畢業文憑就可以拿到了。可是，暑假「文革」開始，中師函授就夭折了。界牌埡的面授竟是我們這一屆的最後一次面授。

界牌埡地處半高山，是寶龍公社機關所在地，興保（興山至保康）公路穿境而過。這裡缺水，要到兩里之外的堰塘去挑，一百多名學員吃飯，只有三個炊事員。那時，正在開展學毛著、學雷鋒活動。二十五歲的我，血氣方剛，精力充沛，每天天不亮就起床幫廚房挑水。我的行動很快引起了函校領導和老師們的注意。他們在大會上表揚了我。許多學員，包括一些女學員，都爭先恐後地挑水、劈柴。函授班成了一個學雷鋒、爭做好事的集體。

這次面授對於我來說，雖然是中師函授的結束，但卻是愛情、婚姻生活的開始。

一天中午，我同王賢福老師到供銷社門市部去玩。王老師的愛人彭敏德是我的表姨，我稱「三姨」。王老師從古夫中學調到新華公社以後，我們過從甚密。門市部裡有一個年輕姑娘正在選購東西，王老師一見，認出了是彭敏德的高中同學劉祖珍，便立即上前同她打招呼。寒暄之後說：「我在這裡參加面授，已來了幾天了。」然後指著我說，「這是我的一個同事，也在這裡學習。」

姑娘熱情爽朗，說她的家在寶龍公社一大隊，離這裡只有十二里路，邀請王老師學習結束後到她家裡去玩。王老師高興地接受了邀請：「我還要帶個同事來，可不可以？」姑娘連說「歡迎」。他們聊了一會兒家常，上課時間要到了，姑娘也買好了東西，我們一同走出門市部。

分手之後，王老師把我的肩膀一拍，問我對這個姑娘印象如何。他說：「你三姨跟她在興山一中同學六年，是最好的朋友，她到我家裡去過幾次。我打聽一下，如果她還沒有找對象的話，叫三姨介紹給你。」

王老師是個熱心人。晚飯後，找到也在這裡學習的寶龍公社一大隊小學的老師李傳香、毛啟鳳以及我的堂弟喬永海（在仙侶小學任教），詢問劉祖珍的情況。

真是無巧不成書。李傳香家住寶坪（昭君故里），一九五三年春與我一同插班城小，是我的同學、好友；毛啟鳳是劉祖珍的老鄉、好友；喬永海和我更是親同手足，他對劉祖珍也很瞭解。他們介紹：劉祖珍是個好姑娘，高中畢業後回鄉務農已兩年多了，任生產隊會計，有文化，會勞動，能吃苦，品德好，對人熱情。家中有母親和四個妹妹。哥哥劉祖德解放初參加解放軍，後來當了團級幹部，現在黑龍江某軍墾農場任黨委書記。姐姐劉祖桂已出嫁。她回鄉後，曾有幾個人提過親，她都沒同意。他們認為我與她正好是一對，建議王老師和我接受她的邀請，學習結束後到她家去看一看，增進瞭解。

他們講完以後，我問：「劉祖珍的父親呢？」毛老師說：「忘了告訴你。她的父親叫劉顯培，現在沙洋農場勞改。其實是被冤枉的。劉顯培解放前當過一個月鄉長，後來辭職教書。土改時家庭劃為中農成分。因他能寫會算，成立公社後，每年都被抽去幫生產隊、大隊搞預算、決算，瞭解一些隊幹部貪占內幕。一九六三年上半年，興山縣在我們寶龍公社搞『四清運動』（即清政治、清經濟、清思想、清組織）試點，派了大批工作組。隊幹部們怕劉顯培檢舉揭發自己的問題，便先下手為強，向工作組彙報，說劉顯培亂砍濫伐，破壞集體經濟，挖社會主義牆角，又有歷史問題。工作組便將他逮捕入獄，判了八年徒刑。那年劉祖珍高中畢業，高考也就泡湯了。」毛老師是共產黨員，經常參加大隊開會，因而知道這些情況。

此後幾天，我有些神不守舍了。上課和休息時，腦子裡總是浮現著劉祖珍的身影，耳邊響著她爽朗的話語。在這之前，親戚和同事曾經給我介紹過幾個姑娘，其中也有模樣俊俏、勤勞能幹的，但因這樣或那樣的原因，都一個個吹了。在大山裡工作，加之出身不好，找對象「難於上青天」。

學習結束後，李傳香、毛啟鳳給我們當嚮導，去劉祖珍的家。

她的家在一大隊四生產隊的李家灣，是一棟有天井的瓦房。全家六口人，母親王久珍年過半百，大妹劉祖菊、二妹劉祖芬已成勞動力，三妹劉祖梅做家務，幺妹劉麗才十歲。劉祖珍回鄉後成了家中的頂樑柱，當家理事，社會交往，參加勞動，還有會計工作，十分忙碌。

我們到達後，她母親和全家人熱情接待，煮肉殺雞款待我們。晚上，劉祖珍對王老師說，她明天要陪母親到興山城去照相，給哥哥寄去，早飯後就要去白廟趕車。王老師說，他用本地的棉花給她加工了一床棉絮，叫她陪母親照相後到豐邑坪他家裡去拿。之後，王老師把她喊出去，唧唧咕咕談了一陣。

第二天早飯後我們就分手了。劉祖珍和她的母親下城，我和王老師去水磨溪親戚家。第三天，我們在城裡與劉祖珍又見面了。三姨也來到城關，聽王老師講了情況後，非常贊成，便找劉祖珍直截了當地談了。她們是老同學，說話隨便一些。三姨悄悄對我講，劉祖珍的對象還沒有定，等回家以後再給她細談，力爭把這門親事說成。三姨叫我春節後到他們家，然後一起上劉祖珍家去正式說親。

在城關把事情辦完後，王老師夫婦和劉祖珍去古夫。我給住在深渡河的四姑媽帶信，請她準備午飯。飯後，我一直送到滿天星才返回城裡。第二天清晨送劉祖珍的母親上車，並向司機求情，讓老人家坐進了駕駛室（那時班車是敞車）。

我在四姑媽家過春節。這是她家最熱鬧的一個春節。她的兒子祝天戶、媳婦李質蘭和小孫女都回去了。正月初二晚上大隊演戲，我和表兄、表嫂還表演了樂器合奏和獨唱。

正月初四我去豐邑坪王老師家，初五上寶龍。這次，王老師和三姨以「月下老人」的身份向劉祖珍及其母親正式提親。她們沒有異議，這門親事基本上定下來了。正月初七我們去縣城，因雪大無車，只得步行，劉祖珍把我們送了一程又一程，直送到界牌埡才回去。之後，通過鴻雁傳書，彼此有了更深的瞭解。

三月中旬，全區教師在古夫中學開學習毛著動員會。我請王老師再赴寶龍，商量我與劉祖珍拿手續的事。我們走一條從未走過的小路，攀登荒無人煙的關山，翻過反坪埡，經千家坪、白龍潭，傍晚到達板廟。旅店老闆叫任德懋，兼營縫紉店，沒想到竟是家父的老熟人，還受過家父的恩惠。真不湊巧，那段時間班車壞了。第二天我們只得順公路走，有時也走小路，途經榛子嶺、張官店、大水坑、公坪、火石嶺，行程八十多里，傍晚到達劉祖珍家。

我們的突然到來，劉祖珍全家喜出望外。當晚，王老師向劉祖珍及其母親提出，能否在區裡會議結束後，一便到區公所把結婚手續辦一下。因為是王老師夫婦作媒，劉祖珍及其母親十分信任，加之對我也有了較多的瞭解，因而同意了王老師的意見。

劉祖珍在會議期間前往古夫，住在王老師家。我們利用休息時間去照了幾張黑白照片，算是結婚照。三月二十五日會議結束，去區公所辦理結婚手續。但她只帶了大隊的介紹信，區公所秘書要公社介紹信。我們只得又上界牌埡，請公社秘書開介紹信。

公社秘書問了我的情況後直言不諱地對劉祖珍說：「嚴永西家庭是地主成分，他這個老師當不當得長還是一個問號。我認為，你嫁給種田的貧下中農，也比嫁給教書的地主子女強。」

劉祖珍很堅定：「我愛的是他的人品和才華，即使將來受苦也心甘情願！」秘書無話可說，最後還是開了介紹信。

從界牌埡返回李家灣的路上，我與祖珍邊走邊談論著公社秘書說的話。我說：「秘書對你是善言，而對我卻是惡意。不過仔細一想，他說的不無道理。一九五七年反右時，我的許多老師被劃為右派分子，丟掉了『飯碗子』。『前車之覆，後車之鑒』。所以我一直努力學習，積極工作，謹小慎微，爭取不犯錯誤，這樣才能保住來之不易的『飯碗子』。今後更應該這樣做，才對得起你對我的愛。魯迅先生說過，不能『只為了愛，而將別的人生的要義全盤疏忽。第一，便是生活。人必生活著，愛才有所附麗』。今後我們建設家庭、贍養老人、扶育兒女，不能沒有『飯碗子』啊！」

祖珍說：「你說得對！我的家庭底子薄、負擔重，要拖累你了。」

我說：「你不嫌棄我的家庭出身，願意跟我，我已感激不盡，何談拖累。我要通過百折不撓的努力，讓你過上幸福生活，改變你的家庭面貌，還要好好孝敬你的母親。妹妹們出嫁時，給她們每人辦四個嫁妝（後來都兌現了）。我要以實際行動讓人們刮目相看：劉祖珍有眼力，對老公的選擇是正確的！」

這時，我們已走過白廟，上了林間小道，路上沒有其他行人。在那「激情燃燒的歲月」，我也像城裡人談戀愛一樣，第一次牽起了她溫暖的手，進而把她攬到懷裡，給了她一個純真、熱烈、甜蜜的吻。兩顆劇烈跳動的年輕的心緊緊貼到了一起。此時此刻，儘管不在花前月下，但卻陽光燦爛、鳥語花香；儘管沒有海誓山盟，但卻信誓旦旦、心心相印。我們的愛情得到了昇華！

我在祖珍家住了一晚，第二天返回古夫，把結婚證辦好後，立即到郵局給她寄了一張。從此，我倆已是法定夫妻了。這一年，我二十五歲，劉祖珍二十二歲。其他老師已返校，我又馬不停蹄地趕回新華。

回到家裡，我向母親講了詳細情況。母親非常高興，十年以前就在考慮兒子的婚事，今天終於如願以償了。

暑假，全縣教師集中到興山城搞文化大革命。我首先到祖珍家。本來第二天就應下城報到，但天下起了大雨，她們一家人都留我，我也不想走。夜間，天遂人意，雨停了。半夜剛過，祖珍給我做伴，打著電筒踏著泥濘出發了。她把我送到黃糧坪，走了三十里路天才大亮。我不讓她再送了。她站在路邊，一直看著我登上了涼風埡才回去。我到縣城剛好八點，趕上了開大會。在會議期間，怕我挨整、為我擔心的除了母親和妹妹以外，又多了一個親人，就是愛妻劉祖珍。還好，我在運動中只是受到了批判，未戴「黑幫分子」帽子。

會議結束前夕，她去興山城，置辦了幾樣床上用品，買了幾斤水果糖。會議結束後，「夫妻雙雙把家還」。岳母已準備了酒宴。祖珍把大隊黨支部書記王三聘，生產隊幹部李毓珍、李毓佳，堂兄劉祖凡、劉祖茂、劉祖釗及三位嫂嫂等親友請到家裡，吃了喜糖，喝了喜酒，算是舉行了婚禮。這樁婚事，從第一次見面到今天，歷時八個月。後來想起來很有意思。如果不在界牌埡搞面授，就不會有我同劉祖珍的結合，「千里姻緣一線牽」，函授也算是一根紅線吧。

三

斗轉星移，界牌埡面授之後，一晃過去十二年，新華公社已劃歸神農架林區，林區由鄖陽地區代管。一九七八年春，鄖陽地區函授站招收高師函授學員。這時我已三十七歲，成了三個孩子的爸爸。我毅然報名，經考試被錄取了。全林區學中文的共二十七人，開設了「文選與寫作」、「現代漢語」兩門課。

一九七九年春，華中師範學院恢復函授教育，在全省招收本科函授生。首先對各地區已招收的高師函授生進行學籍整頓，學中文的考試「文選與寫作」和「現代漢語」。

考試結果，我與許庭美、杜玉勤、張大國四人被錄取。鄖陽地區共招收一百人，考試的這兩門課就算結業了。

華師第一次面授是一九七九年暑假在鄖陽師專（校址鄖縣城郊）舉行的。參加面授的除鄖陽地區的學員之外，還有十堰市和二汽的學員，共一百五十多人。主持面授的是華師師訓處的余處長和地區函授站的陳澤凡站長，由華師派出的教授、副教授講課。面授抓得很緊，舉行了開學典禮，分了班級，成立了班委會，制訂了制度，每天上午、下午各點一次名。遲到、曠課的學員，都在餐廳的黑板上公布。余處長、陳站長和地區函授站的老師分別在各教室跟班聽課或巡視檢查。

時值盛夏，氣溫高達三十四五度。學校經常停水，寢室裡沒有電扇，蚊子成群。成天汗流不止，吃不下飯，只想喝水，但開水供應不足，有時連水也喝不上。晚上不能入睡，只好在外面樹下坐到很晚才回寢室。儘管條件異常艱苦，但我們學習非常投入，上課時聚精會神聽講，認真記筆記。晚上坐在樹下乘涼還在討論學習上的問題，消化鞏固當天學習的知識。

在這次面授中，我們第一次聆聽了華師中文系教授的講課。他們的知識是那樣淵博，那樣精深，講文學史，介紹作家，分析作品，把我們帶入了一個廣闊的文學天地。教授們講課各有風度，各有特點，但都很生動，都很深刻。每一節課簡直就是一次文學欣賞，我們一個個聽得如醉如癡，忘了酷熱，忘了疲勞。坐在那裡，總覺得時間過得太快，每每正聽得入迷，下課鈴響了。

張大國因類風濕和氣胸等多種疾病，上半年在鄖陽師專進修時住進了鄖縣人民醫院，這次面授沒有參加。我們每個星期天都步行十多里到醫院去看望他。他骨瘦如柴，生活不能自理。面授結束時，他本來還未治癒，但硬要同我們一道走，只好給他買了兩張車票，讓他躺在車上簸回林區。

一九七九年寒假面授在鄖陽地委黨校——柳林溝舉行。

一九八〇年暑假面授在丹江口市舉行。天氣同鄖縣一樣熱，但居住和生活條件好一些。我與二汽的女學員徐國奮同桌。她是浙江寧波人，在刃具廠子弟中學任教，書法十分漂亮，學習非常認真。休息時，她給我講她的家，她的可愛的女兒。後來在十堰面授時，她特地邀請我們到她家做客。有一年暑假，她和幾位老師帶領畢業班的學生來神農架旅遊，回去後寫了一篇遊記，發表在《十堰日報》上，還給我寄來了一張。

不久，鄖陽地區函授站升格為鄖陽地區教師進修學院，陳站長任院長。教院在柳林溝附近的山溝裡修建了教學大樓和教工、學員宿舍，寒暑假面授就再沒「打游擊」了。每學期期中進行一次輔導，先後在十堰、鄖西、竹山、房縣進行過。陳院長和魏鷹老師還到林區來輔導、檢查過我們的學習。

在大學函授的六年中，我們學了「文選與寫作」、「現代漢語」、「先秦文學」、「唐宋文學」、「元明清文學」、「中國現代文學」、「中國當代文學」、「外國文學」、「古代漢語」、「文學理論基礎」、「邏輯學」、「教育學」、「心理學」、「中國通史」等十四門課程。函授採取單科獨進的辦法，面授時，先考上一次面授的課程，接著講授一門新課，結束時進行測驗。試卷由華師印製，其題型、分量、難度與院本部全日制學生考試的相同。考試時，單人單坐，由華師和地區教院的老師監考，考紀嚴明，無人作弊。

函授既有廣度，也有深度。從廣度來說，我們必須按照《自學指導書》和老師的要求，閱讀規定的書籍和作品，完成書面作業。我除了閱讀文學史和中國古代、近代、現代、當代的文學名著之外，還閱讀了賽凡提斯、莎士比亞、歌德、雨果、司湯達、巴爾扎克、列夫·托爾斯泰、普希金、果戈理、高爾基、馬克·吐溫等一大批歐美各個時期文學巨匠的代表作三十多部，背誦了一百多首中國古典詩詞和散文的部分篇章，連屈原的代表作、二百四十九字的〈離騷〉也背下來了。

從深度來說，教授們分別講授了中外各個時期的文學流派、文學成就，在文學史上有影響的作家及其作品，以及中國文學與同時期外國文學的比較。每講一部作品，都要分析時代背景、思想內容、人物形象、藝術特色及其對當時和後世文學產生的影響，作家及作品的侷限性，等等。

每學一門課要完成兩到三個題目的書面作業。或論述作品的藝術特色，或分析作品主人公的藝術形象，每一個題目要求三千字以上，實際上就是寫一篇論文。每做一道作業題，必須先閱讀作品，擬出提綱，然後才能動筆。作業由地區教院的老師批改，還要評分。

我們林區的四個學員是一個函授自學小組。大家互相勉勵、互相幫助，成為一個堅強的集體。每次出去面授上下車時，我們幫張大國提行李，早晚為他打開水、買飯菜。他以堅韌不拔的毅力，克服種種困難，和我們一道堅持到畢業。我們小組每科的平均成績在全鄖陽地區都是名列前茅。我有五科單科結業成績在全地區奪魁。我們小組每年都被評為先進學習小組，每個同志先後被評為地區優秀學員，多次受到華師、地區教院的表彰，在鄖陽、十堰、二汽的一百五十多名函授生中頗有名氣。畢業時，我們四人又同時被評為華師的優秀畢業生。在一九八五年三月三日舉行的畢業典禮大會上，華師李副院長親自為我們頒發了紅彤彤的「中華人民共和國高等學校本科畢業文憑」，鄖陽行署謝副專員為我們頒發了獎狀獎品。

我們的成功，除了自己刻苦努力外，與華師、地區教院領導和老師們的辛勤工作是分不開的。華師接管之後的五年中，先後派出二十多位教授、副教授到鄖陽授課。地區教院的領導和老師對我們在學習上輔導，生活上關心，是我們的良師益友。畢業時，全體學員湊分子，由我和竹山縣的馬龍光負責製作了幾面錦旗，購買了紀念品，分別贈送給華師、地區教院及其有關領導和老師，表達了全體學員的一片心意。

我們的成功，與所在單位領導的支持也是分不開的。每次面授，單位安排時間，回來後報銷差旅費。一九八四年農曆正月初，大雪封山，不通班車，眼看面授時間到了，我們急得像熱鍋上的螞蟻。徐少傑區長和馮明銀副區長聽說後，立即通知政府小車隊派專車把我們四人送到十堰，使我們按時參加了考試和面授。

四

大學函授六年，也是我人生道路上最艱難、最辛苦的六年。

全家人吃飯是第一大難題。一九七八年秋我調到教育局，次年冬全家遷入松柏，妻子在盤水公社新坪小學當代課教師。全家六口人，只有我是商品糧戶口，每月口糧二十九斤，其他五人都是「黑戶」。我們搬家時，把存在生產隊的兩千多斤口糧賣給糧站，劃支撥轉到松柏，辦了一個農用糧供應本，買糧方便一些，只是價格比商品糧略高一點。五年中，先後有二十多位親戚、朋友、同事給我支援糧票、支撥和糧食共兩千多斤。林區財辦還解決了二百斤救濟糧指標。妻子在學校種學農基地，把收的玉米買了回來。通過多方籌措，吃糧問題基本上解決了。

經濟上貧窮是第二大難題。我當時月工資六十四元，妻子三十二元，合計九十六元，人平十六元。除了全家人吃飯、穿衣、看病等開支外，還要支付三個孩子的學習費用以及我每年四次外出參加面授和輔導的費用，經常在為錢著急和打主意。當時沒有別的門路，只有自力更生、節衣縮食。我們在河溝兩旁開墾了五塊荒地，種上各種蔬菜，每年餵兩三頭豬，自己上山砍柴。妻子每個星期六回來，星期日只要不下雨，我和她就挖地、挑糞、砍柴、打豬草，拼命幹一天，有時還帶著孩子一起幹。星期一清晨，妻子就趕車回學校上課。

我的母親勤勞而能幹，善良而賢淑。她當時雖然年過花甲，身體瘦弱多病，但承擔了做飯、餵豬、洗衣等所有的家務事。做飯時總是精打細算，不浪費一粒糧、一滴油、一片菜、一根柴。支撥條子只能買玉米，她就花樣翻新，粗糧細做，弄得味道可口，使孩子們愛吃。好一點的東西，總要留著招待客人。客人吃飯時，怕孩子們嘴饞，就哄他們到外面去玩。客人吃剩下的才給孩子們吃，再有剩下的，她才自己吃。她還擠時間在基建工地上砸石子、卸沙，弄幾元錢，補貼家中用度。有一次，大雪紛飛，寒風呼嘯，她給一中篩菜籽，坐在空蕩蕩不避風的大禮堂裡忙了一天，掙了一元錢，第二天就感冒咳嗽起來，一個多月才痊癒。

母親每次有了病，總是一聲不吭，直到挺不住時我才發現，還不肯去弄藥，生怕花錢。母親最疼愛孫兒。有時我不在家，她督促他們讀書、做作業，還戴上老花鏡給他們檢查作業，要他們聽寫、默寫、背誦。親戚們給她送的食品，她捨不得吃，要給孫兒們吃。我們打孩子時，她都要當保護人，哪怕已睡覺，也要趕忙爬起來，把他們護著、抱著，有幾次棍子打到了她的身上。母親忍辱負重，幫我們度過了難關，是我們家裡偉大的功臣。她勤勞節儉、不怕困難、關心他人、積德行善，幾十年始終如一。她儘管年事已高，腰躬背駝，步履蹣跚，但還在堅持做家務，還是那樣勤勞節儉，還是那樣關心他人。在困難時期，全家人團結和睦，共同奮鬥，呈現出一種蓬勃向上的精神狀態。一九八三年我的家被評為鄖陽地區和全國的五好家庭。

我的擔子重、壓力大是第三大難題。不論是在教育局還是在政府辦公室，我都是大忙人。開會、下鄉、寫材料，任務一個接一個，有時同時接受幾個任務，必須加班加點。這六年中，孩子們上小學和初中，正是打基礎的時期，我從來沒有放鬆過對他們學習的檢查、督促和輔導，也需要很多時間和精力。我是一個熱心快腸的人，同事和朋友家中紅白喜事、裝車卸車、挖地挑糞、劈柴殺豬等等，我都去幫忙，又要占去我一些時間和精力。

在困難和重負面前，我始終沒有放鬆過學習。那幾年，家裡沒有電視機。電影，我也只看與函授學習有關的片子，如《屈原》、《紅樓夢》、《王子復仇記》、《巴黎聖母院》等。我從不下棋、打撲克。可以說，除了工作、家務、輔導孩子、社會交往以及必要的睡眠之外，其餘時間我全部投入到學習之中。我把老師要求背誦的詩文抄到小本子上，睡覺前靠在床頭還要讀一讀、背一背，直到睡著，本子掉到床上或地上。一覺醒來，天還未亮，就又默默背誦。出差時把書隨身帶著，坐車、步行，腦子裡還在思考學習上的問題，一有空就讀起書來。就是去親戚朋友家做客，也手不釋卷。

六年的辛苦沒有白搭。我的語文知識更加全面，寫作水平進一步提高，工作更加得心應手。拿到大學畢業文憑後，按照林區黨委、政府制訂的知識分子優惠政策，我的母親和三個孩子轉為商品糧戶口。我的工資向上浮動一級，五年之後轉為正式工資，再向上浮動一級，還享受省裡規定的山區津貼。一九九三年四月獲得副研究員職稱，省人事廳頒發了資格證書。我可以在履歷表上自豪地填上「大學本科畢業」和「副研究員」了。

高爾基曾經說過：「貧困是最好的大學。」我這一輩子就上了這所大學。貧窮和困難本來是壞事，但又變成了好事。窮則思變。它是我勤奮學習、不斷進取的力量源泉，也是我對孩子們嚴格要求、精心培養的動力之所在。我用奮鬥改變了自己的命運，也希望孩子們用奮鬥去創造自己的幸福。我算是成功者，孩子們也正在走向成功。在這所「大學」裡，我同樣是一名「優秀畢業生」。

兩次下鄉

一

一九七八年是我人生道路上又一個重要轉捩點。這一年，我離開講臺，進了機關，告別鄉村，來到城鎮，開始了新的征程。

是年暑假，鄖陽地區教育局在竹山師範舉辦高中語文教師培訓班。林區去了三人：我和紅花中學的陳澤軍、向秀玉。學習結束回來路過松柏時，教育局的同志給我透露：「局領導決定調你到教育局，住房都安排了。」

我聽後不以為意。在馬鹿場小學工作時，林區黨委宣傳部和陽日區曾經調過我，都因公社不同意而作罷。現在新華辦了高中，我又剛參加培訓，公社更不會放人。再說，二十年來，我喝慣了新華的山泉，吃慣了新華的玉米，新華是我的第二故鄉，即使在這裡幹一輩子也沒有怨言。

回到學校，老師們悄悄告訴我：「教育局調你的事公社不同意，已擱淺了。」這是我預料之中的事，我還是不以為意，開學後，依然走上了講臺。

沒想到過了幾天，教育局局長董緒維和函授站站長傅傑不辭勞苦來到新華（當時未通公路）。聽校長說，董局長此行，一是檢查學校工作，二是為調我和另外幾個老師的事。兩位領導住了一個星期，同公社負責人面談好幾次。

董局長五〇年代擔任過興山縣委常委、宣傳部長，是德高望重的老幹部；成立林區後，曾任農業局局長，與公社幹部打交道多。這次他親自出馬，公社領導「不看僧面看佛面」，終於同意放我了。同時放行的，還有袁裕清（調陽日中學）、楊守義（調林區教研室）。

九月下旬，我告別新華的父老鄉親，告別我的同事和學生，來到教育局上班。局領導把我安排在教育股。

二

國慶日剛過，董局長便帶我下鄉。當時局裡有一輛解放牌貨車，副局長任傳偉提出用車送我們，董局長沒有同意。

董局長身著藍滌卡中山裝，腳穿解放鞋，拿一把雨傘，挎一個小包，和我出發了。第一站是松柏鎮小學。鎮小的校舍是乾打壘牆壁，好幾年了，門窗還沒有安，只挖了幾個圓洞洞，師生從洞中拱進拱出。董局長看後很生氣：「這是什麼學校，簡直不像話！」叫我把情況記下來，他回來後要找鎮輔導組。

第二站是塘坊溝小學，只有一位姓王的女老師。她的丈夫是郵局職工，正好在學校。我們走時，他聽說去盤水，提出用摩托車送我們。董局長同意，但一次只能送一人。

我到達時，盤水公社輔導組長兼校長李文明正陪著董局長在辦公室坐，茶已沏好。董局長邊喝茶邊說：「我們這次來要住幾天，重點把中學的教學工作解剖一下。要聽幾節課，檢查備課和批改作業的情況。」老李立即把教導主任喊來，傳達了董局長的意見，叫主任作好安排。

第二天上午第一節課預備鈴響後，董局長和我在李輔導與主任陪同下，走進初二教室，坐在學生後面。這一節是語文課，老師夾著一疊書走進教室。值日生喊「起立」，我們都站起來。可能那位老師太緊張了，忘了回禮，把書一放便扭過頭去板書，值日生也就沒喊「坐下」，我們與學生繼續站著。這下可把老李和主任急壞了。直到那位老師板書完課文題目，扭過頭來時才察覺，趕快點頭回禮。

這節課之後，董局長和我沒按主任的安排，隨意走進其他班聽課。老李和主任只好跟著。聽了語文課，又聽數學課。

聽完課，我叫主任把我們聽過課的幾位老師的備課筆記，以及這幾個班學生的語數作業和作文本拿來。我一本一本地檢查，邊檢查邊做記錄，然後進行綜合分析，寫出評議意見。檢查完畢後，我向董局長作了彙報。他叫我在開教師會時大膽發表意見，把教學工作中的問題指出來，並提出改進工作的建議。

休息時，董局長帶著我走進每一個教室，觀看採光、桌凳及清潔衛生情況；走進學生寢室，詢問學習、生活情況；走進每一位老師的住房，同他們親切交談；走進教師和學生廚房，瞭解師生的伙食。還去公社，聽取公社領導對學校工作的意見。那時下鄉的休息時間也並不輕鬆啊。

我們在離開盤水中小學的頭一天晚上，學校召開全體教職工大會。李輔導作了開場白之後，便請董局長作指示。董局長說：「我這次同嚴永西同志下來，主要是做些調查研究。這幾天，永西同志對你們的教學工作進行了一些解剖。他是教育方面的專家，請永西同志先講一講。」說完，示意我發言。

面對二十多位不熟悉的老師，又坐在董局長身邊，我不免有些緊張，不過，已作好準備。我不慌不忙地打開筆記本，說了幾句客套話之後，開始了正式發言。

我分別從備課、上課、批改作業三個方面，運用一分為二的觀點，充分肯定了他們的成績，一針見血地指出了存在的問題，諸如板書錯別字、讀音不準、數學教學中對概念表述不準確，以及批改作業和備課中存在的問題等等。最後，針對存在的問題，提出了一些建議。如，備課時一定要吃透「兩頭」，即深鑽教材、瞭解學生。要準確地找出教材的重點、難點和關鍵；恰當地確定教學目的和教學方法。課堂教學是教師傳授知識的主要形式，因而一定要組織好，做到突出重點、解決難點、講清關鍵；要採用啟發式教學法，做到精講多練，講練結合，切忌滿堂灌；要加強基礎知識的教學和基本技能的訓練，提高學生分析問題、解決問題的能力；要充分調動學生學習的積極性、主動性。我還把自己在新華中小學採用的辦法作了一些介紹。發言結束時，贏得一陣掌聲。

接著老李請董局長講話。我在新華已聆聽過董局長講話。他不愧是當過宣傳部長的老幹部，知識淵博，閱歷豐富，講話邏輯性強，重點突出，層次分明，而且抑揚頓挫，娓娓動聽。

董局長首先對我的發言給予了肯定，表示同意。然後對盤水中小學的工作成績進行了概括，指出了不足之處。接著，他從如何全面貫徹黨的教育方針，學校工作應該遵循哪些原則，教師應該怎樣加強學習、提高素質、為人師表等方面，講了許多意見，令人茅塞頓開，深受教益。他講了一個多小時，連本本都沒有翻開。董局長講完後又是一陣熱烈掌聲。

次日，我們去宋洛公社。盤水至宋洛已通公路，但沒有班車。我們時走小路、時走公路，翻過古廟埡，下去是白楊樹嶺小學。到學校休息了一會兒，又順公路往下走。董局長說，前面是個大回頭線，繞到了盤龍橋，從小路下河，過河後再上公路，要近得多。

我們決定走小路。小路又陡又滑，有幾處還很險。我走慣了山路，但怕董局長摔跤。我是他的隨員，應該對他的安全負責，便提出拉著他走。他說沒有關係，不要我拉。儘管如此，我還是處於「一級戰備」狀態，生怕出現意外，並作好搶險準備。總算謝天謝地，安全下到河邊。

河邊和水裡面全是修公路放炮時滾下去的亂石。我們選了一處河面較寬、水較平緩的地方過河。我當時身強力壯，不忍心讓身體瘦弱的董局長涉水，提出背他過河，又被拒絕了。我只好把他的雨傘、挎包拿著，牽著他的手，慢慢向河對岸走去。十月的河水，已有了幾分涼意，腳下又是有稜有角的亂石，踩在上面像刀扎一樣。河中間較深，我們的短褲都打濕了。但前不著村，後不著店，到達宋洛中小學後才換下來。

在宋洛中小學的活動，與在盤水中小學相似。第三天是星期日，董局長決定休息一天。一位姓趙的老師要下河打魚。我在新華也常常打魚，便叫趙老師給我借了一部魚網，跟他下河去。

我們先順小河而下，到了兩河口再沿大河而下，走到小林場又逆河而上，開始打魚。新華的河小水淺，魚網很小，網腳只有五六斤重，容易撒開。但宋洛的魚網有十多斤，我試了一下，撒不開，只得在岸上觀看。

趙老師藝高膽大，激流深潭也敢撒網。有時網掛住了，便一頭扎入潭中去摸。這條河裡魚多，只打了幾里路就打了七八斤，每條約有半斤左右。

一會兒，來到一處翻著白色浪花的深潭。老趙使勁一網撒去，正好撒在白色浪花處。他立刻緊張起來，嘶啞著聲音喊道：「可能有個大傢伙。」我問他怎麼知道，他說魚在網裡掙扎，手裡有感覺。他不慌不忙地收網，收到潭邊時，潛入水中，把網抱了起來，到離河岸較遠的地方才放下，果然一條大魚在網中掙扎。隔網看去，足有兩尺多長。今天的收穫已不小，我們返回學校。

回去一稱，這條魚有八斤多重。老趙把它從背上破開，用鹽醃了掛起來，說要送給董局長；將其餘的魚送到食堂。

宋洛的工作結束後，我們去朝陽公社。走的時候，老趙把魚包好交給我帶著。董局長聽說後，堅決不要。輔導組長和校長都勸董局長收下。當時魚十分珍貴，林區沒有魚賣，但董局長執意不收。我只好退給了趙老師。

輔導組長潘世發陪我們去朝陽小學。先到梨子樹坪小學看了看，午飯後從龍潭嘴的鋼絲吊橋上過河。橋的兩邊沒有扶手，人在上面走左右搖晃，下面就是陰森森的綠色深潭。

朝陽小學有十多位老師，校長叫童開柱。第二天清晨，我被豬叫聲驚醒。起來一看，童校長和幾個老師正在揪豬，一個屠夫手拿明晃晃的殺豬刀準備放血。董局長也起來了。學校在這時候殺豬，無疑是為了招待我們一行。董局長趕快制止，但屠夫已捅了一刀。老童嘻皮笑臉地辯解道：「我們這裡沒有食品所，平時沒有豬肉供應，全公社十幾個老師，一年的肉票正好買一頭豬。你不來我們也要買頭豬殺，每個老師分一點，其餘的放到食堂，並不只是為招待你們。」

我跟隨董局長十多天了，對他的生活習慣已有所瞭解。他不喝酒，只抽煙，而且只抽「永光」牌香煙。他不喜大酒大肉，而愛吃家常便飯；不喜眾多陪客，而愛人少清靜；每次進食不多。我把這些特點給老童作了介紹。

老童說：「這都辦得到。我留了一個豬後座，有十多斤，已用鹽醃了。你們走時，請你給董局長背上。」

我說：「我出點力沒有關係，可能董局長不會要的。」我講了趙老師送魚被拒絕的事。老童伸了一下舌頭：「到時候再說吧。」

工作結束後，董局長決定從學校下面過河，翻碑埡回去。這是一條近路，但要涉一道水，翻一座山，上十五里、下十五里，路很難走。老童用口袋把肉裝了給我提著。走到河邊，董局長發現了口袋，問裝的什麼東西。我不能瞞他，便直說了。他一聽，聲色俱厲地把老童和我批評了一頓。老童笑著解釋：「這是我個人分的一份，給你帶回去讓娃娃他們改善改善生活。松柏豬肉供應緊張，我們在鄉下好搞一些。」語氣十分懇切。但董局長堅決不要，叫我趕快送回去，還盤問我交了多少糧票、多少伙食錢。在盤水和宋洛也是一樣，不把伙食錢和糧票交足，他是不上路的。

老童嘟著嘴說：「算了，肉我帶回去。你要這樣，以後我去松柏，再不到你家裡去吃飯了。你給我茶葉什麼的，我從來不推辭。而你卻……」

董局長笑著把話接過去：「而我卻『只許州官放火，不許百姓點燈』，是不是？」大家都笑起來，氣氛緩和了一些。董局長準備脫鞋襪、長褲。老童搶先一步，把長褲一脫，不由分說地把他背起來就走進水中。這次董局長算依了他。這裡的河面較窄，又彙集了幾條小支流，河中間水齊腰深。如果董局長自己涉水是吃不消的。上岸後，我們走了三個小時才登上碑埡，回到松柏已是下午兩點多了。

三

休息了兩天，董局長又同我出發了。這次計畫到板倉、木魚、紅花三個公社。我們乘班車到劉家屋場，再從林場場部背後的小路上山。

坡很陡，我們走一段路就要坐下來休息一會兒。時值深秋，坐在高處放眼望去，萬山紅遍，層林盡染，風景如畫。山腳下，小河似一條銀鍊奔騰不息，公路像一條玉帶蜿蜒曲折。秋高氣爽，涼風習習。我們陶醉於大自然的美景之中。董局長指著玉帶說：「六〇年代初，我被抽在開發神農架興山指揮部，參加了這條公路的踏勘工作。那時這一帶沒有人煙，是豺狼虎豹出沒的地方。我們從林子裡鑽，在懸崖峭壁上爬，晚上住帳篷，外面還要生一堆火，怕野獸襲擊。幹了幾個月，才確定這條公路的線路。」

董局長一邊走一邊講述發生在這一帶驚心動魄的故事：哪裡發生過森林大火，工人們怎樣奮勇撲火，怎樣壯烈犧牲；飛機空投物資，怎樣砸死一個工人；一位支左的解放軍團長在新修的公路上走，怎樣被山上滾下來的石頭砸死；哪裡放炮發生事故，炸死多少人；還有哪裡林業工人伐木，樹倒時把人撬起來拋向空中，掉下來摔死，等等。他歎了一口氣，無限感慨地說：「毛主席說過，『要奮鬥就會有犧牲』。為開發神農架，多少人獻出了寶貴生命。『青山處處埋忠骨，何須馬革裹屍還』。他們長眠在神農架了。搞建設也不容易啊！」

說著說著，我們登上一個山埡，上了公路，突然聽到汽車馬達聲由遠而近。回頭一看，來了一輛大卡車。我一招手，車子停下。司機同意帶我們，但駕駛室已坐三人，我和董局長只好爬上車廂站著。車一開，冷風颼颼。我們內衣已汗濕，風一吹，董局長打了幾個噴嚏，趕快把毛衣加上。

車子只到黃寶坪林業隊，是拉木料的。那裡有一所小學，我們下車後去了學校。老師姓周，很年輕。局長去了，他又驚又喜，趕忙放學，生了一盆炭火讓我們取暖，接著燒水、做飯。晚上，他去林業隊借歇，董局長和我睡他的床鋪。天公不作美，夜裡淅淅瀝瀝下起雨來。

第二天，雨越下越大。周老師叫我們別著急，說他會開手扶拖拉機，可以把生產隊的拖拉機借來送我們。早飯後，小周把拖拉機開到學校下面的公路上，在教室裡拿了一條板凳放到車廂裡。董局長和我坐上去，我一手打傘，一手扶著車廂牆板。拖拉機在凸凹不平的公路上顛簸，我們也隨之搖來晃去。下河以後，小周說油已不多了，只能送到這裡。他把董局長扶下車。我們告別小周，打著雨傘，踏著泥濘繼續趕路。到公社時，下半身濺滿了泥漿。輔導組長張中林立即打來熱水讓我們洗澡，換上乾淨衣褲。

董局長感冒了，我們還是按計劃開展了工作。下一站到木魚小學，走時老張請了一輛貨車送我們，但司機只肯送到黃寶坪，叫我們找拉木料的車去木魚。

車到黃寶坪，正好一輛裝滿木料的大卡車停在那裡，可是駕駛室已有兩人。我請董局長先走，自己留下來再等來車。

在木魚小學活動兩天後，到了最後一站——紅花中學。董局長沿途受了風寒，感冒漸漸加重，發燒、咳嗽、吃不下飯。輔導組長馬正西、校長杜登榜和我都很著急，把公社衛生院最好的醫生請去，天天打針弄藥。我要護理董局長，檢查教學工作就沒有開展。

紅花中學有一個亂班——初一班，學生調皮，老師上不成課。他們提出請我上一堂課，幫助把班上的紀律整頓整頓。這無異於將我一軍，我婉言推辭。但校長和班主任一再央求，還去找了董局長。他說：「可以嘛！這也是一種指導工作的方式。」我只好從命。

我從班主任那裡要來學生花名冊，聽了關於班上情況的介紹，並同他進行了一些分析。我認為學生紀律差，主要有五方面的原因。

一是這些學生剛從小學升入初中，一時還不適應新的環境和新的要求。二是學生年齡小，認識不到學習的重要，缺乏自制能力。三是有幾個特別調皮的學生，不但自己不學習，還干擾別人，成為害群之馬。四是老師教育方法欠妥，對學生批評多，傷了他們的自尊心，師生形成對立情緒。五是家長也有一定的責任。

班主任認為我分析得恰當，符合實際。我對班主任說：「不可能通過一堂課或指望一個早晨就能把一個亂班治理好。必須根據學生的心理活動規律和個性、年齡特點，循循善誘，耐心細緻地做轉化工作。要曉之以理，動之以情；要寓思想教育於各科教學和各項活動之中；還需要班主任與任課老師配合、學校與家長配合。『十年樹木，百年樹人』，急於求成是不現實的。」班主任點點頭。晚上，我做了一些準備工作。

我上課的時間安排在第二天上午第一節。上課鈴響後，我在值日生的「起立」聲中走進教室，哪知教室後面黑壓壓站了一片，校長叫各班班主任和沒有課的老師都來了。他們的期望值很高，搞得我很不好意思。

我回了禮，學生和老師們坐下。校長走上講臺說：「同學們，這位是嚴老師，在教育戰線工作了二十年，治學嚴謹，育人有方，桃李滿天下。嚴老師已調到教育局，這次與董局長來我校檢查指導工作。現在請嚴老師講課。」

一陣掌聲過後，我掃視了一下全班同學，然後親切地說：「同學們！當我走上這個講臺的時候，好像又回到原來工作的崗位，見到你們格外高興。聽校長和班主任介紹，你們是從幾個公社和林場小學畢業後，經過升學考試，擇優錄取的。今天，你們能夠坐在這裡幸福地學習，是你們在小學階段努力的結果！你們應該感到自豪。我首先向你們表示祝賀！」又是一陣掌聲。一雙雙天真的眼睛望著我。我接著講：「今天，我不是上課，而是與你們談談心。談什麼呢？我想從大家很熟悉的兩句古詩談起。」然後板書「少壯不努力，老大徒傷悲」。

「現在請同學們齊聲朗讀一遍。」學生在我的教鞭指揮下，讀得宏亮而又整齊。

「哪位同學能解釋這兩句古詩？」

有幾個同學躍躍欲試，環顧左右之後舉起了右手。我指了其中一個，他站起來回答：「就是小時候不努力學習，長大以後悲傷也沒有用了。」

這時，有一個學生回過頭去做鬼臉。我來了一個突然襲擊，請他站起來。我問他：「剛才這位同學回答得對不對？請你再敘述一遍。」那個學生臉紅了，結結巴巴地說了一些。大概他就是一個調皮生，剛一露餡就被我抓住了。我繼續說：「剛才兩位同學對這兩句古詩的解釋是對的。這兩句古詩所揭示的道理，對我們仍然適用。同學們正處在青少年時期，如果現在不努力，長大了後悔也沒有用了。希望大家仔細想一想，你進初中以後努力得如何？今後應該怎樣去做？」

我又板書「一寸光陰一寸金，寸金難買寸光陰」。朗讀以後一個同學站起來說：「光陰就是時間，金子是貴重東西。一寸光陰一寸金，就是說時間同金子一樣寶貴。」我肯定了這個同學的解釋，並作補充：「應該說，時間比金子還要寶貴，金子可以買得到，而時間一去就永不復返了。今年是一九七八年，但決不會再有一個一九七八年。同學們，時間寶貴啊！我們中國是一個歷史悠久的國家，古代就有很多珍惜時間、勤奮學習的人。」我又板書：「孫敬懸樑」、「蘇秦刺股」、「車胤囊螢」、「孫康映雪」。

我接著說：「『孫敬懸樑』講的是古代一個叫孫敬的人，小時候非常愛學習，每天讀書到深夜。為了防止打磕睡，他找了一根繩子，上頭拴到屋樑上，下頭繫到頭髮上。打盹低頭時，繩子就將他拉醒，他又投入學習。『蘇秦刺股』講的是古代一個叫蘇秦的人，小時候讀書不用心，後來在社會上碰了很多釘子，回到家裡受到家人的冷落。於是他發奮讀書，每天讀到深夜。當他昏昏欲睡時，就用錐子刺自己的大腿，頭腦清醒後又讀起書來。『車胤囊螢』講的是古代一個叫車胤的小孩，家裡很窮，夜裡讀書沒有油點燈，他就捉了許多螢火蟲，裝在紗袋裡，靠螢火蟲發出的光來讀書。『孫康映雪』講的是古代一個叫孫康的小朋友，也是因家境貧寒，晚上讀書無油點燈。冬天下了大雪，他就冒著寒風站在雪地裡，借大雪的反光來讀書。這四個人小時候在沒有任何人督促的情況下，克服種種困難，自覺地刻苦學習，後來都成了大學問家。古人就能夠這樣做，何況你們是新中國的青少年，是共產主義的接班人，各方面的條件又這樣好，就更應該努力學習。」

講了古人，我又講今人。最後說：「同學們，我們的國家已於去年恢復了高考制度。在座的同學中間，一定有未來的大學生！『世上無難事，只要肯登攀』！希望你們珍惜美好的時光，發奮讀書，爭取成為品學兼優的學生，將來為祖國的四化大業作出更多的貢獻！」這時，下課鈴響了。校長又走到前面說：「讓我們以熱烈的掌聲感謝嚴老師為我們上了生動的一課！」

這個班後來的情況如何，我沒有作跟蹤調查，時間一長，也就忘卻了。十年後，我在林區政府辦公室任副主任時，一個叫陳中喜的年輕人調到政辦任秘書。一次閒聊時，他說聽過我的課。我莫名其妙。他說：「一九七八年秋，您在紅花中學講課時，我就是那個亂班的調皮生之一。您講的幾個小故事對我們教育啟發很大。打那以後我才開始用心學習，後來考取了省中專。」

原來如此。我鼓勵小陳更上一層樓，對他的工作和自學進行了一些指導。一九九三年，他參加成人高考，考上了華東師範大學中文系，畢業後供職於上海。

我那次上課講的「在座的同學中間，一定有未來的大學生」，終於言中了。

四

董局長和我在紅花中學住了一個星期。他的病痊癒後，我們就乘班車回局了。

回來後，我把董局長深入七個公社、十二所學校進行調查研究、檢查指導工作的情況，以及他幾次講話的要點整理出來，寫了一篇通訊，刊登在教育局主辦的《教育工作簡報》上。

兩次跟隨董局長下鄉，歷時二十多天，是我調到教育局之後從事的第一項工作，也是一次最好的學習和鍛鍊。董局長言傳身教，使我學到了許多在書本上學不到的東西。他的學識，他的作風，他的為人，令我十分敬佩。

兩次下鄉，對我的知識和能力也是一次檢驗。我出色地完成了董局長交給的各項任務，沒有辜負他對我的信賴和賞識。

嗚呼！敬愛的董局長早已離我們而去了。但他的音容笑貌，他的工作業績，他的高尚品德，永遠留在我和所有瞭解他的同志們的記憶裡。

兩次考驗

一九八三年春節剛過，我就同三位函大學友去十堰參加面授。其間，妻子寫信給我，說我的工作有了變動，調到了林區政府辦公室。

看完信，我沉思良久。當了二十年教師，又在教育行政部門工作五年，現在突然要離開自己熟悉的崗位，去從事新的工作，心中難免有些眷戀，也很不踏實。

學習結束一回到家裡，我就去見董局長，詢問調動工作的事。他深情地對我說：「是馮區長親自點名要你去的。到政辦也好，在領導身邊好好工作，將來還可求個前程。」

休息兩天後我到政辦報到。那天，徐少傑區長、馮明銀副區長、李祖順主任和杜開慶秘書恰巧都在辦公室。馮副區長和杜秘書原來就認識我，忙向徐區長和李主任作了介紹。徐區長緊緊握著我的手，微笑著說：「嚴永西就是你呀！見過面、見過面。」他到教育局去過幾次，相見不曾相識，所以今天一見如故。第一次同政府領導握手交談，我誠惶誠恐，但也感到他們平易近人，和藹可親。

李主任把他對面的辦公桌安排給我。他給我介紹了政辦的有關情況，講了一些規矩和要求，然後說：「老嚴，你們的董局長很關心你。他聽說要調你到政府辦公室，專門找到馮副區長和我，說你函大只有一年就要畢業了，要我們支持你完成學業；又說你的愛人在盤水當代課教師，一家六人有五人沒有戶口，生活非常困難，請領導早日解決你愛人的轉正問題。」

聽到這裡，我對董局長的感激之情油然而生。在關鍵時刻，在上級領導面前，為困難職工說幾句話，多好的局長啊！

李主任接著說：「參加函授學習的事，你什麼時候去面授，就給我講一聲；愛人轉正的問題，領導會考慮的，慢慢解決。現在正在籌備全區衛生工作會議，有兩個材料要起草，一個是徐區長的講話，一個是馮副區長的工作報告。這個任務就交給你吧。需要情況你到衛生局去瞭解一下，開會時間還有半個月，要按時拿出來，不能誤事。」

我心裡樂滋滋的，趕忙去衛生局，要了一些資料，詢問了一些情況，便回到辦公室開始工作。只用了一個星期，兩份報告的初稿就拿出來了，謄正後交給李主任。李主任看了很滿意，分別轉交給徐、馮二位區長審閱。

到政辦的第一炮算是打響了。之後，起草各種文稿的任務接踵而來。但我初來乍到，有些情況不熟悉，有些公文格式和行文程序也不清楚，李主任和杜秘書給了我許多幫助和指導，使我迅速進入角色。

到政辦工作不到一個月，徐區長、馮副區長和李主任研究決定，利用教育戰線一名自然減員指標，將我的妻子轉為公辦教師。妻子轉了戶口，加了工資，秋季就調入林區實驗小學。

三位領導閃電般地解決了我的後顧之憂，其速度之快，是我所始料不及的。俗話說：「受人滴水之恩，當以湧泉相報。」領導解決了我的根本問題，這是天大的恩情，非「湧泉」所能報答的。我暗暗下定決心，要以拼命工作來回報領導的關懷！

這時候，我的大姨媽陳本梅、二舅陳本仁⑤、大舅媽宋天秀等親人從興山來到神農架，在我家裡做客。得知祖珍轉正的喜訊後，幾位老人非常高興，多玩了半個月。二舅回興山後還寫了幾首詩寄給我。

八月份，省政府在黃州召開全省計劃生育工作會議，應該由主管計生工作的馮副區長和計生辦詹家毅主任去參加。但他們正忙於組織幾個鄉育齡婦女的結紮工作，實在走不開，便派我為全權代表參加這個會議。這是我第一次參加省政府召開的會議。會議結束後，又第一次同與會同志遊覽了廬山。

次年春，徐區長調任黨委書記，馮副區長調任組織部長，原組織部長尹作斌調任政府區長。此後我在尹區長身邊工作了六年。

⑤興山高陽鎮人，解放前曾任興山縣師範學校校長、縣政府督學。解放後被捕入獄，一九六〇年特赦。

這六年中，我的職務由文衛科副科長升任政府辦公室副主任。其間，政辦主任換了好幾任，先後有李祖順主任、謝繼倫主任、張元啟主任、杜開慶主任、羅寶生主任。我得到區長和主任們許多指導和幫助，在政治上、業務上更加成熟起來。

每年的政府工作報告、政府重要文件及尹區長需要的文字材料，都由我起草。尹區長下鄉或赴省彙報、開會，一般由我擔任他的隨員。

有幾次，我正在起草文件，尹區長有急事要外出，但文件又必須由他簽發。他就先在發文擬稿紙的「簽發」欄裡，簽上「同意發」和他的名字及年月日，叫我把關。這既是對我的最大信任，也給了我很大壓力。我知道，文件如果出了問題，負責任的不是我這個執筆人，而是簽發文件的領導。因此，我要對尹區長負責，對政府負責。在這樣的時候，我更不能有半點疏忽，總是把上級的有關文件看了又看，吃透精神；把有關情況與資料核對又核對，做到準確無誤。脫稿後，反覆修改，字斟句酌，精心校對，所以沒出過一點差錯。尹區長回來看了很滿意。他是信得過我才這樣做的。

跟隨尹區長的時間一長，我對他越瞭解也越崇敬。他有些情況，只有我最清楚。因此，我應該把他的事蹟寫一寫，宣傳宣傳這位大學畢業後紮根山區的領導幹部。於是，我擠時間寫了一篇題為〈於細微處見精神——神農架林區區長尹作斌廉政勤政二三事〉的通訊，寫好後請他過目，擬投給省裡一家黨刊。可是他看後壓下了。他對我講，你不要宣傳我，應該多宣傳基層幹部和工人農民的事蹟。這篇稿子就沒有發出去。

一九八九年，徐書記升任鄖陽地區副專員，尹區長擔任林區黨委書記，組織部長鄭清勝擔任區長。秋季，我被調到黨委辦公室任副主任兼政研室主任。

在政辦、黨辦工作的十多年，情況紛繁複雜，難以盡述。我覺得值得一寫的，便是兩次最嚴峻的考驗。

第一次考驗是在政府辦公室。

一九八七年秋，我到武漢參加省政府召開的政務經濟資訊工作會議。走之前，杜主任對我說：「林區人大會議只有二十多天就要召開了，散會後早點回來，不要影響政府工作報告的起草。」

後來，人代會提前召開，杜主任打了幾次電話找我，都沒聯繫上。

散會後，我乘班車到宜昌。真巧，在東風旅社門口見到林區的幾位同志。他們告訴我，國家科委和林區政府在宜昌市舉行梅花鹿交接儀式，徐書記、尹區長、王明寶副區長和有關部門負責人都來了，住在桃花嶺飯店。林區包的房間還沒住滿，叫我到那裡去住。我便隨他們去桃花嶺，見到許多領導和同志。尹區長叫我坐他的車一道回林區。住高級飯店，回去又不坐班車，何樂而不為呢？我暗暗慶幸這一次運氣真好。

次日上午舉行交接儀式。儀式結束後尹區長對我說：「剛才黨辦打電話通知我和徐書記明天到省委組織部有重要事情。我坐徐書記的車去武漢，你把我的車帶回去。還有兩位養鹿專家也坐我的車，你陪他們到保護區去看看。」

豐盛的午宴之後，大家就各奔東西。我按照尹區長的指示，陪客人遊覽了興山和保護區許多景點，三天才到達松柏。

到家後第二天去辦公室上班。杜主任一見我，火冒三丈，質問我為什麼散會後四五天才回來。我說明情況後，他的氣消了，趕忙給我布置任務。這時我才知道，人代會提前召開，只剩四天時間了，政府工作報告還未動筆。作為政辦主任，他怎能不著急呢？

我向杜主任保證，四天時間就是不睡覺也要拿下來，決不誤事！我已寫過好幾個政府工作報告，輕車熟路，四天時間是拿得下來的。我請求杜主任安排兩位同志協助我，便立即投入工作。杜主任當即安排兩位秘書，一位給我謄寫，一位去統計局弄報告需要的各種資料。經過兩天一夜奮戰，一萬多字的報告脫稿了。第三天上午，杜主任主持召集有關部門負責人開會，討論初稿，徵求意見，中午修改補充；下午請黨委、人大、政府、政協的有關領導討論，晚上再次修改補充。尹區長已回來。第四天上午，尹區長和我去印刷廠。他一邊審稿，印刷廠一邊排版（那時是鉛印），我一邊校對，實行流水作業。下午我又校對了三遍，然後將清樣送給尹區長簽發。印刷廠連夜印刷裝訂，人大辦公室工作人員次日凌晨七點裝袋，八點把文件袋發到代表手中。我終於按時完成任務。

另一次考驗是在黨委政研室。

一九九三年十一月十一日，鄭書記在黨委常委會議上布置了幾項任務。其中一項是：國家正在制訂「八七扶貧攻堅計畫」（即用八年時間解決全國七千萬貧困人口的脫貧問題），省裡準備上報進入全國扶貧計畫籠子的貧困縣市名單。這是一個十分重要的機遇，林區一定要爭取進籠子，以得到國家更多的扶持。給省裡寫報告的任務，鄭書記點名由我承擔。

散會後，我問鄭書記這個文件什麼時候要，他想了一下說：「不超過半個月吧，十一月下旬我到省裡彙報時帶去。」我當時正在檢查省委機關刊物《政策》雜誌的校訂工作，還有半個月，我計畫先下鄉一個星期，再用一個星期起草文件。

第二天，我同郵電局的萬常助科長前往盤水、宋洛等鄉。十三日上午十點多鐘，我們正在宋洛鄉政府開會，秘書喊我去接電話。電話是政研室苗從容同志打來的，說了兩件事：一是省委政研室有兩位處長從襄樊來林區檢查工作，下午到達，要我回來接待；二是書記馬上要去武漢，叫我趕快把文件搞好。我問鄭書記什麼時候走，小苗說具體時間不知道。

我放下電話，沒有心思開會了，給鄉領導講明情況後便要走。他們留我吃午飯，我謝絕了，立即上車，十萬火急地趕回松柏。在家吃飯後又前往林區與保康交界的魚頭河接客人。晚上在賓館吃飯時，鄭書記陪其他客人也在那裡。我問他到省裡去什麼時候出發。他說後天早上出發，問我文件搞得怎麼樣了。我回答說晚上加班搞，心裡暗暗叫苦，只有一天了，偏偏又來了上級領導。

吃完飯，把客人安頓後，我回家洗澡，到辦公室已是晚上十點。正準備動筆，有人敲門。一開門，竟是鄭書記。他惦記著文件的事，親自來看一看。

我向他彙報了白天在車上已想好的題目和框架。他說可以，並強調說，這是一份很重要的文件，關係到林區能不能進全國扶貧籠子。文件一定要寫得有分量，要有理有據，要能感動上級領導，這樣才能得到上級領導的同情。我說一定盡力而為，力爭寫好。

鄭書記停了一下說：「你給我寫的思想彙報，我看過了。」

經他一提，我想起來了。我從省委黨校學習回來後，給他寫過一份思想彙報，彙報了學習情況、收穫及今後的工作打算，末尾還提了一個請求：我在政辦黨辦已工作十多年了，請領導能否考慮在這次換屆中挪個位子。當然，言下之意不言而喻。他現在提及此事，不知有不有好消息。

鄭書記一邊抽煙，一邊在辦公室踱來踱去。他說：「你的能力，你的工作都是很不錯的。我們二十多年以前在陽日灣就認識了，也是老熟人。領導應該考慮對你的安排問題，但這次人大、政協換屆，調整不大，職數有限。我對你另有考慮，等今年獎勵工資指標來了，給你獎勵一級工資；另外，黨委準備推薦你擔任人大常委會委員。」說完，看了一下手錶，叫我抓緊時間寫，開門走出去了。

我送走鄭書記回來，坐在辦公桌前，思緒萬千，心裡久久不能平靜。書記今天已攤牌了，也就是說，我的仕途已到此為止。這次上不去，今生今世就再沒有機會了。能上去又如何呢？無非是住房、坐車、工資等待遇不同罷了，還能經常「電視上有影，廣播上有聲，報紙上有名，主席臺上有形」，人們刮目相看，社會地位不同而已。這祥的話，當然不枉奮鬥一生。

但轉念一想，能上去固然好，可人總是要老的，這是自然規律，不能像傳說中的彭祖一樣活八百多歲，官永遠當下去。有些領導在位時，車水馬龍，門庭若市；一旦退下來，「門庭冷落車馬稀」，也就無人問津了。世態炎涼，人情冷暖，歷來如此，還是不當官的好。「無官一身輕」，雖然沒有「大起」的歡悅，卻也不會有「大落」的悲涼，清閒自在，悠哉遊哉。

這時，我把手錶一看，已十一點，趕快收起雜念，奮筆疾書起來。

次日凌晨六時初稿完成。我回家洗臉，趕到賓館陪客人進早餐。我向兩位處長講明情況，表示歉意，安排小苗陪他們前往保護區參觀。送走客人後已是八點半。我回到辦公室開始修改、謄寫，又到統計局和開發辦要了有關數據。經反覆檢查後，下午四點將謄正稿送給鄭書記。書記很快審閱簽發。之後，辦公室有關同志登記、編號，打字室連夜打印，最後由管印信的同志蓋章，終於在書記啟程前，交給他的隨行人員。這就是那份呈送給省委、省政府的〈關於將神農架林區列為上報國務院全國貧困縣的請示〉。

鄭書記對我的許諾，後來都兌現了。獎勵一級工資，每月增加二十元。在人大換屆選舉中，我當選為林區人大代表；在林區七屆人大一次會議上，又以百分之九十五的得票率當選為人大常委會委員。

這次一天完成一份六千字的文件稿，連同六年前四天完成一萬多字的政府工作報告，對我來說，是兩次嚴竣的考驗。如果完不成任務，將會誤林區的大事。但終於完成得很好，領導滿意，也就更體現出我的價值和作用。我經受住了考驗，可以說創造出了神農架一流的寫作速度、一流的工作效率。

有的同志問我，長期搞文字工作有什麼感受？我想借用一段現成的話，這就是九〇年代初，我寫的題為〈回顧與展望〉的工作總結中，幾條體會的第四條，作為對朋友的回答，也作為本文的結束語。

高度的自覺性和奉獻精神是政研工作高效運轉的內在因素。政研室「一人一馬一桿槍」（那時只有我一人，後增加到三人），本人囊括了從主任到勤雜員的全部工作。參加會議、調查研究、起草文稿、編輯簡報、接待來訪、收收發發，一切工作均由一人承擔。寫一篇調研文章，從調查情況，收集資料，確定觀點，構思框架，起草修改，謄寫校對，直至裝訂，除打印以外的各個環節皆親自動手。作為單位，真正實現了兵精政簡；作為負責人，切實做到了盡職盡責。本室無人浮於事現象，按工作量計算，再配四人也不算多，因而一年至少為地方財政節省人頭經費數萬元。毋庸質疑，政研室的工作是單調的、辛苦的。一年幾十萬言，談何容易。每逢趕寫材料時，就要夜以繼日，加班加點。當別人或徜徉舞廳，或漫步街頭，或酣戰「方城」，或收看電視，或進入夢鄉的時候，我仍在辦公室伴著孤燈辛勤筆耕。頭昏了，揉揉眼睛，伸伸腰肢，喝幾口水，點上一支煙又繼續伏案工作。深夜回到家裡，開門、拉燈、倒水、洗浴、潑水、關門，儘管輕手輕腳，但仍然免不了把家人從睡夢中弄醒。自己也因長時間緊張的腦力勞動，神經亢奮，上床後輾轉反側，久久不能入睡，第二天仍拖著疲憊不堪的身子堅持上班，繼續夜戰，直至材料脫稿。年長月久，常常受到家人的責難：「你這樣不要命地幹，是圖官？圖名？圖利？何苦！」我只好苦笑而已。家人的心我是理解的，但家人怎能理解我？我有我的工作，我的任務，我的職責，豈是為圖什麼！誠然，苦中也有樂。每完成一項領導交辦的任務，每寫好一篇重要文稿，頓時如釋重負，彷彿竣工了一座電站，修通了一條公路，建成了一個工廠，蓋起了一幢高樓，心裡有說不出的愉悅，只是鮮為人知。

急赴林州

一九九〇年五月二十二日中午，在林區一中當老師的堂妹嚴紅，滿臉愁雲地來到我家裡，給我看她剛收到的一封信。信是她的弟弟嚴衛國寫的。信中說，爸爸在一個月前連續嘔吐，不能吃東西，在長陽住院二十多天，不見好轉，後轉到沙市市第一人民醫院，確診為食管癌，必須開刀，手術日期已定，要嚴紅和謝登武（嚴紅的丈夫、林區一中外語教師）速去沙市看望，並告訴西哥哥一聲。

這封信對我們來說，無異於晴天霹靂。嚴紅的爸爸嚴大樑是我的么爹，已年近花甲。么媽向克琴是長陽人。他們有三個孩子：嚴紅、嚴青和嚴衛國。我曾幾次去長陽，每一次都留下了美好的回憶。

么爹對工作十分認真，對自己要求非常嚴格。幹了幾十年，是個「老工商」，但沒有給他的妻子謀份工作。許多人托他辦事，他從不收受別人的禮物，不占公家一丁點便宜。百聞不如一見，一九八七年臘月那次去長陽，我算是服了。

去長陽之前，我給在湖北大學讀書的大女兒嚴平寫信，叫她放假後直接到長陽么爺家，我們在那裡會合，然後到枝江永惠姑姑家過春節。春節後再去沙市、武漢。我們到長陽時，大學早已放假了，但她還未去，不知何故。早飯後，我向幺爹提出到他的辦公室給嚴平的同學家裡掛電話詢問情況。幺爹領我到辦公室，撥總機掛了號，叫我一個人等電話，他有事出去一下。幺爹走後，來了兩個陌生人，提著幾個紙盒。他們問我是什麼人，我說是嚴科長的侄兒。他們說：「我們是縣食品廠的。嚴科長對我們的工作很支持，這是廠裡自產的巧克力，請他品嘗品嘗。」說完放下一個紙盒，又提著另外的紙盒進了另外的門。

幺爹回來後，我講了此事。他立即把紙盒送到局辦公室去，交給公家處理。我打了兩個電話。他又拿起話筒撥了總機，詢問剛才兩個長途電話應收費多少，然後在科裡的電話記錄本上寫道：某月某日，嚴大樑私人打長途電話兩次，應交費多少元。我心裡嘀咕，你也太認真了。

我的幺爹就是這樣一個人。而今，他卻得了不治之症，叫我怎能不難過呢？我對嚴紅說，我也去沙市看望他，開刀後護理他，盡我這個侄兒一份孝心。

下午，我遇見一個熟人，說起幺爹的病。他說河那邊有一個土醫生，用祖傳秘方治好了幾個癌症病人，很有效，建議我去諮詢一下。我把這個資訊告訴嚴紅。晚上，我便同嚴紅、謝登武按熟人指點的地方，找到那個土醫生的家。土醫生有四十多歲，家中還有兩個求診的病人家屬。他聽我們講明情況後，便叫把病人接來，他包治好。我們問怎樣治療？他說用六十條蜈蚣、六十個雞蛋殼，還有什麼什麼，碾成粉末，服用六十天，癌細胞便自動消失，還說這叫「以毒攻毒」。問收費多少，答曰：「只要一千多元。」

這個人的話當然不能相信。第二天，我們做著赴沙市的準備工作。中午我去見林區人民醫院醫務科長袁作雄。

袁作雄是醫專畢業生、主治醫師，早年當過衛校教師，以後搞臨床和醫政管理。他對內科、外科、兒科、婦科都很精通，既有較深的醫學理論造詣，又有豐富的臨床經驗，遇事有主見，在神農架遠近聞名。我與袁作雄交情甚深，母親有幾次就是他從死亡線上搶救過來的，平時我有什麼事也向他諮詢，同他商量。

袁醫生聽我講了情況後說：「那個土醫生我知道，是個騙子，莫聽他胡說八道。我建議把病人送到河南林縣去做手術，因為林縣是食管癌高發區，六〇年代國務院就在那裡設立了防治食管癌研究所，派了許多知名的醫學專家去，為當地培養了一大批高水準的醫務人員。他們的臨床經驗豐富，就食管癌手術而言，其他地方不可能達到他們的水平。前幾年我結識了縣人民醫院的院長，叫程存栓，與他有書信往來。我可以寫封信引薦。」當即就寫了一封信交給我。我將袁醫生的意見告訴了嚴紅和謝登武，並給他們看了袁醫生寫的信。

這次雖然是私事，但單位還是給我安排了一輛吉普車。第三天我便與嚴紅、謝登武直奔沙市，首先到三爹嚴大棨的家。

三爹原從事教育工作，已退休。三媽李元惠原在商業部門工作，也已退休。她是一位非常賢慧能幹的長者。幺爹在沙市住院期間，她每天到菜場選購新鮮的魚肉蔬菜，烹調成美味可口的湯汁，送到醫院給幺爹喝，一日三餐，一餐換一個花樣。那時，幺爹只能吞咽流質食物了。三爹的大兒子永猷是同濟醫科大學碩士研究生，在沙市工作，幺爹入院就是他聯繫的。確定的主刀大夫是他的同學，因到武漢參加學術會議去了，推遲了手術日期。

我向他們講了袁作雄的建議。永猷說：「林縣我知道，有關書籍、雜誌都介紹過。原先考慮到路途太遠，不方便，所以我沒提這個方案。」

三爹向來說話有風趣：「古人云，『擇其善者而從之』，只要對你幺爹治病有利，我舉雙手贊成。」

沙市的親戚思想基本統一了。但幺媽和嚴衛國還在長陽，過幾天才來沙市，必須與他們商量，還要徵得工商局同意。我們決定次日去長陽。

晚上到醫院去看望幺爹。他已十分消瘦，見到我們很高興，講了發病的經過。他並不瞭解自己的真實病情。大家都瞞著他，怕他一旦知道患了絕症，精神崩潰，不利於治療，因而統一口徑，只說是胃潰瘍。我們說了一些安慰話，並告訴他第二天去長陽接幺媽和衛國來沙市。

沙市到長陽只半天車程。衛國接到沙市親戚的電話，知道我們要去，幺媽和嚴青已準備了豐盛的午餐。見面後，我講了轉院的建議。幺媽和衛國雖然不知道林縣，但相信我的誠實和辦事的穩妥。只要對幺爹治病有利，他們是同意的。當即商量，由幺媽、嚴紅、衛國和我四個人護送，謝登武因家裡有孩子，就坐我帶的車回神農架。

下午，我和嚴紅、登武、衛國到工商局，向一位在家的副局長彙報了轉院去林縣的理由、方案及借錢的要求。那位局長說：「老嚴是位好同志，兢兢業業、辛辛苦苦工作幾十年，現在得了這種病，我們都很同情和不安。治好他的病，是大家的共同心願。轉院我們同意，所需醫療費、護理費、差旅費都由局裡承擔。」我們聽後十分感動。衛國當即寫借據，局長簽字，借了三千元。

第二天，幺媽、衛國與我們乘車到沙市。午飯後，我們一行與三爹、三媽及永猷、永言、永和三位弟弟開了一個「諸葛亮會」，商量如何解決兩個難題。一是以什麼理由向院方提出轉院；二是以什麼理由對幺爹講。

還是三媽會想辦法。她說：「到這個地步，不說假話不行了。對醫院就說病人膽子小怕開刀，家屬也不願他老了還挨一刀。他的侄兒和女婿、女兒接到神農架去用中草藥治療。對大樑就說林縣有位治胃潰瘍的名醫，不需開刀就能治好。去了以後就由不得他了。」大家都認為這兩個理由合乎情理，可行。不過幺媽和永猷都不宜出面，只能由我和嚴紅、登武三人去交涉。

下午，衛國打了幾個電話：一是通知在宜昌師專工作的嚴平，買五張次日去河南安陽的火車票；二是通知枝江的嚴大璟姑母，請她準備明日的午飯。過了兩個小時，嚴平回電話說，火車票已買好了，是明日下午五點半開往北京的車。

晚上，我們去醫院做幺爹的工作。三媽料事如神，幺爹果然對開刀十分畏懼，聽說到林縣去治不需開刀，當然求之不得。

次日上午，我們又去醫院，在值班室見到了主管醫生。嚴紅作了自我介紹，說了一番感謝話之後，把話引入正題：「我的爸爸向來膽子小，怕開刀，要我們接到神農架去用中藥治療。我們這次來就是接他的。」

醫生感到很突然，不解地問：「你們知不知道患者是什麼病？要是不開刀，就會要他的命的。」

我接過話頭：「我們知道他的病，只瞞著他一個人。不但他自己不肯開刀，他的家屬也不同意開刀，現在還在長陽，不肯來簽字。沒有辦法，只有聽之任之，一切後果由我們自己負責，請您理解和支持。」

醫生無可奈何地搖了搖頭，簽字同意出院。我們迅速收拾東西，出院手續留給其他人去辦。走下樓時，那位善良的醫生用非常遺憾的眼神目送著這個正在走向死亡的病人。

事不宜遲。在三爹家只作了短暫停留。眾多親人眼含淚水強作歡笑，給么爹送行。吉普車載著我們離開沙市，向枝江馬家店急馳而去。

枝江的姑母家裡，正在緊張地忙碌著。姑父親自下廚，做了很多菜，還特地給么爹做了一碗味道鮮美的魚湯，煮了一點稀飯。

我們到達後，幾位老人久別重逢，分外高興。大家臉上雖然都掛著笑容，但心裡酸溜溜的，么爹此去，生死難卜。也許，這是他在姐姐家吃最後一頓飯了。飯後，親人們難分難捨，有說不完的話。我不時焦急地看看手錶，催了幾次，么爹才站起來上車。

吉普車風馳電掣般地向宜昌急駛。到達火車站時，北上的火車已發車十分鐘了，嚴平及我的表姐吳開秀等許多親人在火車站等候，已退票。我們只好在宜昌住一晚。但麻煩的是，第二天的火車票已銷售一空。幸虧開秀姐有幾個學生在火車站工作，其中一人還當了列車長。她找到一個學生，弄了五張次日的火車票。

第二天一早，武漢的姑父陳介農、么姑母嚴大琛也趕來了。他們是昨天專程到沙市看望么爹的，到達後才知道已轉院。未能與這個身患絕症的親人見一面，非常遺憾，後悔遲來一天。晚上，他們與宜昌的親人電話聯繫，得知誤了火車，人還在宜昌，便於凌晨乘早班車趕到宜昌，終於在吳開秀家裡見面了。

這天人很多，有武漢的姑父姑母，我們一行，枝江姑母的兒子佘愛國、佘愛東，還有嚴平和男友姜勇，以及表姐夫李鑫堂一家。客廳、臥室都坐滿了人。大家親切地談論著。這時，幺姑母在過一道門時，把門簾絆了下來，正打在她的頭上。她感到沮喪，把我喊到外面說：「這可能是個不祥之兆，你幺爹恐怕凶多吉少。你們一路上要多加小心，好好照顧。到林縣後找一家最好的醫院，盡心盡力給他治病。」說完噙著淚水，強作歡笑，與幺爹交談去了。

中午，十多人圍了一大圓桌，吃了一頓表面上熱熱鬧鬧，內心卻忐忑不安的團圓飯。姑父姑母決定乘下午五點的輪船回漢。姑父原任漢口惠濟醫院院長，不僅醫術精湛，醫德高尚，善於管理，而且擅長書畫，喜愛文學，精於烹調，多才多藝。姑母原是武漢第二機床廠衛生院醫生。他們本已退休，但姑父又被一家醫院聘去，因而還在上班，不能多耽誤。下午三點多鍾，愛國用他的車先送姑父姑母去碼頭，我也跟車送他們上船。與此同時，我帶的車先送一批人去火車站，愛國的車回來後再送一批。這時，天下起了大雨，汽車不能開快。我們到火車站時，已近五點。開秀姐找列車長換了一張軟臥車票。五點半，列車從宜昌站徐徐駛出。

我是第一次乘北上的火車。夜晚看不到車窗外的景色，在有節奏的車輪「哐啷」聲中進入夢鄉。幾天辛苦奔波，靠在那裡睡得很香。

天亮醒來，聽說早已進入河南。我放眼望去，一望無際的平原上，金色的麥浪滾滾，中州大地美麗而富饒。列車駛過鄭州，駛過黃河，中午時分到達安陽。我們吃了一點東西，又坐上去林縣的汽車。下午四點抵達林縣縣城，找了一家旅店住下來。幺爹一路還好，沒出現異常情況，我們略略放了心。

林縣街道很寬，汽車、拖拉機、馬車及行人很多。這裡鄰近山西，當地人說話很不好懂。把幺爹安頓好之後，我和衛國去了縣政府辦公室，向同仁瞭解有關情況。有位同志看了我的介紹信聽我講明情況後說：「咱們林縣縣城有十幾家醫院可以做食管癌手術，縣人民醫院當然最好。程院長是北京專家的大弟子，已搞了二十多年，臨床經驗豐富，若由他主刀再好不過。別的醫院，專家一般不親自動手。」聽了政辦同志的介紹，我們心裡有譜了。

晚上，我與衛國提著一個紙盒，內裝香菌、木耳、茶葉等神農架的土特產，前往程院長的家。向醫院門衛一打聽，程院長住在另一條街上一個巷子裡。我們按照門衛指點的方向，幾經周折，終於找到他的家。敲門進去，衛國順手將紙盒放在左側廚房門裡。他不愧是公安人員，眼尖手快。客廳裡有程院長夫婦和一位客人。我向他們作了自我介紹，講明來意，並遞上袁作雄的信。

程院長看完信後說：「很抱歉！你們湖北老河口市的書記請我去給他的母親做手術，拍了幾次加急電報。我準備過兩天就動身。」我們問他要好長時間才能回來，他算了一下，大約要半個月。

這下我們心裡涼了半截。再過半個月，幺爹的病情說不定會惡化，就失去了開刀的時機。再去找別的醫院吧，政辦的同志介紹了，專家是不親自動手的。縣人民醫院是最佳選擇，必須說服程院長。於是，我懇求道：「我們是慕名而來的。程院長在湖北的名氣很大。我們千里迢迢、不辭勞苦，就是來求真佛、拜真神的。況且病人已到中晚期，不能再延誤了。我們這幾個陪送人員，假期有限，也不能多耽誤。無論如何請院長看在袁作雄的情份上，做了這個手術後再去老河口。」

程院長看著我們期待和焦急的目光，又看看袁作雄的信，沉思片刻。我們靜靜地等待。

他終於發話：「你們遠道而來，很不容易。這樣吧，明天上班後，你們陪病人到我的辦公室，先檢查一下再說吧。」口氣有些鬆動。他又對那個人說：「明天你上班吧，你先給湖北來的病人拍鋇劑X片。」這時，我們才知道那位客人是放射科的醫生，真是太巧了。我連忙對程院長和那位醫生說：「病人還不知道自己的病情，怕他精神崩潰，不利於治療，在湖北檢查時，一直是說胃潰瘍。」

那位醫生告辭走了。衛國去廚房把紙盒提來：「這是我們帶來的一點土特產，不成敬意，請收下。」

程院長夫婦一再推辭：「給病人治病是醫生的職責，我們這裡沒有這個規矩。」我懇求道：「這點土特產微不足道，就算是您的朋友袁作雄帶來的。」我們放下紙盒就告辭走了。

次日上午，我同衛國陪幺爹去醫院。程院長先作了常規檢查，然後開了鋇劑X光片檢驗單。我們到放射科時，「莫道君行早，更有早行人」，屋裡屋外已站滿了等待拍片的病人。林縣食管癌發病率之高，可見一斑。我找到那位醫生，他叫病人進裡間去，叫我們在外等候。拍完後醫生叫下午四點來取片。

下午，我們按時取了片，然後到程院長辦公室。他把片子貼到螢光屏上，指給我們看。病變部位在離賁門不遠的地方，大約有五公分長，食管壁很粗糙，不規則，只有一條很細的線了。程院長說，這已介於中期與晚期之間，必須馬上開刀。他決定推遲去老河口的日期，親自主刀做這例手術，接著填寫入院通知單。衛國去辦入院手續，我回旅社把幺爹接來。

程院長來到病房，對幺爹說：「老嚴，你的胃潰瘍已很嚴重了，必須手術治療。」

幺爹睜大眼睛，感到疑惑：「原來不是說保守治療嗎？怎麼又要開刀呢？」

程院長說：「如果不開刀，以後還會復發；開刀以後會好些。希你不要害怕，同我們好好配合。」他又叫人把護士長喊來交待：「這個病人從湖北來的，是個老幹部。這間病房不再安排其他病人，手術後作特級護理。」一會兒，一個護士給幺爹打上點滴，要連續打三天，進行術前消炎。

手術時間是六月二日上午。我們匆匆吃過早飯，在病房等候。

八點多，護士通知病人進手術室。我們把幺爹送進手術室第一道門，那裡是一個很長的走道。按護士吩咐，把幺爹扶到手術車上躺下。他顯得很平靜。我們又說了幾句安慰話，護士便推著車子緩緩走進了手術室。

我們四個人在手術室門外等著，不敢離開一步。大家知道，就在這個上午，就在那間手術室裡，程院長和他的助手們，正在進行一場挽救幺爹生命的戰鬥。我們歷經千辛萬苦來到這裡，不就是為了這一天嗎？

我們信任程院長。對他的技術和醫德，袁作雄講過，林縣政辦的同志講過，主管醫生和護士們也講過。他是林縣「一把刀子」，二十多年來做了一千多例食管癌手術，術者最長的存活期已達二十餘年。他在技術上最大的長處，一是對癌變部位切除得乾淨徹底；二是創造了在全國具有領先水平的隧道式吻合法，食管接頭吻合得好，恢復得快，而且牢固。這項技術得了獎，他在醫學雜誌上發表過好幾篇有關論文。幺爹能得到這樣一位專家的治療，真是不幸中之萬幸。我們深信，程院長一定能用他那把鋒利的手術刀，給幺爹帶來生的希望。

時間一分一分地過去，我們焦急地在手術室門外等待，想像著手術室中的情景。十一點半，其他醫護人員脫掉白大褂，走出了工作室，就診的病人也陸續離去，醫院頓時安靜下來。可是，手術室的那兩扇門還是緊緊地關著，一動不動。

十二點半，程院長的愛人來到手術室門前。她對手術也很關心，是專門來瞭解情況的。她面帶喜色地對我們說：「剛才我同老程通了電話。老程說手術順利，叫你們放心。」

又過了一會兒，從手術室出來一個穿淺藍色手術服、戴大口罩的醫生，端著一個白色的長方形小盤子，走到過道裡，招手叫我們進去。走近一看，原來是程院長。他說手術已結束，病人馬上就要出手術室。說著，他用鑷子把切除的一段爛稀稀的食管夾起來給我們看。他說病變部位有五公分，上下多切了五公分，周圍的淋巴組織全部清除了。病人術中情況還好，血壓、呼吸正常。程院長說完，端著盤子進去了。這時，我們才長長地舒了一口氣。下午一點半，手術室裡間的門又打開了，幾位醫生護士簇擁著手術車，舉著輸液瓶，慢慢推出來，推進病房。我和衛國迎上去，和幾位醫生一起輕輕地將仍在昏迷中的幺爹移到病床上。護士把輸液瓶、排污瓶、排尿瓶掛好。程院長湊到幺爹耳邊，喊了幾聲「老嚴」，他哼了一聲。

一切弄妥後，我們請醫生護士去附近餐館吃飯。他們說餐館不衛生，從來不涉足，婉言謝絕了。

下午，我和衛國到郵局分別給長陽縣工商局和武漢、沙市、枝江、長陽、宜昌、神農架的親人們發了電報，報了手術平安。

從此，病房門外掛出「特級護理」牌子。程院長早、中、晚各來一次，每次都要聽心臟、拿脈博，觀察排污血和排尿情況，輕輕壓住病人胸部，要他把痰咳出來。還對主管醫師和值班護士作些交待。

儘管有值班護士，但我們四人還是分成兩班，幺媽和嚴紅護理白天，我和衛國護理夜晚。晚上幺爹一咳，我就趕快起來，一隻手輕輕壓住他的胸部，一隻手用衛生紙把咳出來的痰接住，把嘴擦乾淨。

術後每天都要輸液，還輸了兩次血漿。注射是一件十分困難的事，因病人長時間沒進食水，血管乾癟，針頭不易打進去，常常換幾個地方，弄得護士滿頭大汗，幺爹也疼痛難忍。第三天，排污管子就拿掉了。

住院部的隔壁是一個防治食管癌研究所，從病房視窗可以俯視它的院子。第四天下午，我向院子一瞥，只見兩個穿工商服的人，各挎一個小包，從院子裡走出去，幺媽也看見了，我們沒在意。約過了半小時，這兩個人推門進來了。原來他們是長陽縣工商局的，是局領導派他們專程來看望和慰問幺爹的。

大家一陣驚喜。寒暄之後，幺媽問他們是什麼時候到的。

他們說：「昨天中午就到了。住下後，找了你們一個下午，今天又找了一個上午，跑遍林縣縣城，查問了十幾家食管癌專科醫院和研究所，都沒有老嚴，哪曉得你們在這裡。」我忽然想起，電報上沒說在何醫院，害得他們找了一天。

這時，幺爹感到很驚訝。這是他第一次知道自己的真實病情。

「天機」已洩露，我對幺爹說：「在這之前，大家一直瞞著您，怕您知道後精神緊張，不利於治療。程院長是治療食管癌的專家，轉院到這裡來，就是為了使手術效果更好。」他無可奈何地說：「知道了也好，今後好注意。」工商局的兩位同志送來了領導和同志們的問候，又帶來一部分現金，使幺爹感到高興和寬慰。

第五天，我們把幺爹扶起來，用熱毛巾給他擦了一下身子。這時才看清楚，刀口從前胸順左側開到後胸，呈彎月形，有一尺多長。據醫生講，還鋸斷了幾根肋骨。睡在那裡長時間沒動，背上被打皺的床單勒了一道道紅印子。病人的痛楚是健康人所想像不到的。我們扶著他在室內走了兩圈，又在沙發上坐了一會兒。床上換了乾淨的墊單和被子。

幺爹的情況漸漸好轉，我提出與嚴紅回林區，因請假時間已到。但幺爹不同意，要我再住幾天。我是「主心骨」，我在那裡，他放心一些。於是，我又拍了兩個續假的電報。

第十天，情況更加好轉，已能喝點米湯，每天起來走幾圈。程院長說，再過一兩天就可以拆線了。我和嚴紅急著工作，便再次提出要走。幺媽和衛國說，有他們兩人護理就行了。幺爹終於同意。走之前，我向程院長告辭，再次表示感謝。他說病人危險期已過，叫我們放心好了，並請我向袁作雄科長問好。

坐了幾天汽車、火車，我和嚴紅回到神農架。晚上我去見袁醫生，講了去林縣的詳細情況。袁醫生為手術的成功感到高興。

月底，衛國來信說，在我們走後兩天就拆線了，恢復得很快，六月二十號出院，已平安回到家中。還要按程院長開的處方繼續打針、服藥，作鞏固治療。醫藥費總共才花去三千多元。

八月份，幺爹來神農架玩了一段時間，見到了袁作雄。袁醫生對他的康復表示祝賀，並對術後鞏固、保健問題提了許多指導性意見。

我的幺媽十分賢慧，每天給幺爹做富有營養而又可口的食物，煨排骨湯、雞湯、魚湯，精心照料他。幺爹每天還堅持學氣功、散步。漸漸地，臉上有了紅暈，身體胖起來，後來還能騎自行車上街。

懷著對程院長的感激之情，一九九一年六月初，我給《河南日報》編輯部寫了一封信，全文如下：

編輯同志：

我是湖北人，懇求借貴報一角，感謝河南省林縣人民醫院為我叔叔成功施行食管癌切除術的救命之恩。

對於林縣，我們並不陌生。早在七〇年代，林縣人民在太行山上修建紅旗渠，敢叫日月換新天的英雄業績曾在全國傳頌。但該縣醫療機構治療食管癌的奇功卻鮮為人知。

一年前，我的叔叔嚴大樑被確診為食管癌中期。經朋友推薦，我們懷著一線希望，護送病人前往林縣人民醫院。院長程存栓在萬忙之中親自為病人檢查診斷，提前安排手術。六月二日上午，程院長親自主刀，乾淨徹底地切除了病灶，並採用了該院創造的隧道式吻合法。手術後，醫院作為特級護理。程院長每天早、中、晚三次到病房察看，親自幫助病人排痰，交待注意事項。程院長的助手、主管病房的年輕醫師李保紅，更是經常到病房來觀察。總護士長張冠英也給予了許多關照。在精心治療、護理下，病人術後五天就能下床走路，十天開始進食，二十天就出院了。之後，程院長又幾次去信，詢問情況，指導術後的鞏固治療。程院長高尚的醫德、高超的醫術、高度的責任感和負責到底的精神，令我們十分感動。

一年過去了，我叔父的身體恢復得很好。據最近複查，食管壁柔軟，鋇劑通過順利，吻合處良好，沒有發現病灶轉移現象。現在進食順利，體重增加，精神飽滿，並從事一些力所能及的工作。

實踐是檢驗真理的唯一標準。林縣人民醫院不愧是食管癌患者的康復之家！程院長不愧是食管癌患者的救命恩人！

《河南日報》將這封信發表了，還給我寄來七元稿費。

又是幾年過去了，幺爹身體狀況良好。一九九六年五月，他獨自前往武漢、沙市、枝江、宜昌，與眾多親人再次團聚。人們見到這位紅光滿面的老人，怎麼也不會想到六年前竟是一個患了絕症的人。那次經在湖北腫瘤醫院工作的姨侄張敏聯繫，請專家再次複查，一切情況正常，令專家們嘆服。

林縣已撤縣建市，更名為林州市。每每回憶起林州之行，我還感到後怕。在幺爹已經在沙市入院，確定了手術日期和主刀人的情況下，以謊言欺騙他和醫生，千里迢迢轉院到人生地不熟的林縣，完全是出於一線希望和一腔熱情，其實是擔著很大的風險的。實踐證明，當時的決策是正確的，計畫是周密的，措施是得力的，基本上做到了萬無一失，終於使幺爹獲得最好的治療，奇跡般地活了下來。

游武山湖

陽春三月，柳樹吐翠，桃花盛開。在一個春光融融的日子裡，我帶領林區農委、氣象局、旅遊局等單位的同志，去考察武山湖。

從松柏乘車，不到一個小時便到達了陽日電站的大壩腳下。我們去時是枯水季節，看不到「飛流直下三千尺」的壯觀景象，只有一道巨大的灰色人工石壁矗立在兩山之間。它將滔滔的玉泉河斬斷，上游形成一個長長的人工湖。這就是神農架的風景名勝區之一——武山湖。

我們沿著人行道登上大壩。放眼一望，一泓碧波平展展伸向天際，猶如一面巨大的明鏡，鑲嵌在萬山叢中。水中倒映著山巒的倩影，真是山中有水，水中有山。大壩的一端，建有觀景亭、攝像臺；湖邊停泊著七八隻小木船。我們沿著鋼筋水泥舷梯走下大壩，登上一隻小船。搖船的小夥子站在船尾，胯下夾舵，兩手握櫓，待我們坐定後，便解開纜繩，咿咿呀呀地向湖心搖去。

小船輕輕搖晃著，犁開平靜的湖面，向前慢慢行駛。燦爛的陽光照射在湖面上，波光粼粼，耀人眼目。這裡遠離了鬧市的喧囂，也沒有馬路上汽車過後的塵土飛揚。環境靜謐而優美，空氣清新而甜潤。我想，這大概就是武山湖的特色吧。

我們行進了二十多分鐘，天空豁然開朗，湖的右岸出現了一個村莊。幾棟農舍掩映在竹園和果林之中，竹葉兒青翠，桃花兒粉紅。田野裡，一畦畦綠油油的麥苗，一片片金燦燦的菜花。村舍裡不時傳來幾聲狗吠、幾聲雞鳴、幾聲孩啼。遠處幾隻捕魚的小船兒慢悠悠地在湖面上蕩漾。此時我們彷彿置身於「世外桃源」。聽人講，這就是陽日鎮的溫湯村。溫湯村因地下溫泉而得名，可惜好幾處溫泉已被湖水淹沒了。但在對面的山坡上，至今還有一股熱水流淌。

我們的小船在溫湯村斜對面靠了岸。大家從羊腸小徑爬上去，走了約五十米，只見一股冒著熱氣的泉水從山崖下面的石縫湧出。用手一探，熱熱的。據氣象局幾次側量，都是三十八點五度，略高於人的正常體溫。旅遊部門擬在這裡建一個溫泉浴池。

考察溫泉後，小船就返航了，我們還要去看黃龍洞。

黃龍洞就在大壩下面一公里處的玉泉河左岸，深不可測，過去是老百姓向龍王求雨的地方。去年農委投資修通了洞內二點五公里人行道。我們每人拿著一支電筒，興致勃勃地進洞了。洞口很大，一進去便聽到暗河轟鳴，似洪水咆哮，令人膽戰心驚。用電筒一照，方知水量並不大，因為它撞擊岩石，又在洞內，所以震耳欲聾。越往裡走，水聲也就越小了，到後來竟萬籟俱寂，一說話就發出嗡嗡的聲音。

我們小心翼翼地前進。洞裡時而寬敞，時而窄狹，時而平坦，時而崎嶇。洞內簡直是鐘乳石的世界，立著的、倒掛的，粗的、細的，長的、短的，使人目不暇接。有的似寶塔，有的如竹筍，有的像羅漢，有的若石林，犬牙交錯，形狀各異，真乃鬼斧神工，令人眼花繚亂。走了約一公里，道旁有一個不規則的小平臺。農委的同志介紹，這裡是「觀音坐蓮臺」，過去香火鼎盛，遠近不生孩子或只生女孩的婦女，便攜帶香紙紅燭來此朝拜觀音菩薩，祈禱她保佑早得貴子。我用電筒一照，石臺上有一個兩尺來高上細下粗的鐘乳石，彷彿觀音端坐。她面前有幾個小圓坑，黑乎乎的，據說那是燒香紙的地方，現在積滿了水。

我們繼續前行。約莫又走了一公里多路，前面有一堵石壁，石壁下面是一個水潭。人行道到此為止，再上去就要搭雲梯了。農委的同志說：「相傳這個水潭是仙女洗澡的地方。有一次一個仙女正在洗澡，被人看見，她羞於回宮，就變成石頭永遠留在水潭了。」他邊說邊指給我們看，哪是仙女的頭，哪是仙女的身。我們順著他指的方向看去，只見那清澈碧透的水裡，宛若半臥著一個赤身裸體的少婦，輪廓清晰，線條優美，令人歎為觀止。

一天的考察結束了。在返回松柏的汽車上，大家遊興未盡，談笑風生。一位同志還編了一首打油詩讚美道：「武山湖的景色美，美在青山和綠水；奇洞異穴看不盡，春風吹得遊人醉。」

生兒育女

一

一九六七年七月二十日（農曆丁未年六月十一日），大女兒誕生了。當時我在學校，接到電話後，走了兩天才回到寶龍。一進家門，便去房中看望妻子和女兒。女兒又黑又瘦，一雙大眼睛與小臉蛋很不相稱。母女平安，我心裡樂滋滋的，充滿了第一次當爸爸的喜悅。岳母把一切事情都安排得很周到，我很感激。女兒起名嚴平，小名紅兒。許多親戚來賀喜，最遠的要數我的四姑媽和潘景星表姑，是從深渡河專程來的。四姑媽讀過許多書，每天晚上坐在院子裡乘涼，都要講故事，如包公斷案、岳飛抗金、七俠五義等，幾個姨妹和鄰居特別愛聽。家裡熱鬧了一陣子。

八月底，我和祖珍帶著剛滿月的女兒回新華去見我的母親。在板廟下車後入住任師傅的旅店。在這裡，我突然萌生了讓祖珍拜任師傅學縫紉的念頭。給任師傅一講，他滿口答應了。他還引薦我們去拜見了住在附近的陳本楚舅舅。晚上，與任師傅進一步商量學藝的事情。我打算將祖珍的戶口遷到新華公社龍口大隊，學成後到新華去開縫紉店，因那裡尚無這個行業。

第二天，我用汗衣兜著紅兒走了六十多里山路，傍晚回到家裡。母親第一次見到媳婦和孫女，妹妹永惠第一次見到嫂子和侄女，分外高興，也很贊同祖珍學藝。此後幾天，我便找生產隊、大隊和公社有關領導申請祖珍轉戶口、學縫紉的事情。我們一家人與當地幹部的關係很融洽，生產隊和大隊很快在申請書上簽了意見蓋了章，公社開了准遷證。

玩了幾天，我送祖珍和孩子回寶龍。路過板廟時，同舅舅商議，祖珍借住到他家裡。回到寶龍後，又同岳母商量祖珍轉戶口學藝，並請三姨妹劉祖梅去帶孩子的事。岳母通情達理，非常支持。之後，我們又去當地生產隊、大隊和公社辦理遷移戶口手續，移交生產隊帳項，做著準備工作。

農曆八月初七是岳母的生日。等她過生之後，祖珍就離開寶龍的家，帶著兩個月的女兒，前往異地他鄉，開始了艱難的學藝生涯。

祖珍每天天不亮就起床，挑水、掃地、生火，再去給孩子穿衣、餵奶，然後才坐到縫紉機前。板廟是高山，冬天很冷。早晨去挑水，還要帶鐵錘，把水潭的冰敲開一個洞才能舀水。其間，我幾次請假去板廟，給任師傅和舅舅家挑水、背柴。

過年以後，祖梅因到了勞動力年齡，必須參加集體勞動。祖珍只好自己帶孩子。有時請當地一個姓孫的小姑娘抱一抱，舅婆婆和任奶奶有空了也抱一抱，有時放在裁衣板上坐著，任爺爺一邊裁衣一邊逗她。後來，舅舅家要維修房子，不能再住了，恰好供銷社建了一幢新房子，空著幾間，就在二樓借了一間。祖珍每天早上先到店裡去忙，做一些事情後才去接孩子。有一天快吃早飯時，供銷社老丁氣喘吁吁跑到縫紉店來，老遠就喊：「劉祖珍，你的娃子聲音就哭嘶了。」祖珍趕快放下手中活兒，三步並做兩步地跑上樓，打開門一看，女兒滾到床裡面，頭卡在床與牆壁之間的空隙裡，倒豎在那兒，雙腳亂蹬，眼淚鼻涕流了一臉，聲音已嘶啞了。祖珍連忙把孩子抱起來，穿衣、洗臉、餵奶。從此再不敢讓孩子一個人睡在房裡了。

祖珍一人帶孩子學藝實在艱難，就決定給孩子斷奶以後放到家裡。一九六八年岳母生日前夕，大姨妹劉祖菊先把紅兒接回去斷奶，過了幾天我和祖珍才回去。她的姨父李植德在火石嶺衛生院工作，每隔幾天就請班車司機在興山城買油條帶回去，外祖母用開水加糖泡了餵她。

祖珍本來還未出師，但又懷上了第二個孩子，不能繼續學下去了。一九六九年春節後，她就回到新華，自己辦起了縫紉店。我買了幾本裁剪書，又請任師傅用紙剪了幾副樣子，邊學邊幹起來。

一九六九年五月一日（農曆乙酉年三月十六日），祖珍生下了第二個孩子，是個男孩，起名嚴欣。我回寶龍同岳母商量，把小姨妹劉麗接到新華帶孩子。這時我的妹妹已遠嫁枝江，母親一邊參加勞動，一邊幫著做家務。

那幾年，我們每年回寶龍兩次，一次是岳母過生日，一次是春節。有一年臘月回去時，嚴欣在途中不住地啼哭，坐下來餵奶還是哭，怎麼也哄不住，以為病了。晚上趕到任師傅家，祖珍給孩子脫衣服時，才發現紮襪子的鬆緊帶纏得太緊了，把腿子勒了一道深深的紅印子。把鬆緊帶一解，孩子馬上不哭了。

一九七一年農曆臘月，我們帶著兩個孩子去長陽幺爹家過年。到了興山城，我去深渡河接四姑媽同去長陽。兩個孩子都要跟著我。那時已通公路，但車很少。紅兒才四歲多，欣兒才兩歲多，都要我背。我只好一次背一個，走一段路，放到那裡，再轉去背另一個，十里路走了兩個小時。回城時，才請人攔了一輛拖拉機。

孩子們第一次出遠門，乘汽車、坐輪船，玩得特別開心。在幺爺家，兩個孩子只要一聽到公路上汽車馬達聲，就要奔出去，跟著汽車跑，連喊「搭車！搭車！」回來路過宜昌時，我們去逛商場，嚴欣到處亂跑。四姑媽說：「我們躲起來，看他怎麼辦。」我們就與他捉迷藏，偷偷觀察他。只見他玩了一會兒，沒看見我們，有點發慌，但沒有哭，後來坐到大門上，望著街上的車輛和行人。我們走過去，他高興得又是蹦又是跳，拉著我的衣角再不肯離開了。

一九七三年，我的妹夫賈志柏和妹妹永惠在寶龍過春節。正月初，表兄廖傳習和他的兒子家三也去了，十分熱鬧。他們走的頭幾天，下了一場大雪。大人們忙著收東西，三歲多的嚴欣卻一聲不響地搓草繩。問他搓了做什麼？他說姑姑走時他也要去送，把草繩纏到腳上走雪路不滑。大家都笑起來。走的那天，路上雪深，我們不讓他去，他哭著鬧著要送。姑侄情深，我們只好請一個小夥子背他，送到白廟公路邊。我把妹夫、妹妹送到香溪上了船才返回。嚴欣在路上受了風寒，夜晚發高燒。我請隔壁的堂兄劉祖釗做伴，到大隊衛生室請醫生王三賢來打針，高燒才降下來。

紅兒小時候很聽話，也很天真，外祖母打豬草或撿柴時常常帶著她。她能說出好幾種豬草的名稱，有時一個人提個小籃兒在田邊找豬草，或在附近松林裡撿松籽殼。她的門牙很黑，最怕別人喊她「黑牙齒」。有一天在院子裡玩，表兄劉世昌與本隊青年王光化開了一個玩笑。劉對王大聲說：「我聽醫生講，把白雞屎糊到黑牙齒上，黑牙齒馬上就會變白。」王說：「你小聲點，莫讓紅兒聽見了。」兩個小夥子暗暗發笑，觀察紅兒的行動。過了一會兒，她趴到雞圈門口，用棍子掏雞糞。外祖母看見了，問她做什麼。她認真地說：「劉世昌哥哥說把白雞屎糊到牙齒上，黑牙齒可以變白。」外祖母笑著說：「你真是個『苕』，他們逗你的。」劉世昌與王光化在外面大笑起來。

一九七五年元月，第三個孩子要降生了。放寒假後，我去寶龍接岳母和紅兒來新華過年。任師傅已遷居到老院子。我們傍晚到達任師傅家，夜裡下起雪來。第二天早上起來一看，原野、村莊白茫茫一片，積雪足有五寸深，這可把我難住了。

老院子公路邊有幾戶人家，我準備請一個年輕人送我們。真巧，我遇見了新華龍口七隊一個小夥子，叫高開榮，曾是我教過的學生。他的姐姐在老院子住，昨天才來，打算天晴後回去。經商量，他答應送我們。

早飯後，我們頂著鵝毛大雪出發了。我用花背簍背著紅兒走在前面，小高背東西走在後面，岳母拄一根棍子走在中間，到白龍潭就開始走小路。大雪紛飛，濃霧瀰漫，路上沒有行人。我在前面探路，岳母踏著我踩出的窩窩，一步一步往前挪。有時坡太陡，我就拉一下。路上不能坐下來休息，一直走到千家坪一戶人家才歇了一會兒，吃了乾糧，喝了點水。我們休息後向反坪埡攀登。爬到半山腰時，路上出現了老虎腳印，是順著這條路往前走的。雪下得很大，但腳印很清晰，說明老虎就在前面不遠的地方。我們進退兩難，只有壯著膽子慢慢往前走，邊走邊大聲吆喝。我密切注視著前方，以便及早發現，離得遠一點。走了一里多路，快上埡時，老虎的腳印往路下林子裡去了。反坪埡那邊全是下坡。走到陡的地方，我把岳母扶著，小高有時在後面也拉一拉。到達鄭家灣時，天色暗下來，離家還有二十多里路。小高叫我們到他家去住一晚。

小高的家離大路不遠。我們到達後，他的父母趕忙去做晚飯，又生了一壟大火，讓我們把打濕了的衣服烤乾。

第二天還是請小高送我們。天已轉晴，太陽照在雪上，耀人眼目。中午時分，我們平安地到達家中。這次多虧小高，他不但給我們背東西，還給我們壯膽，使我們戰勝惡劣天氣，安全地翻過了一座大雪山。

農曆乙卯年正月初二晚上，祖珍分娩了，是個女孩，白白胖胖的，起名嚴靜。岳母和紅兒住了一段時間，等山上的雪化了以後，我送回寶龍。家務事和引孩子，由我的母親和劉麗承擔。後來劉麗在新華中小學復學讀書，以後跟她姐姐學縫紉。一九七六年秋因劉祖梅出嫁了，她必須回寶龍。我送她到家後，恰巧大隊小學需要補充一名民辦教師，她就頂上去了。一九七七年，她與新華供銷社的職工龔良林結為夫妻，從此接替我們支撐起了寶龍的家。

一九七五年下半年，我調到了新華中小學。嚴欣經常到學校去玩。公社每次放電影，我就帶信叫嚴欣來看。

一天黃昏，鄰居王昌春背著嚴欣跑得滿頭大汗來到學校，說他玩雷管把手炸了。我趕忙接過來抱著送往衛生院。醫生及時清創、縫合，然後打上吊針。還好，只傷了右手大姆指。祖珍隨後也趕來了。我們問了詳細情況。原來是他和一個姓吳的小孩在田裡撿了一顆雷管，拿回去插到坎子縫裡，那個孩子比嚴欣大，從家裡找來火柴，唆使嚴欣去點。王昌春正在廚房做飯，聽到外面一聲炮響，接著是嚴欣的哭聲。出來一看，只見嚴欣的右手血淋淋的。她趕忙找了一條毛巾把那只手包著，與另一個婦女輪流把他背到學校。幸虧雷管是受了潮的，威力不大。之後，嚴欣住在學校裡，每天我送去打針。

嚴靜三歲了還沒照過相。有一次林區財稅機關去了幾位同志，帶了一個相機。供銷社的王維成認識他們。我請小王給他們講，幫我給孩子照張相，他們答應了。我帶信回去，叫嚴欣、嚴靜來學校。下午他倆來了。等我把照相的同志請來，嚴靜不知跑到哪裡去了。我和嚴欣分頭去找。我找回嚴靜後，叫她在房裡等，再去找嚴欣。哪知她把門關上了，不會開。等把嚴欣找回來，嚴靜在房裡大聲哭喊，使勁拍門。我把門一開，只見她把糊在門上的報紙撕了一地，臉上又是鼻涕又是淚。我把她哄住，洗了臉，勉強照了一張。

嚴欣、嚴靜的童年是在新華度過的，沒上過幼稚園，沒玩過玩具。零食就是燒洋芋、燒紅薯、烤玉米棒子，秋天也有板栗、核桃、柿子等山果。兩個孩子最喜歡婆婆。婆婆再累，只要一有空，就要背他們。有什麼好吃的，都留給他們吃。婆婆每次出門做活，他們總要趕路，要是去遠處，只有偷偷地走，要是在近處，就把他們帶著。他們和小朋友們有時在場壩裡追趕、捉迷藏，有時在地裡挖野菜、做「飯兒」，有時在溝邊玩水、捉螃蟹，享受著山區孩子童年的歡樂。

二

一九七三年秋，嚴平在本大隊羊角尖小學上學了。學校離家四里路，沿途沒有人家。外祖母不敢讓她一人單獨走，總要托大一點的學生帶著，天氣不好時還親自接送。每天給她做一個小饃饃，或用缸子帶一碗飯，中午在學校裡吃。

文革以後，各地辦起了重點學校。我與興山幾所重點小學聯繫，想讓孩子轉學，但都因住宿問題不好解決而作罷。一九七七年秋嚴平上五年級了。聽說二大隊的青松小學是公社的重點小學，辦得不錯。該校的龍開舉老師是祖珍高中時的同學。於是，我和祖珍立即前往青松小學去拜訪龍老師。講明來意後，龍老師很支持，便陪我們去見校長。校長也是熟人，一說就答應了。

青松小學距岳母家十六里路，必須寄讀。學校辦有食堂，吃飯好解決。恰好龍老師的女兒龍景雲也讀五年級。經與龍老師商量，讓她倆同住。

第二天，我們辦轉學手續，收拾行李，做著準備工作。當時嚴平才十歲，還沒有遠離過家庭，外祖母放心不下。我對她老人家說：「孩子不能永遠在大人身邊，應該讓她從小經受鍛鍊。在孩子讀書的問題上，心要狠一點。」

送嚴平去青松小學那天，我們特意把嚴欣帶著。在途中，我對嚴平提了許多要求，進行理想、前途教育，並鼓勵她刻苦學習，打好基礎，爭取將來上大學。這是我第一次向嚴平提出這個還十分遙遠的目標。

到青松小學後，校長和老師們熱情地接待了我們，許多同學也圍過來看熱鬧。辦好入學手續，我們要回去了。龍老師叫我們放心，他會當親生女兒一樣照顧的。我們囑咐嚴平，不要哭鼻子，不要掛念外祖母和我們，她都點頭答應。我們走了好遠回過頭去，她還站在那裡向我們揮著小手。

嚴平每個星期六回去，星期日自己背糧食到學校。她的姨媽劉祖桂的家離學校不遠，姨媽的二女兒張娟也在青松小學讀書，常給嚴平帶去小菜或水果。

從此，我經常與龍老師通信，也給嚴平寫信。有一次我到區裡開會，散會後去青松小學看望女兒。龍老師對我講，嚴平很聽話，學習很用功，每天放學後還讀書、做作業。初來時基礎差，已很快趕上來了。我買了兩筒芝麻餅子，給嚴平和龍景雲各一筒。後來聽說她只吃了五個，帶了五個回去給外祖母。

嚴平轉到青松小學以後，數學老師張發祥給她補課，進行輔導，因而嚴平的數學進步也很快。有一次，龍老師給我寫信說，嚴平參加全公社小學數學競賽，獲得了第一名，為學校爭了光，還將要到縣裡去參加競賽。兩年中，嚴平給我寫過幾封信，從信中看，一次比一次有進步。有一次她寫了「書到用時方恨少」。無疑，這是從龍老師那裡學來的。

一九七九年嚴平小學畢業，上了寶龍公社瓜兒堰中學。瓜兒堰在一個山凹裡，遠離集鎮，交通不便。我決定把她轉到林區一中。國慶日我和祖珍回寶龍去接嚴平。我們在岳母家準備了一桌酒席，把公社教育組長喬永海及校長、班主任和龍老師等接到家裡吃飯，以表達我們的謝意。

從此，嚴平離開度過童年和少年時代的李家灣，離開外祖母，來到我們身邊上學。

一九八二年，嚴平初中畢業，中考總分是全林區第七名，各科成績比較平衡，英語尤為突出。暑假我去十堰參加面授。一天，林區招辦主任高運久打電話給我，說中考錄取工作正在進行，嚴平的媽媽要她填報竹山師範，問我同不同意。

高主任以前是教育股股長，我們之間的關係很不錯。他是對我關心和負責才打電話徵求我的意見的。他講完後，我果斷地說：「我的意見是上高中。」高主任笑著說：「你們這倆口子，一個要上高中，一個要上師範，叫我到底聽哪個的？」我說：「聽我的！」就這樣，嚴平的檔案投給了林區一中。我回來後，夫妻倆為此還鬧了一場意見。

祖珍要嚴平上中師，不無道理。當時五個人沒有戶口，生活十分困難。嚴平如果上師範，不但解決了「農轉非」，而且不交生活費，三年後「鐵飯碗」就到手了。況且當時中專生還很吃香呢！

但我是怎麼想的呢？古人說過：「父母之為子女，必為之計深遠。」孩子們是跨世紀的人，在未來社會裡，他們應該具備較高的學歷，多學一些知識和本領，增強競爭能力。如果急功近利、揠苗助長，就限制了孩子的學業和發展。再說，嚴平的學習基礎不錯，肯用功，將來上大學是有希望的。她要是成功了，還可以帶動和激勵老二、老三發奮努力。儘管眼前困難很多，但我省吃儉用、借錢舉債也要讓三個孩子受到良好的教育，提高他們的整體素質。這是我的責任和義務。孩子們應該有新的生活，不能再像我一樣窮困潦倒，過窩窩囊囊的日子。當然，要孩子上高中、考大學，並非易事，必須給他們創造良好的學習條件，還需要孩子自己主觀努力。

嚴平高一上學期的成績還不錯。寒假我們回寶龍過春節。路過興山城時，去拜訪興山一中幾位教過我們的老師。在張正品老師那裡，談起孩子讀書的事，他建議我們把嚴平轉到興山一中。他說興山一中到底是老學校，藏龍臥虎，人才濟濟，從創辦高中以來，已送走了二十幾屆畢業生，每年升學率都不錯。

張老師一番話使我們頓開茅塞。能轉學當然好，但校方是否同意呢？我們進一步請教張老師，路子如何走。

他把我的肩膀一拍：「校長王學龍是你的同學，副校長孫開金是劉祖珍的同學，孩子轉學的事，他們能不支持？」

從張老師家出來，我們立即分別拜訪了兩位校長。他們滿口答應。孫副校長當即寫了一個同意接收的條子。春節後，我們把嚴平送到了興山一中。

正如張老師所說的，興山一中藏龍臥虎。王、孫二位校長不久分別升任興山縣委副書記、興山縣副縣長。省政協委員、興山縣政協副主席、一中教導主任周世安毛遂自薦擔任了校長。周校長是湖南長沙人，一九五七年畢業於華中師範學院中文系，曾師從姚雪垠先生，教書育人二十餘載，是中學特級教師，也是業餘作家。他上任後，銳意改革，強化管理，狠抓教學，嚴肅校紀，選賢任能，上下心齊。興山一中更上一層樓。辛苦的是校長和老師，受益的是莘莘學子，嚴平就是受益者之一。

一九八五年夏，嚴平高中畢業了。因她的戶口在林區，必須回林區參加高考。六月中旬，我去興山接嚴平。離校之前，嚴平分別拜望了幾位任課老師。老師們就自己教的那門課，結合嚴平的具體情況，對高考前的復習重點、復習方法及高考中應注意的事項作了指導，有幾位老師還寫成書面意見交給嚴平。因為嚴平要離校，班主任余德老師決定提前照全班的畢業合影。走的時候，余老師和幾位同學幫嚴平搬行李上車，為嚴平送行。

那時，我的家還住在教育局，一家三代六口人，只住二十多平方米，擁擠不堪。嚴平回來後，為了給她提供一個安靜的複習環境，我在旅社租了一間房子，讓她住旅社，晚上由嚴靜作伴，一直住到高考結束。

對於考試，該說的話早已說過了，諸如要審清題目，先易後難，仔細作答，會做的題一題不能錯呀；諸如穩定情緒，沉著鎮定，精心檢查，該得的分一分也不能丟呀。但此時此刻，不必再說了。過分的關心，過多的嘮叨，反而會影響孩子的情緒。高考，不僅是知識的競爭，在某種程度上，更是考生心理素質、應變能力的競爭啊！

七月下旬，高考分數下來了。嚴平獲得林區文科考生第二名、英語專業考生第一名，填報了湖北大學外語系。當她拿到錄取通知書時，高興得跳了起來。

三

一九七五年秋季，嚴欣在乾溝小學上學了。該校是新華中小學因校舍不足而設的分校，只有一二年級、一個女老師。老師的責任感差，也管不住學生。後來，我把嚴欣轉到了常家岩小學，每天來回走十里路。一九七八年秋我調到教育局，嚴欣已讀四上。過春節後我就把他轉到了林區實驗小學。他的學習基礎差，我利用休息時間給他補課，教拼音、偏旁部首、筆劃筆順及數學的四則運算和應用題。

一九七九年春，幺爹的女兒嚴紅轉學到林區一中高三文科班復讀。我只有一間宿舍，讓給嚴紅住，我在炊事員小黃的房裡加了一張床，與嚴欣兩人住，用炭爐子做飯。

後來領導給我安排了一室一廳的住房，還有一個小廚房。秋季，嚴紅上了鄖陽師專，嚴平轉學來了。我帶著兩個孩子，又當爸爸又當娘，下班了做飯，晚上輔導他們學習。我出差時，他們就自己做飯、洗衣。這樣過了一個學期。

一九七九年農曆臘月，母親帶著嚴靜去枝江永惠家，玩了幾個月回來時，永惠送到松柏。下車後，不知道我們住的地方。嚴靜當時五歲，曾跟她媽媽來過一次，便自告奮勇回家喊我們，婆婆和姑姑在車站等。結果去了好長時間沒有音信，姑姑到處打聽，好不容易才找到我們的家。嚴靜不知走到哪裡去了。我們去車站把婆婆和帶的東西接回來，又分頭去找嚴靜，找遍了松柏的幾條街道，最後才在一個巷子裡找到她，她正在沙堆邊玩沙呢。

三個孩子都到一起來了。一九八〇年夏初的一個中午，我到菜園去挖地，把手錶放在外間床上的枕頭下面。挖了一塊地回來，匆匆擦了汗、換了衣服，準備去上班。找手錶時，手錶沒有了。問三個孩子，都說沒拿。價值一百二十元的「上海」牌手錶，當時是我們家最貴重的物品。我上班、孩子們上學去以後，母親把兩間屋、兩張床翻了個遍，仍不見手錶影兒。我下班後到公安局報案，治安科的牛德龍科長看電影去了。我又到電影院請放電影的同志用廣播把牛德龍喊出來。他立即到我家裡勘察現場。這時嚴欣提供了一條線索：附近一個職工的女孩中午到我家玩過，有一會兒只有她一人在外間屋裡。我把這一情況向教育局任副局長作了彙報，徵得他同意後，牛科長和任副局長把這個女孩喊到局辦公室詢問。女孩開始拒不承認。經過一個多小時的唇槍舌戰，她終於交待了。正是只有她一人在外間屋一剎那作的案。牛科長跟著她從她家門口裝鋸末的簍子裡把手錶掏了出來。

手錶失而復得，全家人才轉憂為喜。我非常感謝牛德龍同志。他卻連連誇獎小小的嚴欣機靈，注意觀察事物，善於分析問題。

一九八一年秋季，嚴欣上了初中。他在小學失誤了幾年，為了使他跟上去，我對他的各科作業都要一頁一頁地檢查。每次考試以後，都要分析試卷，對做錯了的題目，錯在哪一步，是什麼原因，應吸取哪些教訓，應補哪些知識，都要使他弄明白，並記入備忘錄，然後要他重做。對英語課，我報中文詞語，讓他聽寫英語單詞。寫完後，我一個字母一個字母地核對。寫得不正確的，就讓他重寫十遍、二十遍，直到全部寫對為止。要背誦的課文，要記住的概念、公式、定理等，必須背誦和熟記。

我的家距一中很近，函授同學杜義勤擔任嚴欣的班主任，教語文。對於嚴欣在學校的表現，我經常明察暗訪，向杜老師瞭解。每發現一點不好的苗頭，就及時給他指出來，令其改正。

為了豐富孩子們的知識，從嚴平上初中起，直到嚴靜高中畢業的十多年間，在經濟十分困難的情況下，我每年總要選訂一些適合孩子們閱讀的報刊，如《中國少年報》、《語文報》、《兒童時代》、《中學生》、《中學生優秀作文選》、《中學生數理化》、《中學生英語》、《故事大王》等等。鼓勵他們在完成作業和搞好復習的前提下多讀書、讀好書。

一天，嚴欣放學回來突然問我：「爸爸，有個同學說，『學好數理化，不如有個好爸爸』。你何必要我們下苦功夫呢？」我沒有立即回答，而是把教育家陶行知先生的一句名言翻出來，讓嚴欣抄在日記本上，作為座右銘：「流自己的汗，吃自己的飯，自己的事情自己幹，靠天、靠人、靠祖上，不算是好漢。」我對他說：「要當好漢，要靠自己奮鬥，不要依賴父母。那個同學說的話顯然是不對的，應該是『學好數理化，走遍天下都不怕』。」

當然，只進行灌輸作用是有限的，我十分注重身教。父母是孩子的第一任老師。我時時、處處、事事以實際行動去影響他們。在學習上，要他們勤學苦練；在品德上，要他們遵守校規校紀；在生活上，粗茶淡飯，吃飽穿暖。假期和星期日，帶他們上山砍柴、下地種菜，讓他們經受艱苦的磨練，懂得生活的艱辛。我認為，從嚴要求，使他們健康成長，就是對孩子最大最深的愛。

嚴欣在初中階段有了很大進步，學習跟上去了，加入了共青團，被評為三好學生。中考時，以全林區第五名的成績考入省重點高中——鄖陽一中。

嚴欣進高中後，雖然遠離家庭，但他已會料理自己的事情。他用一個小本本把我們寄的錢和他的開支一筆筆記得清清楚楚，放假回來向我們報帳，並把結餘的錢交給我們。不穿了的衣服、鞋襪都帶回來，從不扔掉。有時回來還要給婆婆買點吃的東西，給妹妹買點學習用具和書籍。

嚴欣高中時的班主任、語文老師洪登宇也是我的函授同學。我幾次專程去鄖陽一中瞭解嚴欣的學習情況。洪老師告訴我，嚴欣是個好學生，有上進心，能獨立思考，興趣比較廣泛。洪老師對嚴欣的學習和生活給予了許多關懷。

也許是洪老師的影響和薰陶，嚴欣對語文十分愛好。高中一年級時他參加全校的朗誦比賽，獲得了二等獎。高二時，他把一篇作文〈哦！潔白無瑕的雪〉寄給《神農架報》社，在文藝副刊「鴿子樹」專欄上發表了。

高中二年級開始分科。我考慮到理科招生的學校和名額要多些，男孩子學理工的前景要廣闊些，因而要他選了理工。一九八八年高中畢業後上了鄖陽醫學院。他熱愛自己所學的專業，很樂意當一名救死扶傷的白衣戰士。

四

一九八〇年下半年，嚴靜上了幼稚園——她是三姊妹中唯一上過一年幼稚園的。幼稚園的老師教孩子們認字、識數，也進行考試。嚴靜總是得一百分，回來時，老遠就喊：「婆婆，我今天又得了一百分！」有時還給婆婆帶回一顆水果糖或一塊餅乾。

次年秋，嚴靜上小學了。鑒於老大、老二上小學低中年級時沒打好基礎的教訓，我總結出一條經驗，即對孩子的教育培養，必須抓得早、抓得細、抓得實。因此，我十分注重嚴靜的啟蒙教育，從一開始就抓得很緊很緊。我在培養她的學習興趣和良好學習習慣的同時，要她做到兩過關，即拼音過關、口算過關。嚴靜的接受能力比較強，但粗心大意，做作業經常抄錯題目。每次考試，錯的都是簡單的。為此她挨過不少打。

後來，本家兄弟嚴志高把女兒嚴小紅轉學到實驗小學，在我們家寄讀。鄰居習代松的大兒子習鋒也上了小學。每天清晨，我帶著三個孩子跑步，一直跑到百花坪的木橋處，然後做操，再跑回來。

那時候，林區電力不足，枯水季節只能保證政府供電。我住在教育局，有時晚上到辦公室學習或加班，就把三個孩子帶去。我先給他們布置作業，然後自己看書或寫材料。他們做完作業，我一個一個地檢查。我規定，每做錯一題或寫錯一字打一板，還要重做、重寫。小紅和習峰每天也挨打，但我只是做做樣子，只有打嚴靜才是實實在在的。有時她認不到字，或背不到書，我順手就是一巴掌。打的次數多了，形成條件反射，只要我一揚手，她就嚇得一退、眼睛一眨。

嚴靜為看課外書籍也挨過打。她上四年級時，一個星期天在房裡做作業。我躡手躡腳走進去，發現她把書和作業放在一邊，正在聚精會神地看一本很大的書。我奪過來一看，是《今古傳奇》。我順手就把書撕成幾塊，又揍了她一頓，還把撕的書用繩子拴了，吊在她書桌前的窗子上，作為鑒戒，一直掛到小學畢業。

每次打過之後，我又很心疼，常常自責，因而對她做些安撫工作，肯定她的優點，指出缺點，講明我為什麼要對她進行懲罰；同時提出要求和希望。嚴靜是個性格開朗的孩子，把她打得再厲害，她哭過後，把眼淚鼻涕一擦，不到一分鐘又是爸爸長、爸爸短，問這問那，喊得怪親熱，好像沒有發生任何事一樣。

功夫不負有心人。不斷的灌輸，經常的懲罰，耐心的輔導，還是起了作用。我發現她的知識比同齡小朋友要豐富一些，記憶力和思維能力也較強。數學中較難的簡便運算和四則應用題她卻掌握得很好。隨著年齡的增長，粗心大意的毛病也在逐步克服，考試成績有了提高，在小學六年級時終於被評為三好學生，她也就告別了經常挨打的日子。

一九八七年夏，嚴靜小學畢業，升學考試成績為全區第七名，升入林區一中。我鼓勵她利用暑假多讀書、讀好書、讀名著，並列了一個書單，如冰心的《寄小讀者》、奧斯特洛夫斯基的《鋼鐵是怎樣煉成的》及中國古典四大名著等等。她把嚴紅姑姑的借書證拿來，按書單到圖書館去借，天天手不釋卷，幾天就是一部長篇小說。我懷疑她囫圇吞棗，不求甚解，有時也考考她，叫她講講小說的故事梗概，寫了哪些人物，她基本上講得出來。

秋季開學後，嚴靜被編在李學進老師班上。李老師教數學，不但課講得好，班主任工作也做得相當出色。嚴靜進初中以後與小學時判若兩人，這是我們完全沒有料到的。

我的家已於一九八五年下半年搬到政府院內一套平房裡，居住條件改善了，嚴靜有了一間小小的臥室兼書房。家中也買了電視機。她每天起得比我們早，睡得比我們遲。晚上下自習回來，再好的電視節目也不看，而是逕直走進房裡繼續學習。我們就關掉電視，免得影響她。有時夜深了，催她休息，她還不肯。

初一上學期期末考試成績是全班第八名，她很不滿意。寒假裡，我幫她對成績表進行了分析，找出總分及單科分數在班上的名次及與第一名的差距，分析薄弱環節及其原因，制訂趕超目標和措施。我還提出了「六字方針」，即「平衡（不偏科）、穩定（不大起大落）、優秀（考高分）」，要她朝這個目標努力。此後，她急起直追，逐漸上升到第五名、第二名，最後穩定在第二名和第一名。她敢於向強者挑戰，奮力奪魁，與同班女同學稅瓊成了競爭對手。

嚴靜的初中階段是她學業上的輝煌時期。一九九〇年三月，她被評為地區級三好學生。一九九〇年夏，嚴靜初中畢業。中考後的一天夜晚，我做了一個夢：李老師來到我家裡報喜，說嚴靜考了六百多分，但不是第一名。我正要問詳細情況，突然醒了。第二天吃午飯時，我向全家人講了這個夢。「日有所思，夜有所夢」，大家都沒當回事。過了十多天，中考分數公布了，嚴靜總分六百一十一分，比稅瓊少兩分，為全林區第二名。我的夢做靈了。

嚴靜想到外地上高中，我們很支持。當時聯繫了三所省重點高中：一是夷陵中學，但收借讀費太高；二是鄖陽一中，雖然收費少，但來去不方便；三是十堰一中，當時嚴欣正在鄖陽醫學院讀書，還有三年才畢業。嚴靜若能到十堰上高中，可以得到哥哥的照顧。因此，我們選擇了十堰一中。

可是，十堰一中沒有熟人。正在著急時，我想起兩年前結識的一位朋友，叫李衛平，在市政府經濟研究中心任科長，便給他寫了一封信，求他幫助。我把信及嚴靜中考成績單和三好學生證書複印件寄給嚴欣，叫他去找李科長。嚴欣已上了兩年大學，有了一些辦事的經驗和膽量。他去市政府找到李科長，交了我的信。李科長看後便立即領嚴欣去見市政府文衛科冀科長。

冀科長是位中年婦女，聽李科長講明情況後說：「我的爸爸在神農架工作過，我對神農架是有感情的。這件事我一定努力。」原來她是林區原黨委書記冀青同志的女兒。她接著對李科長和嚴欣介紹了一些情況：十堰一中每年除正式招生錄取的以外，還安排三十名機動指標，主要是照顧市委、市政府、市教委及有關單位幹部職工子女中沒上線的考生，還從來沒招收過非本市戶口的。這事還得請示分管教育的楊市長，今天他不在。她叫嚴欣寫個申請，明天再來找她。

第二天，冀科長領著嚴欣到楊市長辦公室。她向楊市長彙報說，神農架林區有一個初中畢業的女孩子，中考成績很好，又是地區級三好學生，想到十堰一中上高中，請市長能不能從機動招生指標中照顧解決。

楊市長考慮了一下，問了問招生機動指標使用情況，便提筆在申請上寫道：「黃校長：請照顧接收神農架的這個考生。」下面是簽名和日期。

次日，嚴欣又拿著市長簽字的申請及嚴靜的中考成績單、三好學生證書複印件去市一中見黃校長。黃校長看後在申請上寫了幾句話，然後說：「你妹妹沒在十堰參加中考，學校不能發錄取通知書，叫她開學時拿著這個申請來報名。」

與此同時，林區一中副校長楊敬先給他在華中師範大學的同學、十堰一中的生物老師姚定敏寫了一封信，請她對嚴靜的入學問題給予幫助。

八月底，我送嚴靜去上學。姚老師非常熱情地接待了我們，叫把行李放到她家，第二天上午由她領著去報名。

第二天上午，姚老師拿著市長、校長簽字的申請，辦入學手續一路綠燈。但財務室要按規定收借讀費一千八百元。姚老師又把黃校長請到財務室，說家長沒帶這麼多錢，能不能減一半。黃校長同意。姚老師還要財務人員在收據上注明「三年」兩個字。辦完手續，又領著到女生寢室，幫忙安排床鋪，一切弄好後才回家。

嚴靜上初中時就已經會料理自己的事情，現在遠離家庭，各方面很快就適應了。也如我當初預想的一樣，她在上高中的三年裡，得到了嚴欣的許多照顧。嚴欣的的確確盡到了一個當哥哥的責任。每個星期六下午便去學校接她，到醫學院食堂買嚴靜喜歡吃的菜，領她到澡堂去洗澡，然後送到馬路對面十堰師範女生宿舍，在林區的幾個女同學那裡借宿。星期日吃了午飯後又把她送回一中。接送幾次後，嚴靜熟悉了路線，就自己來去。

第二學期，在十堰師範讀書的同學實習去了，沒有地方住，嚴靜決定星期六不去哥哥那兒了。但嚴欣每週都要去看她一次，買點水果帶去。學校開家長會時，嚴欣就代我去參加。

十堰一中的學生家都在市內，星期六都要回家。校方規定，星期六晚上學生宿舍不供電，嚴靜只好點蠟燭照明。

一次，我出差到十堰，先找到嚴欣，然後到柳林賓館住下來。鄖陽地委政研室傅承江主任設宴招待我們。他聽說我還有一個女兒在十堰一中讀書，叫我趕快把她接來一起吃飯。我請司機把車開到一中，這天是星期六，宿舍、教室空無一人。賓館開飯時間快到了，我怕主人等得著急，只好回到賓館。飯後，傅主任在房間裡與我閒聊了一會兒。他們走後，我請司機又把車子開到學校。

校園內靜悄悄的，除了教師宿舍樓之外，其餘樓房都是漆黑一團。我們來到女生宿舍樓下，只見五樓一個窗子透出昏暗的燈光。嚴欣說，那就是嚴靜的寢室。我在樓下喊了幾聲。嚴靜聽到我的聲音，打開窗子連喊「爸爸」。我們又給守門的老師傅講明情況，他才開鎖。嚴靜飛跑下樓，那個高興勁兒真無法形容。她萬萬沒有想到，在這個寂靜的星期六夜晚，爸爸和哥哥會突然到來看她。嚴欣從車上提下我給她帶來的一紙盒東西，一起上樓。進寢室一看，從家中帶去的能折疊的小茶几上，點著一支蠟燭，還有半塑膠袋葵瓜子，攤開著一本書。嚴靜一邊看書一邊嗑瓜子，打發著星期六的夜晚。我問了問情況，坐了一會兒。走時我說第二天一早來接她去賓館吃早飯。她說不需要接，她知道怎樣走。

第二天早上六點多鐘，我一下樓，嚴靜已坐在接待大廳的沙發上。早餐後，我把事情辦完了，到街上看了幾個商場，給嚴靜買了點東西，在餐館吃了午飯，然後把她送到校門口。還沒等我發表臨別贈言，嚴靜先開口了：「您回去給媽和婆婆講，不要掛念我。我會努力學習的，也會料理自己的生活。望您們在家裡要愛惜身體，多多保重！」我說：「希望你發揚初中時的那種競爭和拼搏精神，將來在高考中考出好成績！」說完，我們上車走了。

一九九三年高考前夕，我專程去十堰一中接嚴靜回來。離校之前，嚴靜分別拜望了各位任課老師。老師們以高度的責任感，對這個大山裡來的學生，作了高考前的最後一次複習指導。這次我帶了一個照相機，由嚴欣當攝影師，在校園裡給嚴靜照了幾張相，也給她和幾個同班同學合照了幾張。

嚴靜告別慈母般的姚老師和班主任邵老師，告別同窗三年的同學，告別風景如畫的校園，帶著大家的期望和祝福，回到了闊別的神農架。等待她的將是一場嚴峻的知識和智慧的較量。

嚴靜回到家以後，邵老師還寄來兩套題目，寫了一封充滿親切關懷、寄託殷切期望的信，字裡行間一片深情。

七月下旬，高考分數公布了。嚴靜獲得了全林區文科考生第一名，填報了中南政法學院經濟法系，被錄取了。

在這所令人嚮往的高等學府，嚴靜得到了曾在林區擔任過政府副區長、後任中南政法學院研究生處處長的周聘清，和在林區擔任過黨委宣傳部長、現任中南政法學院黨委宣傳部長的王興合兩位教授，以及周處長的夫人董良玉、王部長的夫人許光芝兩位阿姨無微不至的關懷。

同嚴平一樣，嚴靜還得到了武漢的姑爺姑婆婆，表叔陳光星，表姑陳光俊、陳潔，表兄張敏等親人的關照。

一九九六年春，上大三的嚴靜寫信給我，提出想報考碩士研究生，徵求我的意見。女兒有上進心，我何嘗不同意呢？我當即回信，支持她的行動。儘管我沒考過研，但還是寫了幾條意見：第一，選專業既不要擠熱門，也要考慮將來有利於就業；第二，向有關老師進行諮詢，弄清考哪幾門課，考試範圍、要求及題型；第三，購買有關書籍和資料；第四，從現在起，科學地安排時間，一邊學好本科的課程，一邊投入考研復習。

過了一個多月，嚴靜又來信說，我的意見她都一一落實了。選的是行政法專業，已向周伯伯的女兒——在中國政法大學讀博士研究生的董炯作了請教，瞭解了考研的有關事項，買了書籍資料，已開始複習。

暑假，她再不像往年那樣消閒了，每天清晨就起來讀英語，有計劃地複習要考的功課，像對待高考一樣，開始了新的衝刺。開學返校後，她參加了武漢大學舉辦的考研政治輔導班的學習，並請一位導師進行了複習指導。

嚴靜報名以後一打聽，報考人數與錄取人數之比為五十比一。她又寫信給我說：「形勢非常嚴峻，競爭太激烈了，恐怕沒有把握。」字裡行間流露出信心不足的情緒。我立即寫信鼓勵她：「只抱百分之一的希望，但要作百分之百的努力。」

一九九七年一月二十四日至二十六日是考研日期。時值隆冬，恰遇寒潮，武漢地區也是北風呼嘯，滴水成冰。考完後嚴靜回來說，每門課的試卷有十幾頁，考試時間為三小時。幾天考下來，手腕寫疼了，眼睛盯花了，手腳凍腫了。

四月份，考研分數公布了，嚴靜總分和單科成績均在規定的分數線以上，被錄取了。她是經濟法系應屆畢業生中唯一考上研究生的。讀完研究生，走上工作崗位時，正好是新世紀的開始。屈指一算，嚴靜從上幼稚園到研究生畢業，恰好二十個春秋。漫長的寒窗生活，無數次的拼搏苦鬥，碩士學位真是來之不易啊！

後來聽說，嚴靜初中時的競爭對手、中考第一名的稅瓊也考上了研究生。我十分感慨。一、二名都考上了研究生，並非偶然的巧合。這再次證明，李學進老師治學嚴謹，育人有方，使他的學生在初中階段奠定了堅實的思想和學習基礎，因而才有後來的成功。李學進，良師也！

五

一份耕耘，一分收穫。幾十年過去，孩子們一個個長大了。

嚴平大學畢業後分配在宜昌師專外語系任教。後來宜昌師專與宜昌醫專、宜昌大學、葛洲壩水利電力工程學院合併，成立了三峽大學。嚴平在這裡工作了十年。其間，她晉升為講師，與畢業於湖北經濟管理學院，從事美術、攝影和廣告設計工作的姜勇結婚，有了一個兒子——姜昊。姜勇是個很聰明、有才華、有抱負、能吃苦的青年。但他倆性格不合，後來分道揚鑣了。一九九九年，嚴平考入華南師範大學外語系碩士研究生班，二〇〇二年畢業後來到深圳，在一家中外合資公司工作。後調到青島太平洋海洋石油人力資源有限公司深圳分公司，現任副總經理。

嚴欣大學畢業後分配在葛洲壩工程局三峽醫院。沙市的三爺嚴大椠給嚴欣寫了一封信，教導他如何做人，如何當好一個醫生。嚴欣參加工作後，仍刻苦學習，勤於思考，撰寫了十多篇論文，在醫學刊物及有關雜誌上發表，並於一九九五、一九九七年兩次參加了中華醫學會分別在鄭州和牡丹江召開的全國學術研討會。嚴欣在三峽醫院工作時，響應葛洲壩集團公司黨委號召，對定點扶貧單位鶴峰縣的一名小學畢業生，支持其讀到初中畢業。二〇〇三年初，嚴欣辭去宜昌的工作，來到深圳，被中外合資的CACT公司聘為醫生，在南海一平臺上工作，後升任安全監督。二〇〇九年調到威德福（中國）能源服務有限公司深圳分公司任安全工程師。嚴欣的妻子叫鄭梅，廣東湛江人，醫科大學畢業，在深圳市蛇口人民醫院工作，任兒內科副主任醫師。他們的女兒嚴雯姝，今年六歲。

嚴靜在讀研究生期間，參與了《公務活動中的違法與犯罪大詞典》的編寫，還利用休息時間給函授大專班和司法學校的學生授課。一年中編書、授課、出題、監考、閱卷等獲得的報酬，竟超過了我這個老頭子的年薪，讀研三年，自給有餘。古人說的「授之以魚不如授之以漁」，是千真萬確的。嚴靜二〇〇〇年研究生畢業後任教於天津商業大學，現已晉升為副教授。她的丈夫楊定位二〇〇二年從武漢大學博士研究生畢業後，就職於天津醫科大學總醫院腎內科，現已晉升為教授、主任醫師。他們有一個兒子，起名楊建南，今年七歲。

孩子們的前程是美好的。真是「長江後浪推前浪，一代更比一代強」！

化險為夷

一

一九九五年五月二十八日，晴空萬里，風和日麗。我與黨辦主任姚道軍、副主任趙體泉等陪同當陽市委辦公室、政研室的二十多位客人前往神農架自然保護區觀光遊覽。一路上，先後參觀了燕子埡風景區、紅坪畫廊、保護區的風景埡、瞭望塔。時值春末夏初，神農架樹木蔥籠，山花爛漫，芳草萋萋，客人們為如畫的美景而讚不絕口。中午在瞭望塔下面的草地上野餐。

野餐以後前往板壁岩。這是在保護區內計畫遊覽的最後一個景點。我雖然是老神農，但到板壁岩還是頭一次。車子停在公路上，人們在導遊小姐引導下，沿羊腸小徑魚貫而上，翻過一條山嶺，來到一個很開闊的高山草甸。草甸呈一面緩坡，中間和邊緣有一些犬牙交錯的石林，遠處是一片片墨綠色的冷杉、一叢叢翠綠色的箭竹、一樹樹粉紅色的杜鵑花。客人們盡興地觀賞，選擇各種背景進行拍照，大家還在一起合了影。

玩了一會兒，又順一條箭竹叢中的小路前往「野人窩」。這裡，兩堵石壁之間，矗立著一個高大的石椿，直指雲天。就在石椿的下面，野考隊員曾經發現過「野人」用箭竹編織的窩及其毛髮、糞便和大腳印。「野人窩」由此得名。

看了「野人窩」之後，有幾個客人在趙副主任帶領下，還在往那邊走，不知去看什麼景點，有的順原路返回了。這時，我突然要大便。我從「野人窩」下去，在一塊小草甸邊上找了個避人的地方「方便」起來。我蹲在那裡，清清楚楚地聽到上面林子裡有說話聲，大概是趙副主任帶的客人返回了。

我「方便」之後，本應爬上去，返回「野人窩」，再沿箭竹叢中的小路走回大草甸，翻過山嶺，回到停車的地方。可是，不知何因，我的意念發生了錯誤，以為小草甸這面坡的下面就是公路。

我掖好褲子，從草甸下去，扒開箭竹和灌木往下走。可是越走林子越密，走不下去了。我覺得有點不對頭，便返回小草甸。這時，如果頭腦清醒的話，再往上爬一點就回到了「野人窩」，就可找到箭竹叢中的小路，但我老以為這面坡左下方不遠就是公路，只要往左走、往下走，就會回到公路上。於是，我從小草甸左側進入樹林，往左、往下走去。

樹林裡很雜亂，有高大的冷杉、低矮的灌木和密密麻麻的箭竹。我用雙手扒開灌木和箭竹，往裡面鑽去。幸虧穿了一雙皮鞋，不怕竹茬子。遇到樹林稀疏和下坡的地方，我就大步流星地往前趕，總想儘快回到公路上。有時我停下來，屏住氣聽一聽，希望聽到汽車的馬達聲和人們的說話聲，但森林裡是死一般的寂靜。走著走著，下到一條乾涸的溝底。從溝的那一邊爬上去，又是一條山嶺，翻過山嶺又是一面緩坡；走過緩坡，又下到一條乾涸的溝底。我著急起來，但並不感到恐懼。因為我的意念中，只要向左、向下走，就可以回到公路上。停車的地方不會很遠了，客人和同志們在那裡等著我呢。

我跨過一溝又一溝，越過一嶺又一嶺，翻過一山又一山，在密林中穿行，顧不得荊棘劃破衣褲，哪管它乾竹枯藤羈絆，摔倒了又爬起來。突然，前面是懸崖峭壁。峭壁上長著一些灌木，伸向空中，下面是陰森森的深澗。一股乳白色的濃霧徐徐升上來，涼氣襲人。

我站在懸崖邊，擦了一把汗，吆喝了幾聲，又掀了幾個大石頭滾下深澗。石頭撞擊岩石的隆隆聲由大而小，好一會才消失。

再不能往前走了。我想，只有順來路走回去，找到那個小草甸，但山野茫茫，樹林密密，來路又在哪裡呢？反正往相反的方向走，往亮一些的林子走。走著走著，來到一片石林，我從巨石之間穿過去，有些岩礪磨得油光光的，地上有一些褐黃色的毛，像是野獸經常躺臥的地方。又走了一會兒，一道半人高的土坎擋住去路，左邊是一棵臉盆粗的冷杉，右邊是一叢箭竹，我拽著竹子爬上去，繼續往前走。

林子裡，高大的喬木、低矮的灌木和密密的箭竹及雜草伴生。一些朽木橫七豎八地倒在地上，長滿了苔蘚和地衣。不時有小蛇從朽木中爬出來，受了驚嚇又鑽進草叢。地上腐爛的落葉厚厚的，走在上面如履海綿。有時碰到一個個奇怪的大腳印，一堆堆帶毛的野獸糞便，一槽槽拱翻的新鮮泥土。還有一處，地上躺著半頭血肉模糊的獐子，散發著一股腥臭。我開始有了恐懼的感覺。

走著走著，突然前面又是一道半人高的土坎，左邊是一棵臉盆粗的冷杉，右邊是一叢箭竹，我好生奇怪，這個地方似曾走過。過細一看，剛才正是從這裡爬上去的，坎子邊還留有腳蹬過的印子。怎麼又轉回來了呢？我有點驚慌了。

我像第一次一樣，拽著竹子爬上去，然後找了一個較空曠的地方坐下來，也該休息一下了。一看手錶，已是下午四點，與同志們分手三個多小時了。我擦了擦汗，習慣地從衣袋裡掏出香煙和打火機。幾個小時沒抽煙了，這時又累又怕，多麼想抽一支煙提提神、壯壯膽。但是，我馬上警告自己：這裡是無邊無際的原始森林，地上到處是枯枝落葉，如果一點火星落地就會釀成大禍。我頭腦中浮現出了大興安嶺特大森林火災的畫面。「不能吸煙！」理智終於戰勝嗜好，把香煙和打火機放回衣袋。

二

坐在那裡，我意識到處境十分險惡。這樣在原始森林中鑽來鑽去，何時才能走出去呢？如果從草叢中跳出一隻猛虎，從石林中鑽出一隻黑熊，從林子裡拱出一頭野豬，自己就完了，就會像那只倒楣的獐子一樣，成為牠們的口中食。即使白天碰不到猛獸，但這裡海拔兩千多米，天黑以後氣溫就會降到零度以下。襯衣已全部汗濕，擰得下水來，夜間怎耐嚴寒？聽說猴子石一帶，夏天有行人在那裡過夜時被凍死。雖然中午吃了一份野餐，但翻山越嶺幾個小時，早已饑腸轆轆，口渴難忍。嚴寒和饑渴猶可，更可怕的是，一旦夜幕降臨，各種野獸出來覓食，森林中就會熱鬧起來。說不定牠們把我當成美食爭奪一番，撕成幾塊，然後飽餐一頓，這樣的事並不是不可能發生。

幾年以前，新華鄉苗兒觀村原黨支部書記魏丕興夜晚從石屋頭村回家時在山上失蹤，鄉政府組織幾百人搜尋了幾天，在密林深處找到了他殘缺不全的屍體。

在這生死攸關的時刻，我想到了許多許多。

多少來年，夢寐以求的是去一次首都北京，看看天安門廣場，瞻仰毛主席遺容，參觀故宮，遊覽長城；爬了幾十年格子，也想選擇部分較有價值的文章，輯錄成集，出一兩本書，留下一點精神財富。家庭裡，風燭殘年的老母，血壓偏高的妻子，尚在讀書的小女，她們都不能沒有我啊！在極端艱苦的條件下工作幾十年，現在正趕上了好時代、好日子，應該幸福地度過晚年。難道在這苦盡甜來之時，就這樣匆匆離去嗎？

我失蹤了，領導和同志們該是何等焦急！他們一定在森林中搜尋、呼喊。客人們又是何等掃興，神農架一位老同志為陪同他們而失蹤，他們也會焦急不安。我坐在石頭上，耷拉著腦袋，思前想後，懊悔不已。

三

在同一時間裡，領導和同志們搜尋我的工作也在緊張地進行。

姚主任和客人們回到公路上後，一清點人員，發現差了我一人。幾個同志立即登上山嶺大聲呼喊，沒有回音；又到「野人窩」一帶尋找，不見人影。客人們焦急地等待著，他們當天必須趕到興山。尋找我的同志轉來後，姚主任當機立斷，勸說客人們上車，並送到保護區的出口處——鴨子口。客人們帶著遺憾和不安與姚主任等告辭，前往興山。姚主任立即到值班室打電話，對搜尋工作進行部署。

一個電話打到林區黨委辦公室，叫在家值班的賴一政副主任與公安局和武警中隊聯繫，請他們派一部分幹警和武警戰士，帶上軍犬，作好去原始森林搜尋的準備。賴一政接到電話後，到我家裡對我母親說：「陳媽，老嚴今天不回來了，明天還要陪客人爬山，打電話給我，叫我把他天天穿的那雙白色運動鞋帶去。」母親忙把運動鞋找了，裝在塑膠袋裡，交給賴副主任——這是準備給軍犬嗅氣味的。

第二個電話打給保護區管理局黨委書記、局長張全義，請他派巡山人員協助。張書記得知後十分關注，立即安排距板壁岩最近的猴子石管理所的巡山人員協助搜尋。

打電話以後，姚主任等驅車直達猴子石管理所，接來了幾位巡山的小夥子，分成幾個組開始在大草甸及「野人窩」周邊一帶搜尋。他們大聲呼喚我的名字，一處處地仔細尋找。他們最擔心的是我突然暈厥的毛病復發，在什麼地方倒下了，因而不放過每一個石卡卡、每一叢箭竹。姚主任對大家說：「生要見人，死要見屍，一定要把老嚴找到！」

四

我休息了一會兒，精神鎮定了一些。我下定決心：「不能等死，只要還有一口氣，就要爭取生還！」

我站起來，又邁開大步向前走去。這時，我不知南北，難辨東西，只是哪裡林子亮一些便朝哪裡走。每登上一處高地，就大聲吆喝幾聲，掀幾個石頭滾下山坡，然後側耳聽聽，有沒有汽車的馬達聲，有沒有同志的呼喚聲，有沒有野獸的嚎叫聲。但是，一次又一次，茫茫的森林仍然是死一般的寂靜。時間一分一分地過去，從深澗升起的霧氣在逐漸彌漫，林子裡漸漸暗下來。

我盲無目的地跨過一溝又一溝，越過一嶺又一嶺，翻過一山又一山。突然，在山坡上發現了一條橫穿山林的毛毛小路。

魯迅先生說過：「地上本沒有路，走的人多了，也便成了路。」這條毛毛小路一定是巡山人員踏出來的。有了路就有了一線希望。但是，路有兩頭，一頭肯定是由管理所而來，一頭是通向密林深處。向哪個方向走呢？如果選擇錯了，就會背道而馳，越走越遠。向左還是向右，這是決定生死的關鍵一步啊！

我心急如焚，在路邊站了幾分鐘，額頭上又沁出了汗珠。這時，右邊樹林上空突然傳來群鴉亂噪的聲音，打破了森林裡的寂靜。我在馬鹿場小學工作時聽老農講過，凡是樹林上空有烏鴉聒噪，下面必有大牲口（野獸）。由此判斷，右邊林子裡說不定藏匿著猛獸。如果向右走，就會自投羅網。於是，我決定向左走。

小路只是在長草的地方有一點點痕跡，在枯葉多的地方不怎麼清晰。我仔細辨認著，生怕它再消失。沿著小路又跨過幾條溝，越過幾條嶺，走過幾面坡，來到一小片開闊地。我抬頭一望，遙遠的天邊，高高矗立著瞭望塔。它在落日的餘暉裡閃閃發光。

啊！瞭望塔，你是生命的燈塔，是迷路人的指南！見到你，就有了生還的希望。我振奮

⑥繼本人在原始森林迷路之後，又發生了兩起遊客失蹤事件。一起是一年暑假，鄂州市一個三代單傳的十二歲男孩，隨其父及親友在原始森林裡邊走邊看。眨眼功夫，這個小男孩不見了。其父和親友立即呼喊、搜尋，無果。次日保護區組織一百多人搜尋。第三天，在他走失地點幾里路之外的崖坎下，發現了他的屍體。小男孩的母親悲痛欲絕，後來成了瘋子。另一起發生在一個初秋。上海一個二十九歲的男青年，陪一位日本老人來神農架觀光旅遊。他們登上板壁岩的山嶺後，天下起了小雨，日本老人怕

起來，跑到開闊地中央，脫下白襯衣，使勁揮舞，用盡平生力氣呼喊起來。立刻，遠處林子裡傳出了同志們的喊聲和導遊小姐帶的半導體喇叭放出的音樂。

我在開闊地邊緣找到了小路，沿小路跨過一條溝，進入對面山上的樹林。在半山坡上與姚主任、趙副主任等會合了。這時，時針正指在六點半，我在密林中穿行了整整五個小時。

大家和我親切握手，慶賀我平安歸來，然後讓我走在中間，生怕我再次失蹤。

這時，我才感到精疲力竭，渾身癱軟，每走幾步，就要躺到山坡上喘一會兒氣，休息片刻。終於，又來到大草甸，翻過山嶺，回到了公路。同志們喊回幾位協助尋找的巡山人員。我與他們一一握手道謝。

我向大家簡單講述了迷路的經過。那幾位巡山的同志說：「你走過的地方，叫野豬槽、老熊坡、羅圈套，是保護區核心區的核心，真正的原始森林。我們巡山時人少了都不敢去。你一個人穿過那些地方，沒出什麼事，真是奇跡。」

大家上車，凱旋而歸了。趙副主任詼諧地說：「我們送走客人從鴨子口轉來時，在車上已把追悼會的悼詞想好了，現在用不著了。大難不死，必有後福啊！」⑥

冷，便返回停車場附近的飯店，年輕人隻身進入原始森林。到傍晚還未返回，日本老人報案，保護區組織人員搜尋，不見蹤影。之後，林區政府組織板倉、東溪、九湖、板橋、下穀等周邊幾個鄉的幹部群眾，加上保護區的職工共幾百人，拉網式地搜尋了一個星期，仍無結果。鑒於遊人失蹤事件屢屢發生，保護區亡羊補牢，在原始森林的非核心區修建了幾條環形步行道，沿途設立了多處警示牌，遊人失蹤的悲劇才未重演。

五

在此之前，我曾三次歷險。

第一次是一九五四年。我的家鄉有一條不大不小的河。我和許多小朋友夏天常常下河在深潭裡游泳，潛入水中在石頭下摸魚。這年夏天，興山連降暴雨，河水猛漲。主河道與支汊河之間那塊從來沒淹過的大河壩也被淹了，封岸的河水洶湧澎湃，濁浪滔天，發出震耳欲聾的咆哮聲。滿河的樹疙瘩、木料、柴禾隨波逐浪，時隱時現。有時還夾有死豬、死牛及箱子等物。兩岸的老百姓戴著斗笠，拿著綁著鉤子的長竹竿，站在岸邊鉤河水漂下來的柴禾，家鄉人叫撿「浪渣子柴」。

我（當時十三歲）和母親也各拿一根竹竿，找了一個合適的地方站著鉤柴。一會兒，從上游漂來一根兩丈多長的檁條，離岸只有幾尺遠。我用竹竿一鉤，由於水勁太大，我力氣太小，加上站的那一段河岸已被大水沖成了陡坎，腳下一垮塌，我滾到河裡去了。母親趕忙去拉我，也被帶進水中。母子倆立即被洪水吞沒。

我在水中死死抱住那根大木料不放，被沖下去一百多米遠，突然覺得腳下觸到了泥沙。我就勢站起來一看，母親就在不遠的水中掙扎，頭時隱時現。我忙游過去，把母親拉起來朝岸邊走去。原來，這裡是一片水田，雖然被淹沒，但水較平緩，只齊腰深，再下去就是波濤洶湧的激流了。這次為一根木料幾乎斷送了母子倆的性命。

第二次是一九六六年十月份。縣教育局給我校安排了三千元校舍維修經費。高運漢校長為了給我一次回家與新婚妻子團聚的機會，便派我去領這筆錢。我先到城關，在局裡辦好手續，把錢取出來。三千元，厚厚的一遝，我有生以來第一次見到這樣多的錢。到寶龍妻子家住了兩天，回校時從火石嶺乘班車到板廟，準備走鬮山那條路回新華。

當我走到白龍潭快下公路時，與兩個不相識的人邂逅相遇。他們每人背著一個小背簍、一把小鋤頭，對我說是從遠安來，途經新華公社到神農架採藥去的。聽說我也是去新華的，便約我跟他們一道從蛇草坪、鄭家河走一條近路。

這條路我聽說過，但沒走過。考慮到天色已晚，我一個人從鬮山上走，怕碰到野獸，就答應與他們結伴而行。

走著走著，我開始後悔和警覺。這兩個人是好人還是壞人？此去沿途都是深山峽谷、荒無人煙，我又帶著鉅款，他們要是起了歹心怎麼辦？謀財害命的事新華公社時有發生。六〇年代初，一個叫袁代亮的農民，在煙墩埡打死了一個背糧食的人，搶去十多斤玉米。還有原公社副主任谷正華在上毛蠟池的大路上被保康縣一個啞巴打死，兇手搶去了一塊手錶。我越想越怕。但已走到半路上來了，進退兩難，只得邊走邊思忖對策。

我暗暗告誡自己，千萬要做到財不露帛，要裝窮叫苦，要以情感人，要沉著鎮定。

於是，我就與他們拉起了家常。從他們採藥的艱難辛苦，掙錢養家糊口的不易，講到我這個窮教書匠，一個月才三十多元工資，難於維持一家人的生活，政治運動來了還要挨整。我告訴他們，我的家在興山農村，與遠安都屬宜昌地區，算大老鄉。這次是老母生病，我請假回去探望，請醫弄藥，錢花光了，走時連一塊錢的車費還是向鄰居借的。我偷偷地將裝錢的帆布挎包帶子解開，露出舊衣服和一雙布鞋（錢包在衣服中間）。坐下休息時，當著他們的面從挎包裡翻出兩個玉米麵饃饃，三個人分著吃。我把挎包丟在一邊，毫不在意。吃完饃饃，我又藉從衣袋裡找煙和火柴之機把幾張亂紙和車票翻了出來。其目的就是從各方面給他們造成一個印象：這個人是個身無分文的窮光蛋。

不知不覺登上山埡。山那邊全是懸崖峭壁，有的地方必須揪著樹枝或箭竹往下爬，非常危險。他們要我走前面，我也就不謙讓，裝出若無其事的樣子。幸虧我練就了走山路的過硬本領，走在前面，他們跟不上，始終拉開一定的距離。下到溝底以後，基本上沒有路，完全從石頭上跳來跳去，有時還要涉水。

這時天已黑下來，我有手電筒，而他們沒有。走到難走的地方，我就轉身給他們照一照，站著等一等，對他們以誠相待。一直到走出代家口溝上了大路，我才放了心。

我與這兩個萍水相逢的人，一同走了幾十里最艱險的山路，總算平安無事。我邀他們到學校，招待他們吃了一頓便飯，讓他們在學生寢室住了一晚。第二天一早他們向我告辭，到房縣的田家山一帶採藥去了。

這件事我後怕了好長時間。想當時，我如果稍不留心露了「馬腳」，「瞎子見錢眼睜開」，在荒無人煙的地方，他們兩個對付一個，易如反掌。但是，我用智慧和勇氣保全了國家財產和個人生命，實在是值得慶幸的。

第三次是一九七三年春。那時我在馬鹿場小學工作。一個星期六傍晚，我從學校回家去，跑下大爬兒坡，走過白沙溝，又上一條嶺，在下小爬兒坡時，只見溝對面山坡上一叢馬桑樹在搖晃，別的樹絲紋未動。我站住仔細一看，兩隻大黑熊直立在樹叢中，正在用前爪把馬桑樹枝攬過來吃馬桑果。出溝的路就在馬桑樹下面，只距兩丈多遠。這一帶沒有人家。我蹲下來觀察，路兩頭都沒有行人，黑熊還在一個勁兒地吃馬桑果，天色又漸漸暗下來。農村流傳著「一豬二熊三老虎」的話，後溝蔡安樂的父親就是被黑熊咬死的。我越想越怕，急出了一身大汗。後來只好壯著膽子，屏住呼吸，輕手輕腳下到溝底，又輕手輕腳從黑熊腳下的路上走過。走了半里路才回頭望了一下，黑熊還在吃馬桑果。我開始奔跑起來，一口氣跑了五里路，到達作坊一戶人家才休息了一會兒。

像這樣有驚無險的事，還有一些，這裡就不贅述了。

我多次歷險，而每次為什麼又能化險為夷呢？

我的母親做了最好的解釋：「我們嚴家祖祖輩輩積德行善，沒做過傷天害理的事。

上蒼有眼，天不滅我也！」母親是個大善人，過去儘管戴著「地主分子」帽子，但人們並未把她當「敵人」對待。不論是在老家，還是在新華、松柏，凡瞭解她的人，對她的美德和善舉都是有口皆碑。

我不相信鬼神，但信奉人們常說的「善有善報，惡有惡報」。回顧幾十年來，我的的確確做了大量好事善事，以熱心快腸、樂於助人而著稱。

「施恩不圖報」。我不是為了得到別人什麼好處。因為人世間哪個能夠萬事不求人呢？應該互相理解、互相關心、互相幫助、互相支持。有一句歌詞說得好：「只要人人都獻出一點愛，世界將變成美好的人間。」

守法、守紀、守信、守時；善待同志、善待朋友、善待親戚、善待家人；做不到的事不說，說了就一定要做；寧可自己吃虧，不叫他人受損。這些，就是我做人的準則。

六朝元老

中國有一個「六朝古都」，就是南京。在神農架林區黨政首腦機關，曾經有一位「六朝元老」。元老者，政界年輩資望高之人也。「六朝元老」是誰呢？就是本書的作者。

我從一九八三年春調到林區政府辦公室，後調到林區黨委辦公室、黨委政研室，到二〇〇二年退休，度過了二十個春秋。這二十年中，先後經歷了六任黨委書記，即馬仁學書記、徐少傑書記、尹作斌書記、鄭清勝書記、謝繼倫書記、譚徽在書記，因而本人自詡為「六朝元老」。

二十年中，做的工作、經歷的事情，大多忘卻了，也沒有必要都寫下來。但有幾件刻骨銘心的事，還值得一記。

高產秘書

我先後擔任林區政辦副主任、黨辦副主任、政研室主任、黨委副秘書長，雖然是正科級領導幹部，但實際上做的是秘書工作。

秘書工作紛繁複雜。我除了跟隨領導出差、參加各種會議、進行調查研究、接待有關客人、閱讀上級文件、增訂黨報黨刊等一般性工作外，做得最多的就是起草各種文稿。

從一九八三年起，我成為林區黨委、政府的主筆近二十年之久，承擔了大量的寫作任務。如，起草政府工作報告、黨代會工作報告、書記區長的講話稿；起草林區黨委、政府上報省委、省政府的請示和彙報材料；起草政策性文件、企業體制改革方案；參與制定林區建設方針、林區國民經濟與社會發展計畫；撰寫領導署名文章；深入農村、企業和事業單位進行調查研究，撰寫調查報告、調研文章；撰寫學習鄧小平理論和三個代表重要思想的心得體會文章；被林區黨校聘為兼職教師，到黨校講課；被《神農架報》社、林區廣播站聘為特約記者，撰寫各種稿件等等。十年前我寫的〈兩次考驗〉是我起草文稿具有代表性的典型事例。

二十年中，我寫了多少文稿，已無法精確統計，但可以做個粗略的估算。篇幅幾千字的一般三天完成；千字左右的則一天一篇。每年至少要寫百餘篇，二十年不會少於兩千篇。

在我起草的文稿中，我引以自豪的有六篇。

一是〈美麗富饒的神農架林區〉。一九八五年春，林區黨委、政府擬在全省招聘科技人才，安排我撰寫一本宣傳資料。我按時完成了任務，即〈美麗富饒的神農架林區〉。它全面系統地介紹了神農架林區優美奇特的自然風光、極為豐富的自然資源、突飛猛進的經濟建設、十分廣闊的發展前景、招聘人才的優惠政策，等等。這本小冊子曾在湖北省經濟技術成果展覽和人才招聘大會上廣為散發，起到了重要的宣傳作用。許多應聘來林區工作的同志就是閱讀了這本小冊子而動心的。全區第一批招聘三十五人，之後又陸續招聘了一些同志，緩解了神農架科技人才奇缺的矛盾。其中許多同志後來擔任了林區黨委、人大、政府、政協及有關部門的領導。

二是〈湖北省神農架自然資源保護條例〉。是一九八六年林區人大常委會交辦，在人大原副主任陳人麟指導下起草的。上報省人大後，於一九八七年二月十七日由湖北省第六屆人民代表大會常務委員會第二十五次會議通過，於一九八七年二月二十日湖北省人大常委會公告公布，從一九八七年六月一日起施行。從此，神農架自然資源保護工作納入法制軌道，進入了一個嶄新的階段。

三是〈加強貧困山區農村黨的基層組織建設〉。一九九〇年，省委組織部擬召開湖北省黨建理論研討會，通知各地、市、州、縣及省直各單位、大專院校報送研討文章。林區黨委安排我寫了一篇（題目如上），按時報上去了。省委組織部從報送的七百六十三篇中選出一百八十五篇印發大會交流。我的文章入選。其後，又從大會交流論文中精選六十八篇彙編成《新時期黨的建設理論與實踐》一書，由湖北人民出版社出版，全國發行。我的文章再次入選。

四是一九九三年報送省委、省政府的〈關於將神農架林區列為上報國務院全國貧困縣的請示〉。該文件報上去以後，加上領導積極爭取，神農架林區終於成為國家級貧困縣。從此，國家和省扶持林區發展經濟、增強「造血功能」的無償資金和貼息貸款滾滾而來。這份文件有著很高的「含金量」。

五是〈發展旅遊業是振興神農架林區經濟的必由之路〉（領導署名文章），發表於中共湖北省委機關刊物《政策》雜誌一九九六年第三期，獲全省三等獎。該文介紹了神農架獨具特色的旅遊資源；論述了發展旅遊業是解決保護與開發這一矛盾及擴大對外開放和加快經濟發展的有效途徑；闡述了神農架林區發展旅遊業的指導思想和遠景規劃。後來，省委、省政府提出「兩山一江」（即神農架、武當山、長江三峽）的旅遊黃金線路和旅遊目的地。神農架的旅遊業開始步入快速發展時期。

六是〈關於神農架林區機構級別問題的請示〉。上世紀九〇年代初，林區領導提出了爭取神農架林區級別升格的設想，安排我進行研究和探索。之後，我為林區的省人大代表、省政協委員先後寫了四次關於神農架林區級別的建議、提案，由他們提交給省「兩會」。這些建議和提案得到了部分省人大代表和省政協委員的支持及省有關部門的關注。

一九九五年九月，書記從省裡開會回來說，一位省領導告訴他：省人大代表和省政協委員反映的神農架林區級別問題，叫林區給省編委報送一份正式文件，以便研究。

看來神農架林區升格有希望了，大家都很振奮。起草文件的任務仍由我承擔。我也很樂意承擔。一是領導把這項重要工作交給我，是對我的信任和重托；二是如果升格成功了，我也許能從中「分得一杯羹」。我把原來寫的幾份建議、提案稿翻出來，但都比較簡單，不能照搬，因而我到林區檔案館查閱有關歷史資料，找依據、想理由、擬提綱，重新構思，另起爐灶，忙了幾天，按時把文件稿拿出來了。

文件稿陳述了神農架林區建立以來體制、機構及隸屬關係變更情況；論述了神農架林區的重要地位和作用；闡述了保護、開發和建設好神農架林區的特殊重要意義以及目前級別不相稱的情況；提出了三條要求：（一）將神農架林區林業管理局定為正縣級。（二）將神農架自然保護區管理局定為正縣級。（三）將神農架林區的級別定為副地級。

書記看後很滿意，立即簽發，以林區黨委、林區政府的文件呈送給了湖北省編制委員會。

過了一段時間，省編委的批覆下達了。同意湖北神農架自然保護區管理局為正縣級事業單位；同意神農架林區林業管理局為正縣級企業單位。整個林區並未升格，只是提高了部分領導幹部的級別。

根據批覆，省委組織部下達了神農架林區有關幹部級別的通知：神農架林區黨委書記、人大主任、政府區長、政協主席由正縣級升為副地級（副廳）；四大班子的常務副職由副縣級升為正縣級（正處）；神農架自然保護區管理局黨委書記、局長由副縣級升為正縣級（正處），副職由正科級升為副縣級（副處）。神農架林區林業管理局黨委書記、局長由副縣級升為正縣級（正處），副職由正科級升為副縣級（副處），以上提高了級別的二十多名幹部，其政治待遇和經濟待遇隨之相應提高，得到了實實在在的好處；也便於幹部交流了。林管局和保護區管理局成為林區需要提拔但四大班子又無法安排的幹部任職場所。

當時提高了級別的幹部和以後擔任這些職務的幹部是幸運的。他們也許不知道，在二十世紀九〇年代，林區黨辦曾經有一位老人，為爭取神農架的級別付出了怎樣艱辛的勞動！

當然，爭取級別升格並非我一個人的功勞。當時的黨政領導利用彙報工作、參加會議、接待上級領導等各種機會做了大量工作；還有當時林區的省人大代表和省政協委員在省「兩會」上的不斷呼籲，都發揮了作用。如同一臺戲，他們是臺上的表演者，我是臺後的工作人員，兩方面缺一不可。

二十年中，我起草的文稿數量多、質量好。「高產秘書」的稱號是當之無愧的！

一炮十萬

在現代漢語中，「一」字開頭的成語很多，如一心一意、一來二去、一波三折、一曝十寒、一諾千金、一本萬利等等，不勝枚舉。我在這裡講一個並非成語的「一炮十萬」的故事。

二十世紀九〇年代，湖北省幹部職工工資水平在全國處於中下等。為了提高其待遇，省裡出臺了一些補貼政策，當時稱為「上面給政策，下面拿票子」，省裡是不撥錢的。

神農架儘管是窮山區，但也有一些富單位。除了地方財政撥人頭經費以外，還有預算外收入。有的是向省主管部門爭取來的；有的是在執法或辦事時，按有關文件規定收取的費用；也有自辦企業的盈利。爭取來的資金、收取的費用、企業的盈利，存在銀行裡，當時稱為「小金庫」。單位擁有小金庫的所有權和支配權，因而這些單位日子好過，只要上級有了政策，該發給幹部職工的都按時發了。

黨辦和政辦只有財政按人頭撥的基本工資和業務經費，沒有任何預算外收入。黨政領導人的經費也撥在一起，他們出差多、開銷大，因而經費十分緊張。長期以來，「兩辦」人員只發了基本工資，補貼政策一項也沒兌現。這樣，在同一個地方，幹部職工待遇極不合理，形成了強烈反差。但是，大家敢怒而不敢言。

幹部職工待遇差別不僅表現在補貼方面。

每年元旦、春節之前的一段時間，是富單位最忙的時候，除了造表發年終獎金以外，還要派搞後勤的同志前往江漢平原採購大米、糯米、香油、鮮魚、皮蛋、鹽蛋、蓮藕等物資，一車車拉回來，分給本單位職工。

這些單位還要忙著給有關領導送年禮。一般由單位辦公室負責人和小車司機執行任務。有朋友對我講，他們單位不送香油、鮮魚之類的東西，不值幾個錢，而是送五糧液和中華煙，才拿得出手。也有送紅包的，更加簡單，但都是由單位一把手親自出馬。

這些情況，在彈丸之地的松柏鎮，並不是什麼秘密，大家耳聞目睹，心照不宣。中國是禮儀之邦，古往今來，莫不如此。過去有句老話：「三年清知府，十萬雪花銀。」《半月談》曾登過一篇文章，說的是安徽省一個國家級貧困縣，新調去一位縣委書記，過年時，單位和個人給他送禮金十萬多元。但該書記全部交給了縣財政。

請客送禮基層如此，上面何嘗不是如此！每逢過年之前，一些單位的領導就要帶著禮品，專程赴省城，給上級部門的領導拜早年。聽說省有關部門在春節之前也要忙著進京，以「彙報工作」的名義給國家有關部門送年禮。

為什麼各級都要給他們的上級送禮呢？社會上流傳的一首順口溜作了最好的詮釋：「不跑不送，原地不動；只跑不送，平級調動；又跑又送，提拔重用。」

每到年底，還有一項重要工作，不管富單位、窮單位，都要召開年終總結大會。黨辦歷年來都是單獨召開的。

一九九六年元旦前夕，黨辦、政辦的領導商量，決定「兩辦」在一起開年終總結會，並邀請書記、區長參加。開會的地點定在四樓會議室。還通知行管局買水果、糖果、花生、瓜子、香煙，在神農架大酒店訂了六桌酒席。再困難，一年聚一次餐是少不了的。

我得知這一安排後，認為這是一次難得的機會。黨政主要領導都出席，規格高，參會人員多。因此，我決定借這個機會「放一炮」，把神農架機關之間貧富懸殊、苦樂不勻的問題反映上去。我在「兩辦」資格最老，敢於說話，而且提拔無望，無所顧忌。我願意當同志們的代言人。於是，我花兩天時間寫了發言稿，並向姚主任作了彙報，他無異議。

開會這天，四樓會議室的左邊牆上掛了紅色橫幅，上面貼著「林區黨辦、林區政辦年終總結會」幾個大字。橢圓形的大會議桌及周圍一些桌子上，擺放著水果、花生、瓜子、糖果、香煙，生了幾盆木炭火。

上午八點，「兩辦」的同志陸續來了。一會兒，書記、區長在「兩辦」主任陪同下步入會場，在會議桌的左端坐下。「兩辦」主任分坐兩邊，依次是副主任及其他同志，五十多人把會議室坐得滿滿的。兩位領導與同志們談笑風生，氣氛十分熱烈。

會議由林區黨委常委、黨辦主任姚道軍主持。他首先說了「開場白」，大意是：一九九六年新春佳節即將來臨，首先代表林區黨委、政府，並以個人名義，給「兩辦」的同志們拜個早年，祝大家新年快樂，身體健康，闔家幸福！今天，書記、區長在萬忙之中參加我們的會議，體現了領導對「兩辦」工作的重視和支持。讓我們以熱烈的掌聲歡迎兩位領導蒞臨我們的會議！

在一陣掌聲後，姚主任繼續說，希望同志們暢所欲言，認真總結一年來的成績，分析存在的不足之處，提出新的一年的工作打算，也可以提要求和建議。之後，姚主任宣布總結大會發言開始。

我清了清嗓子說：「我來打頭一炮，作『拋磚引玉』吧。」我的發言分三部分。

第一部分：總結了一年來，林區黨委辦公室在上傳、下達、會務、辦文、跟班、協調、服務、調研、資訊、訂刊、機要、保密、信訪、接待、小車、文印、學習、黨建等十八個方面的工作所取得的成績，既有情況，也有數據。

第二部分：歸納了「三個一流、四條經驗、五種精神」。

三個一流是黨委辦公室創造了林區一流的工作成績、一流的工作效率、一流的工作作風。

四條經驗是黨政領導同志對辦公室工作的關心、支持和指導是做好辦公室工作的根本保證；以姚道軍同志為首的黨辦領導班子精誠團結、以身作則，是做好辦公室工作的力量源泉；黨辦全體同志忠於職守、任勞任怨的敬業精神是做好辦公室工作的內在因素；各部門、各鄉鎮的積極支持、密切配合是做好辦公室各項工作的必要條件。

五種精神是團結協作的精神、默默奉獻的精神、吃苦耐勞的精神、一絲不苟的精神、顧全大局的精神。

對每個「一流」、每條「經驗」、每種「精神」，都分別作了闡述，舉了實例。

第三部分：分析了目前存在的困難和問題，著重談了辦公室經費拮据、幹部職工待遇低下等方面的情況。

辦公經費方面：辦公設備落後，無錢添置；機要局的通訊設備無錢更新；小車太少，領導和辦公室的同志出差，到處借車；文印室的微機老化，無錢購買和維修。債臺高築：小車隊在石油公司賒汽油，在配件門市部賒配件，在修理廠欠修理費；文印室在印刷廠賒文件頭、賒白紙；隨著神農架知名度的提高，來神農架視察工作、觀光旅遊的上級領導、各地黨委部門的客人與日俱增，財政撥的招待費只是杯水車薪，還遲遲不能到位，黨辦拖欠林區賓館、神農架大酒店、張公賓館、木魚財苑賓館的招待費達二十多萬元，每天都有討債人拿著欠條找上門來。還有經常出差的同志手中沒有報銷的條子等等。長此以往，黨辦的工作將無法正常運轉，也影響了黨辦的形象和聲譽。

幹部職工的待遇方面，上級有政策但沒有兌現的項目有：工資改革時，各種津補貼沖去六十四元之後保留的部分；每人每月生活補助費；每年的獎金（應按一個月的工資額發放）；住房公積金單位應該交的部分；夏天的降溫費；冬天的取暖費；加班補助費；副科級以上幹部可以報銷的電話費；獨生子女補助費，等等。

上面各項加起來，每人每年至少在五千元以上。幾年來，公家已欠我們每人數萬元。

我算了細帳以後說：「同在一個天底下，同在一個神農架，幹部職工的福利待遇相差懸殊，有著天壤之別，太不公平，太不合理！如果長此以往，我們的工作積極性何以有之？『又要驢兒不吃草，又要驢兒走得好』是不可能的。現在畢竟是社會主義初級階段，按照《中華人民共和國憲法》，每個公民有勞動的權利，勞動者有獲得報酬的權利。我們付出了勞動，應該按照政策得到相應的報酬。我們是人而不是神；我們生活在社會上，而不是生活在真空裡。我們也有七情六慾，我們也有妻兒老小，我們也要掙錢養家糊口！我們也應該分享改革和發展的成果，不斷提高生活水平和生活質量！我們也要脫貧致富奔小康！希望領導考慮並解決我們的困難與要求！我的發言有不妥的地方，請領導和同志們批評指正。謝謝大家！」

我一說完，會場上立刻爆發出長時間的熱烈掌聲，這是我沒有預料到的。我說了大家想說而又不敢說或說不清楚的話，掌聲是對我發言的肯定、支持和感謝。

「兩辦」其他的副主任心有靈犀，立即跟進，一個個發言。他們除了總結成績以外，更多的是圍繞我的話題進一步展開。

上午十一點多，姚主任說，上午的發言暫時告一段落，下午接著開。現在請領導作指示。

書記、區長謙讓了一番，還是書記講話。

大意是：剛才聽了幾位同志的發言，很受感動。同志們一年來做了大量工作，取得了不少成績，不僅保證了「兩辦」工作的正常運轉，也是對我們領導的最大支持。我代表黨委、政府向同志們表示感謝！也借此機會給同志們拜個早年！同志們列舉的困難是實事求是的，提出的要求也是合情合理的。以前領導對大家工作上要求多、要求嚴，但對辦公室的困難瞭解不多，對同志們的福利待遇關心不夠，要請同志們諒解。希望「兩辦」的全體同志在新的一年裡再接再厲，把工作搞得更好，取得更大的成績！書記說完後又是一陣掌聲。

下午，書記、區長們有事就沒有再參加會議，發言繼續進行。過了一個多小時，值班的通訊員把兩位主任喊出去了。

一會兒，兩位主任回到會議室。等一個正在發言的同志說完以後，姚主任說：告訴同志們一個好消息，下午一上班，書記打電話叫財政局劉局長到他的辦公室，他與區長、劉局長商量後，決定由財政局立即給「兩辦」撥款十萬元，每人發生活補助費一千元，讓大家過個好年。剩下的幾萬元償還「兩辦」在急的債務。

姚主任說完，會場上又是一陣長時間的熱烈掌聲。

下午五點多鐘，總結會結束。姚主任進行總結以後叫大家不要回家，直接到神農架大酒店聚餐。兩位主任把書記、區長及在家的其他領導都請去了。宴席上，領導和同志們頻頻舉杯，共祝新年。大家都給我敬酒，喝了個一醉方休。

柳暗花明

二〇〇一年元月，長陽縣縣長譚徽在調任神農架林區黨委副書記、政府區長。

譚區長一上任就馬不停蹄地深入農村、企業、機關、學校、醫院，進行調查研究，瞭解區情民情，還經常召開各種會議，非常忙碌。

一天，我找到政府秘書長王興林說：「我想去拜見譚區長，這段時間他太忙，不便打擾。等他把這一陣子忙過了，請你引薦。」王秘書長連說「可以」。我找了自己的兩本拙作，請他轉交給譚區長。

過了一些日子，王秘書長到我的辦公室說：「譚區長現在在辦公室，你快去。」我放下手中的工作，立即隨王秘書長進了譚區長的辦公室。

王秘書長對譚區長說：「這位就是我給你說過的政研室主任嚴永西。他來見你，向你彙報工作。」說完就出去了。

譚區長忙站起來，緊緊握著我的手說：「嚴老，你好！」叫我坐下，給我倒了一杯水。

譚區長稱我「嚴老」，我不好意思。我說：「就叫我老嚴。」

譚區長不同意：「那怎麼行，老幹部是我們的寶貴財富，應該受到尊重！」

譚區長坐下以後接著說：「你的兩本書，興林轉交給我了。我翻了一下目錄，看了幾篇，內容很豐富，寫得不錯。你是個人才！」

我說：「譚區長過獎了。」接著把政研室的情況作了簡要彙報，然後說：「以後請譚區長對政研室多出題目、多交任務、多作指導。」

譚區長說：「那好！前天開大會你參加沒有？」我說前天到木魚去了，沒有參加。

譚區長說：「前天我在大會上講了一些觀點。根據我們神農架的情況和特點，今後如何加快經濟發展，我概括成五句話，就是『舉生態旗，打野人牌，走開放路，唱旅遊戲，發綠色財』。」

我聽了以後覺得觀點很新穎，便掏出本子和筆，請他再說一遍，我記下來。

譚區長應我的請求，把五句話的內涵及它們之間的聯繫分別作了闡述。我邊記邊想，譚區長來的時間不長，對神農架的情況已瞭若指掌，對今後的發展思路進行了深入研究，作了科學的概括，有很多精闢、獨到的見解，令人欽佩！

我記錄完畢之後說：「譚區長，我有一個想法，把你講的觀點、思路整理一下，投給省刊，作為你的署名文章。在這之前，我給幾位書記、區長都寫過署名文章，發表在《政策》雜誌、《湖北政報》等省刊上。」

譚區長表示同意。我向他告辭。他站起來，再次握著我的手，把我送到門口。

我很快把文章整理出來了，題目為〈舉生態旗　打野人牌　走特色路　努力推進神農架旅遊經濟的快速發展〉。我把文章清樣呈送給譚區長。他看後同意上報。我把此文寄給了中共湖北省委機關刊物《政策》雜誌編輯部。

一個多月後的一天，譚區長來到我的辦公室，一進門就說：「嚴老，『舉生態旗』那篇文章《政策》雜誌發表了，還寄來了一百元稿費。」說著，把一張百元鈔票放到我的辦公桌上。

我趕忙站起來，同他握手，然後把錢退給他。我說：「文章是你的觀點和思路，是你的調研成果，我只記錄了一下，稿費應該給你。」

譚區長又把錢放到桌子上，說：「你就不要推辭了，寫文章辛苦，買幾包煙抽吧。我現在忙，不多說了。」然後匆匆走出了辦公室。

譚徽在同志調到林區任職以後，人們看到林區發生了許多令人欣喜的變化：

■松柏鎮大街上空密如蛛網的「四線」（電線、電話線、電視線、移動通訊線）下地了，街面和下水道進行了改造，街道更加寬闊、平整、靚麗。

■工人俱樂部門前凸凹不平、雜草叢生的空地建成了具有神農架特色的小廣場，人們有了一個休閒的場所。

■百步梯下面的體育場在停工數年後終於建成了。

■林區農貿市場建成了，原來髒亂差的菜市場建成了乾淨整潔的步行街。

■從外地引進商業零售企業，在松柏建了兩個小超市，方便了居民購物。

■沿河路公路段門口至林區水廠石橋的一段，公路改造成水泥路面，修了堅固的河堤，人行道建了石欄杆，鋪了地磚，栽上了從湖南引進的桂花樹。每到秋天，丹桂飄香，成了松柏居民又一個散步健身的場所。

■林區內國道、省道和區鄉道路的柏油路面，每年以七十多公里的速度向前延伸

（以前每年十公里），全部實現了「黑色化」，成為鄂西北山區最好的公路；投資四點二億元的生態旅遊高等級公路已開工建設（現已通車）。

■神農架旅遊重鎮木魚、紅坪迅速崛起，賓館飯店林立，旅遊設施不斷完善，旅遊商品豐富多彩，具有地方特色的藝術團演出水平大大提高，遊客逐年增多，旅遊經濟收入占全區GDP的比重不斷上升。

■神農架滑雪場建成了。

■神農架民航機場項目的申報、立項工作進展迅速，已通過了國家有關部門的審查（現已開工）。

■二〇〇五年，林區財政收入開天闢地以來首次過億，達一點一四二億元，是譚區長任職前（二〇〇〇年）二千一百二十二萬元的五點三八倍，連續三年增幅為全省第一。

■工資改革後保留的津補貼納入幹部職工工資，財政撥款，按月發放。

■每年多發一個月工資作為獎金的政策，各單位全部兌現。

■邊遠高寒地區職工津補貼開始發放。

■實施天然林保護工程後，譚徽在同志多次帶領有關部門的負責人跑省進京，向部長、省長、廳局長彙報，將已退休的二千二百九十二名林業工人納入養老保險統籌，一次性安置林業工人三千二百五十三名，為林區的發展剝離了包袱，增強了動力，解決了困擾林區黨委、政府多年的一個老大難問題。

■二〇〇五年農民人均純收入達二千一百六十四元，是二〇〇〇年的一點七倍。

■林區政府投入三千三百萬元，在城郊和公路沿線興建了漂亮的居民點，將深山、高山、遠山的七千多農民遷到了條件好的地方等等。

可以說，譚徽在同志擔任林區政府區長和林區黨委書記的六年，是神農架林區國民經濟和社會事業發展最快、城鄉面貌變化最大、人民群眾得到實惠最多的六年！

更令人感動的是，譚區長對廣大群眾的關愛。

二〇〇二年夏天的一個深夜，陽日鎮樂意河上游公路施工工地上，因天降暴雨而發生泥石流，一個住著九名民工的工棚被沖下深溝。譚區長得知後，立即帶領武警官兵、公安幹警和機關幹部趕赴事故現場，指揮搜尋遇難民工。水急泥深，搜尋工作十分艱難。經過幾天奮戰，終於搜尋出九名遇難民工的遺體。譚區長又指示有關部門做好善後工作。

二〇〇五年夏天，神農架連降暴雨，河水猛漲。有兩輛大卡車被陷在陽日灣玉泉河和青楊河匯合處的沙灘上，車上有六個人。河水繼續上漲，情況十分危急。時任黨委書記的譚徽在同志接到報告後，立即趕赴現場組織營救。他派人找來一輛長臂吊車，司機把吊車開到距卡車最近的地方，將機械長臂伸過去，把被困的六個人一個個吊到岸上，脫離了險境。一會兒，兩輛卡車就被洪水吞沒了。之後，譚書記提議並經林區黨委常委研究，給這位救人的吊車司機獎勵了五萬元，並將其招為水利局職工。

那幾年，林區的一些企業改制，按職工工齡給予一次性補償，叫「買斷」。由於企業之間差別很大，因而矛盾突出，標準低的企業職工，常常到政府上訪。譚書記不迴避矛盾，而是叫上訪職工推選代表，到他的辦公室去談；並通知經貿委及有關部門、有關企業的負責人一起來聽職工們的意見，研究解決的辦法，儘量做到合理，化解了矛盾。當時社會上流傳著幾句順口溜，後兩句是：「找了譚徽在，問題解決快。」

人們記憶猶新，譚徽在同志二〇〇一年元月在正式當選林區人民政府區長的就職講話時，向全區人民作出了「虛心學習，不當昏官；勤政為民，不當懶官；求真務實，不當浮官；敢於負責，不當軟官；廉潔自律，不當貪官」的莊嚴承諾。譚徽在同志以實際行動實踐了自己的誓言，向黨、向神農架林區人民交了一份優秀的答卷！

一波三折

二十世紀末到二十一世紀初，國家機關進行機構改革，主要目的是精兵簡政，轉變職能。當時，省委組織部和省人事廳根據中組部和人事部有關文件精神，經請示省委、省政府同意，聯合下發了三十七號文件。文件規定了一些優惠政策。其中有這樣一條：年齡五十五歲以上，擔任正科級職務十年以上，符合提拔條件的，按照報批程序，先提拔為上一級非領導職務（助理調研員，副處級），然後退養。

林區黨委、政府根據省三十七號文件精神，下發了十一號文件，重申了這條政策。但是，林區沒有副處級幹部管理許可權，必須報省委組織部批。

林區召開了全區機構改革動員大會。A書記在報告中專門講了這條政策。他動情地說：「這個十年，正是我擔任區長和書記的十年，同志們對我的工作給予了積極配合、大力支持，為林區經濟建設和社會發展做出了重要貢獻。我是很感謝大家的。憑個人感情，我也要向省裡積極爭取，落實這條優惠政策，使同志們退下來後享受更好的待遇。」A書記激動人心的講話，贏得了大家的熱烈掌聲。

但是，機構改革就要結束了，還沒有動靜。我與謝先發、盧開明、劉大林等幾位同志去找A書記和組織部的C部長及有關領導。他們回答說，已向省委組織部報了，但省裡不批。

這就奇怪了。省委組織部和省人事廳制定的政策，怎麼會不批呢？我們便向林區周邊的宜昌市、襄樊市、十堰市、恩施州所轄的一些縣市打聽，他們都按省三十七號文件執行了。我們托熟人弄到了部分縣的文件。如興山縣委的文件規定，年齡五十五歲以上，擔任正科級職務十年以上的幹部，在機構改革中退休的，享受副縣級待遇。實際上就是多拿一點退休費。

我們瞭解外地的情況後，便懷疑林區是否真的報了。我們中有一位與組織部某人相好，私下一打聽，組織部根本就沒有向省委組織部報過。

為什麼不報？幾個老同志進一步調查。原來，C部長說過一句話：「神農架沒有一個符合條件的。」這是對我們的全盤否定，與A書記在動員大會上講的也風馬牛不相及。

在這裡，有必要再把有關政策重複一下。各級文件規定，年齡必須在五十五歲以上，擔任正科級職務必須在十年以上，退休時間必須在機構改革期間。這是三個硬指標，一個也不能少。至於「符合提拔條件」，不同於選拔現職領導幹部，應該說，只要在任職期間沒有違法違紀、沒有失職瀆職、沒有貪污受賄即可。為什麼這麼說呢？因為文件還規定，不受本單位非領導職務職數限制（即有多少解決多少）。顯而易見，這是為了照顧一些長期擔任正科級職務，以前又沒有提拔機會的老同志，在他們退休時，給一點經濟上的優惠和補償。這是上級黨委、政府對老同志的親切關懷。因此，我們一次又一次地去找有關領導，一直找到林區機構改革結束。林區的領導班子進行了大調整，A、C等都調走了。

我們不甘心，又去找新上任的領導要求落實機構改革中沒有兌現的優惠政策。一天，我們幾個老同志拿著申請和省三十七號文件、林區十一號文件，去見新任書記。我們把材料交給他，並作了簡要彙報。我們著重說明，機構改革本來已經結束了，但林區對正科級幹部的優惠政策並未執行。這對我們是不公平的，損害了我們的合法權益。我們請求新任書記作為落實政策、作為歷史遺留問題來解決，以使我們獲得心理上的平衡，精神上的安慰。

二〇〇六年五月，我的親戚劉麗給我打電話說，你們幾個退休老幹部的事情，新任書記已經解決了，每月加一百多元。我問她聽誰說的，她說是聽劉大林說的。

我立即打電話給劉大林，詢問詳細情況。

劉大林在電話中說：新任書記對我們反映的問題很重視，叫組織部把機構改革中退休的正科級幹部摸個底。據統計有十多人，其中符合條件的有八人，有我，有你，還有謝先發、盧開明、劉國榮、張家彥、穆家亮、饒興俊。四月份，新任書記在咸寧市參加省裡召開的一個會議，見到了省委組織部某副部長。他向那位副部長作了彙報。副部長批評神農架為什麼當時不呈報，說機構改革已經過去幾年了，現在不好解決。新任書記又彙報說，這幾位同志在神農架工作了一輩子，為神農架的開發建設做出了一定貢獻，擔任正科級職務都是十幾年了，以前沒有提拔的機會，機構改革中的優惠政策又沒執行，能不能採取變通辦法，比照副縣級給他們增加一點退休費，對他們也是一個安慰。副部長說，你們看著辦吧。實際上已經表態了。新任書記回到林區以後，召集我們幾個同志開會，通報了情況。參加會議的還有其他幾位領導。過了幾天，林區組織部就下了文件。我們八個人從二〇〇六年五月份起，每人每月增加退休費一百一十五元。文件還說，以後增加退休費，比照副縣級退休幹部增加。

不久，從一位朋友電話中得知，新任書記調到省裡去了，擔任某省直單位一把手（正廳級）。

對於新任書記工作的變動，我和許多同志的心情一樣，既捨不得他走，又為他高興。捨不得他走，是因為這樣的好領導實在太少了，難得遇到一個；高興的是，這樣優秀的領導幹部應該得到提拔，去擔任更高的職務，從事更重要的工作。

新任書記一調走，情況又發生了逆轉。我們增加的退休費拿了下來，已發的扣了回去。二〇〇七年調整工資時，退休費和補貼仍按科級幹部增加。幾項加起來，每人每月少了五百多元。這對我們經濟上、心理上、精神上、感情上是極大的傷害！此人與我們無冤無仇，迫害幾個無辜的退休老人，於心何忍？於仁何在？於德何存？怎麼下得了手？

韓非子說：「權力就像長了翅膀的老虎，在大街上飛來飛去，想吃誰就吃誰。」（轉引自中央電視臺《百家講壇》）。我們八個退休老幹部（八頭老黃牛）來之不易的一點優惠，剎那間便被那只「長了翅膀的老虎」無情地吞噬了。

黨辦和政辦是培養幹部的搖籃。二十年中，在「兩辦」擔任過主任的有三位被提拔為副廳級。副主任中，先後有二十多人得到了提拔，有的擔任了黨委副書記、政府副區長、人大副主任、政協副主席、林管局副局長、保護區管理局局長、副局長，有的擔任了省管單位的一把手（副處），還有一位調往宜昌市任職。我在正科級崗位上原地踏步走了十七年，一直走到退休。

我雖無大紅大紫、大富大貴，但卻獲得了兩個「唯一」的殊榮，即：

神農架林區黨政首腦機關唯一的「六朝元老」，「前不見古人，後不見來者」。

神農架林區唯一在黨委辦公室副主任、政研室主任、黨委副秘書長崗位上退休的老者。

下編

不求福如東海壽比南山，但要過好健康的每一天。

——鍾南山

有驚無險

二〇〇五年十二月下旬，我從天津回神農架為母親逝世三周年舉行祭奠活動。弟弟閔樂鳳、妹夫賈志柏分別從紅花中學和枝江七星臺前往松柏鎮。

農曆冬月二十四是母親的忌日，我們和家住松柏的親友共四十多人到母親墓前敬獻花籃、上香燒紙、奠酒磕頭，以多種方式寄託哀思，緬懷老人。晚上，我在餐館宴請了參加祭奠活動的親友。

事情辦完以後，我前往興山新縣城。興山的親友贈送了一些臘肉、豬蹄、香菌、木耳、紐荷爾臍橙等家鄉特產，部分寄放在堂弟永海家裡，部分寄放在姨侄王強家裡。我要帶著這些東西到武漢，再乘火車去天津。

十二月二十九日，永海送我到興山汽車站，王強和他的愛人敖世芳幫我把寄放在他家的東西送到車站，彙集以後有四個紙箱、一個拖箱、一個提包，共六件，約兩百多斤。

興山沒有直達武漢的班車，只能到宜昌轉車。永海認識開大巴的張師傅，託他對我關照。七點正，大巴載著五名乘客徐徐駛出興山車站。

十多分鐘後，大巴開進高陽鎮車站。等了近一個小時，湊滿一車人後，才從該站開出。在途中，張師傅問乘客有沒有到武漢的，他可以聯繫車。問了幾遍，還是只有我一個人。張接著打電話，告訴對方只有一人去武漢。我當時為張師傅認真負責的精神所感動。沿途上客、下客、加油、加水，又耽誤了一些時間，到宜昌東山開發區大轉盤附近時，已是下午一點。車子停下，張師傅叫我下車，說他聯繫的大巴已派車來接我了。我一看，不遠處停著一輛小車。我走下大巴，小車司機幫我把行李放進他的車裡。

小車穿過東山隧道，一直開到大公橋附近一個偏僻的地方停下。幾輛中巴停在路邊。小車司機幫我把行李裝入一輛中巴的行李箱。我問中巴司機什麼時間開車，他說馬上就開，叫我買票。我給了錢，但他不給車票。等了一個多小時，我問司機為什麼還不開車，他不耐煩地說：「只有這幾個人，我喝西北風去！」

又等了半個多小時，司機叫我和車上的幾個乘客下車，坐另一輛中巴。我把行李搬到另一輛車上，累了一身汗。

又等了一個多小時，這輛中巴湊了二十多個乘客才發車，轉了幾條街，上高速公路時已是下午四點多了。

我乘坐的中巴過了長江三橋到武泰閘時碰上塞車，各種車輛把大街堵得嚴嚴實實。這一塞車又是一個多小時，抵達武昌宏基車站時已是晚上十一點多了。我想，我要是到宜昌長途客運站乘坐漢光高速或捷龍快巴，下午五點就能到達傳家坡車站。我被「賣」了兩次，晚到了六個小時。我在車上聽知情的乘客議論，這些中巴都是潛江、仙桃一帶的「黑車」，不能進宜昌客運站，完全靠各縣市跑宜昌的班車司機拉客，付給其中介費。我這才明白興山張師傅為什麼那樣「負責」，原來是有「油水」的。

我從車上拿下行李，正在著急時，一個拉板車的搬運工過來問我拉不拉行李，拉到車站門口上計程車，工錢一元。我同意請他拉。他把行李搬上板車，走到車站門口，一個中年男子迎上來，笑容可掬地說：「老先生，坐我的計程車。」我問：「你的車在哪裡？」他指了一下停在站門外右邊不遠處的幾輛計程車說：「就在那裡。」說完，他幫忙推著板車，向前快步走去。可是到了那裡，又說他的車還在前面一點，馬上就到。又走了一段路，還是不見車的影子。我問他的車，他說就要到了。

板車被前拉後推，沿著人行道繼續往前跑。一天的顛簸、勞累和饑餓，我已疲憊不堪，腦子昏沉沉、暈乎乎的，被那個人「牽著鼻子」往前跑。

我們離車站越來越遠，在一個路燈不甚明亮的地方，他說到了，叫拉板車的停下。我說這裡沒有車呀，他說車馬上就來。拉板車的人把行李卸下，要了五元工錢返回去了。

我問：「你的車呢？」這個人沒有回答，而是掏出手機走到遠一點的地方，用很小的聲音打電話。
等他打完電話，我又問：「你的車呢？」
此人就像「變臉」演員一樣，剎那間露出一副猙獰面目，用命令的口氣說：「給老子拿錢來！」
這句話一出口，我知道遇上歹徒了，心裡一緊，頭腦清醒了許多。我平靜地說：「你把我送到以後我再付錢。」
「不行！你現在就給老子給！」
「給多少？」我故意問。
「把你身上所有的錢都給老子！快點！」
我有生以來第一次遇到歹徒，緊張、恐懼、悔恨、絕望，種種滋味一齊湧上心頭，但表面上還是裝出若無其事的樣子。我保持沉默，在這時候，說任何話都不起作用。我本來帶有手機，可以打「一一〇」，但不敢拿出來使用，怕他把手機搶去。
歹徒逼近一步，一把抓住我的衣領，厲聲吼道：「今天你要是不拿錢來，老子一刀捅了你，叫你過不成年！」說完用力一推，我一個踉蹌，險些跌倒。
歹徒放開我，又拿出手機，到旁邊打電話。可能是催他的同夥趕快把車開來，因這六件行李沒有車是搬不走的。

我心急如焚，只要他的車和人一到，即使不傷害我，但我身上的錢包、手機、手錶及六件行李就會被他們全部擄去。拖箱內有一臺攝像機、一臺照相機和一些衣服。我的隨身財物總價值超過萬元。現在既不能給他錢——歹徒是貪得無厭的，也不能棄物而逃。我只盼望能有救星出現，但夜已深了，大街上車少人稀。

正在這時，從車站方向來了一對青年男女，肩挨著肩，手挽著手，親昵地走在非機動車道上。我想向他們求救，但轉念一想，不行！一是歹徒還未實施搶劫，在等待他的同夥，與我處於相持階段。如果我一發作，就激化了矛盾，把事情搞得更糟。二是媒體經常報導見義勇為英雄流血又流淚的故事，因而在公眾場合，人們看到歹徒盜竊、搶劫或行兇，多半袖手旁觀，生怕殃及自己。這時候，我如果向兩個熱戀中的年輕人求救，他們不但不會理睬，而且會迅速逃離是非之地，那麼歹徒就會提前對我下手了。我望著兩個年輕人漸漸遠去。

歹徒再一次威脅道：「快把錢拿出來！再不拿出來，老子就要你的命，叫你過不成年！」接著又打手機，看樣子他也很著急。

我仍然保持沉默，不與歹徒論理，也不向他求饒。我默默地祈禱母親的在天之靈保佑我，使兒子逃過這一劫。

正在焦急萬分之時，從宏基車站方向來了一輛小車，緩緩地行駛在非機動車道上。車上的「TAXI」頂燈和駕駛室前「空車」的小紅燈亮著。這兩個顯眼的標誌告訴我，這是一輛計程車，而且還未載客。我心裡一亮：必須攔住這輛車。我向前走了幾步，一面招手，一面大聲喊「搭車」。

計程車在我面前停下，我對司機說：「師傅，我還有行李。」司機下車打開後蓋，幫我把六件行李抬上車，這時，我懸著的一顆心才放下來。

歹徒的車晚到了一步，但他並不甘心，繼續向我要錢：「我幫你把行李拉到這裡，你要給我付工錢。」說話的聲調已緩和了許多。

為了儘快脫身，也為了不叫司機疑惑，我說：「給多少？」他說：「五十元。」我說：「不行！給你五元。」我票包裡都是百元鈔票，本來可以給他一張，要他找零，但怕他拿到鈔票後就跑，我追不上；這時也不能離開計程車。我向司機借了五元遞給他，趕快上車關好車門，司機就把車開走了。歹徒站在那裡，眼睜睜地看著好不容易到手的一條「大魚」溜走了。

在車上，我沒有向司機透露剛才發生的事情，而是掏出手機，給表姐夫龍志超家裡打電話，請他到中北路鄒家大灣加油站接我。

車到加油站時，志超兄和陳光俊表姐已等候在路旁。他們上車當嚮導，左拐右拐，一會兒就到了他們家門前。車費十五元，借五元，共二十元，我給了一張百元鈔票，只要司機找了七十元，多給了十元。

我向龍哥、俊姐講述了剛才發生的驚險一幕。龍哥說：「那個人是『混混兒』，這樣的人武漢多得很，成天在車站、碼頭轉悠，靠盜竊、搶劫、詐騙過日子，有的還帶著匕首。你今天沒有受到傷害，也沒有丟失財物，算是萬幸。」

我說：「是那輛計程車救了我。司機為什麼不走機動車道而走非機動車道，為什麼恰恰是空車，為什麼在最緊要的關頭到來，也許是母親的在天之靈佑護著兒子。」

龍哥說：「這再一次應驗了『好人一生平安』！」

俊姐補充說：「也應驗了『孝子一生平安』！」

西歐掠影

二〇〇一年八月，我參加湖北省政策研究會組織的考察團，赴義大利等八個歐洲經濟共同體國家進行了考察，返程途中考察了香港、澳門。

考察團共十人，由省委政研室副主任董祚華任團長，副主任孫西克任副團長。八月十一日中午，省委副秘書長、省委政研室主任范興元設宴為考察團餞行。省委政研室副主任金世貴、秘書處處長鄧永貴、副處長李新玲等作陪。下午到武昌火車站乘坐北上列車，次日淩晨七點抵達北京西站。全程陪同考察團的湖北國際企業合作公司的劉先生帶著中巴在站外迎接，然後前往吉林大廈住下來。

八月十三日六點三十分，我們前往北京國際機場。九點半登上一架義大利航空公司的麥道客機。九點五十五分飛機起飛，向西北方向飛去。一會兒，黃頭髮、高鼻樑、藍眼睛的義大利空姐，推著小車送來點心、飲料。客艙前面的大螢幕亮了，顯示出這條國際航線的走向及飛機所在的位置、飛行高度、航速、已飛航程、剩下航程、艙外溫度等，有時也播放影片。

北京時間二十一點，飛機平穩地降落在義大利米蘭國際機場，當地時間才下午兩點，時差七個小時。我們把手錶調成了當地時間。三個小時後，轉乘另一架飛機飛往羅馬。劉先生找到了接我們的汽車。這是一輛草綠色的賓士豪華中巴，司機是義大利人，叫法比。他將一直把我們送到巴黎。法比把我們的行李裝好，開到一家中餐館進晚餐，然後入住一家三星級酒店。

1、義大利與梵蒂岡

我們首先參觀鬥獸場，該建築已有二千多年歷史，是世界八大名勝之一，也是羅馬帝國的象徵。它的外觀像一座巨大的碉堡。鬥獸場占地二萬平方米，可容納十萬名觀眾。這是當年用來鬥獸、競技、賽馬、閱兵和歌舞表演的場地。帝王貴族為尋歡作樂，驅使奴隸角鬥士互相撕殺或與野獸搏鬥，不知多少人死於非命。古羅馬奴隸大起義領導人、角鬥士斯巴達克斯就是從這裏衝出去的。接著，我們參觀了羅馬廣場、西班牙廣場、許願噴泉等名勝古跡，然後前往梵蒂岡。

梵蒂岡坐落在羅馬城西北部，面積〇點四四平方公里，人口一千三百人，是世上最小的國家，也是國中之國、城中之國。別看它小，它是世界天主教中心，擁有世界最大的天主教堂，向一百多個國家派有「聖使」，在聯合國常駐觀察員。在這裏我們參觀了聖彼得廣場和聖彼得大教堂。

聖彼得廣場呈橢圓形，一六六七年建成，可容納五十萬人。廣場周圍的長廊裏有四列共二八四根巨型圓柱，圓柱上有一四〇個聖人像。廣場兩側各有一座造型講究的噴泉。泉水從頂端中央的小口噴出，形成無數根水柱，在陽光照射下，彷彿一樹銀花閃閃發光。廣場邊古老的城堡仍然由身穿十五世紀服裝，手持五百年前武器的瑞士衛隊守衛。

聖彼得大教堂雄偉壯麗，金碧輝煌，可容納二萬五千人。教堂內有幾十個大廳，上面是高大的穹頂，四面牆上是精美絕倫的牆雕、壁畫。在數不清的藝術珍品中，義大利文藝復興時期傑出的藝術家米開朗基羅所作的大理石雕像《母愛》最為迷人。聖母瑪尼亞橫抱著遍體鱗傷的耶穌，右手緊摟耶穌的上身，左手向下微微張開，頭低垂、眼微張，臉上流露出複雜的感情：慈愛與悲哀，希望與痛苦。整個神態含蓄動人。

下午驅車前往羅馬西北面的比薩，參觀比薩斜塔。該塔是比薩教堂的一座鐘樓，始建於一一七四年，一三五〇年完工。塔為圓形，共八層，高五十四點四米，全部用大理石砌成。據說塔建至第三層時發現塔身傾斜，被迫停建達一個世紀之久，後繼續施工。塔建成後，塔頂中心點偏離垂直中心線二點一米。幾百年來，塔身繼續向南傾斜，目前傾斜度已達五點三度，偏離四點四米，已岌岌可危。正因為這種斜而不倒的現象，加之西元一五〇〇年時，義大利物理學家伽利略在塔上做了自由落體實驗，因而比薩斜塔聞名全球，成為一大奇觀。

之後，我們前往義大利東北部亞德里亞海濱的威尼斯水城。

2、奧地利

八月十六日下午，我們的汽車從威尼斯出發，向西北方向的奧地利駛去。

義大利北部和整個奧地利都處於阿爾卑斯山區。山體高大，但見山不走山，高速公路沿河谷修建。我們的汽車時而鑽進隧道，時而跨越大橋，時而駛過開闊平緩的谷地。沒有上下坡，沒有回頭線，車子高速而又平穩地行駛。從車窗向外望去，森林鬱鬱蔥蔥，牧場一片翠綠，河水清澈見底。牧場用鐵絲網隔成一塊一塊的。一群群黑白花奶牛在牧場上悠閒地吃草。有的躺臥在草地上，半閉著眼睛反芻，慢慢品味著優質牧草的美味。遠處時而出現一些村莊，一幢幢白牆紅瓦或黃牆灰瓦的小別墅，掩映在綠樹鮮花叢中。家家通公路，戶戶有汽車，不見農民做活，只見汽車往來。每個村子都有教堂，那高高尖頂上的十字架彷彿俯視著每一個家庭。動靜結合，寧靜舒展，好一幅色彩斑斕的大自然長卷風景畫，好一首抒情優美的田園詩！

傍晚到達奧地利的一個小城——威那西。晚上，我們上街溜達。街上燈光柔和，涼風習習，行人和車輛很少，給人一種寧靜、祥和、浪漫、安全的感覺。街道邊有一些酒吧，人們坐在那裏一邊喝啤酒一邊聊天，沒有煙熏火烤，沒有高聲喧嘩。

3、德意志聯邦共和國

德意志聯邦共和國不但美麗富饒，而且擁有悠久的歷史文化，自中世紀以來，它便成為文學家、詩人、音樂家和思想家的國土。在哲學上，有康德、黑格爾；在文學上，有海涅、席勒、歌德；在音樂上，有巴赫、貝多芬、舒曼。馬克思主義創始人、無產階級革命的偉大導師馬克思、恩格斯亦出生在德國。

我們首先來到德國的第三大城市慕尼黑。它是一座有八百多年歷史的文化古城，是歐洲一顆燦爛的明珠。這裏有四多：博物館多、公園噴泉多、雕塑多、啤酒多。我們參觀了老市政廳、奧林匹克公園、王宮廣場和凱旋門。最有趣的是老市政廳樓上的一口鐘，十二個鐘點由十二個騎士組成，每到一個鐘頭，十二個騎士就走馬燈似地出來報時。

八月十九日，我們來到德國中部的法蘭克福。它是德國最大的金融中心，也是一座世界聞名的文化古城，有許多博物館、教堂、古堡、大劇院。法蘭克福的機場為歐洲第二大機場，每兩分鐘就有一架飛機起飛或降落。歐洲第三大河——萊茵河穿城而過。它也是一條國際性河流，發源於瑞士，流經法國、德國、盧森堡、荷蘭，注入北海，全長一三二〇公里。我們來到萊茵河畔，河面寬闊，河水在陽光下波光粼粼，緩緩流淌。兩岸高樓林立，不時傳來遠處教堂的鐘聲。一座座風格各異的大橋將兩岸連成一體。

4、荷蘭

荷蘭瀕臨北海，四季風大，年平均風速達五米／秒，有風天氣達三百二十天，風力資源十分豐富。於是，古時候荷蘭人就造出風車，利用風力灌溉、排水、磨麵粉、造紙。風車村有幾座古老風車。它們像高大的碉堡，又似歷史的巨人，屹立在河渠兩岸，顯示出中世紀的古風古韻。每座風車有一個十字架車翼，翼片長二十米，蒙著白色帆布。基座有四層樓高。登上風車頂層眺望，藍天、白雲、綠野、鮮花、牛群盡收眼底。近年來，科技人員製造出了大功率的新式風車，用來發電。風車村的風車只是作為古蹟被遊人觀賞了。

5、比利時

在比利時的首都布魯塞爾，我們參觀了市中心大廣場。大廣場建於十二世紀，現在是世界上獨一無二的具有中世紀風貌的城市中心廣場。廣場地面全部用花崗岩石塊鋪成，四周都是中世紀哥特式、文藝復興時期的古老建築物，連路燈都保持著中世紀的式樣。廣場邊上停著馬車，可供遊客乘坐在廣場附近觀光。馬車夫帶著高高的禮帽，身穿黑色的禮服。一支古色古香的小樂隊在廣場一側演奏，遊人將一枚枚硬幣擲給他們面前的小盒子。在廣場一側，我們瞻仰了馬克思、恩格斯於一八四七年合寫《共產黨宣言》時住過的旅館；參觀了法國大文豪雨果的故居；還排長隊去一座建築物牆邊撫摸了一下用青銅鑄成的女神臥像。

隨後，我們又到廣場旁一條小巷裏，觀看了「布魯塞爾第一公民」小于連的銅像。銅像高五十釐米，頭髮捲曲蓬鬆，赤身裸體高高站在街角上，旁若無人地撒尿。這個小銅像有一段非常動人的故事。傳說十五世紀時，統治布魯塞爾的是一個暴君，後來被人民推翻了，暴君逃往國外，時時夢想復辟，便勾結外國軍隊攻入布魯塞爾。人民奮起反抗，打敗了入侵者，活捉了暴君。當市民們歡慶勝利的夜晚，一個名叫于連的小男孩來到市中心廣場，突然發現角落有奇怪的火花，跑近一看，原來是燃燒著的導火線。它直通市政廳的地下室，那裏儲藏著大量炸藥，敵人企圖炸毀布魯塞爾。在這千鈞一髮之際，于連急中生智，朝火花上撒了一大泡尿，澆滅了導火線，挽救了廣場、王宮和布魯塞爾。一六一九年，為了表彰小于連的功績，政府下令雕塑了小于連撒尿救城的銅像。

上被發現的。第三件珍寶是義大利的天才畫家達・芬奇的名畫《蒙娜．麗沙》。它描繪了一位漂亮溫柔的佛羅倫斯婦女一剎那間微笑的神情，表達了人物微妙的內心深處的活動，給人以極其豐富的聯想。

凡爾賽宮是世界聞名的法國王宮，西方古典主義建築的代表。規模宏大的建築，金碧輝煌的雕刻，惟妙惟肖的油畫，巧奪天工的吊燈，富麗堂皇的穹頂，使人們似乎沉浸在一片藝術汪洋之中。宮內的雕塑和油畫，主要內容大體有三方面。一是反映了法國歷代帝王、王后及其皇族的生活；二是法國大革命時期的一些戰爭場面；三是《聖經》中的一些故事。王宮的後花園面積一百萬平方米，有雕像、噴泉、湖水以及呈幾何圖形的草坪、花壇等，風光秀麗，景色如畫。

巴黎聖母院位於塞納河中心的西岱島上，是巴黎最負盛譽的名勝之一。它建於一三四五年，是一座典型的哥特式教堂，整個建築用石頭砌成，所有屋頂、牆樓、扶壁等的頂端都用尖塔作裝飾。聖母院共分三層。最底層有表現《聖經》故事和地獄景象的幾長串浮雕。中層兩邊各有一對圓窗，圓窗下立著懷抱年幼耶穌的聖母像，左右站著亞當和夏娃。上層就是雨果在《巴黎聖母院》中所描寫的醜陋而善良的加西莫多敲打的那口大鐘——瑪麗。聖母院有兩座各高六十九米的鐘樓，由一條走廊連接。南鐘樓的巨鐘重十三噸。還有無數小鐘，敲起來千鐘齊鳴，聲音宏亮。整座教堂給人以莊嚴華麗、幽深肅穆之感。

凱旋門是拿破崙為炫耀自己的軍功而建造的。內牆刻有拿破崙用於宣揚戰功的二九六個勝利戰役的浮雕。外牆巨幅雕像取材於法國大革命戰史。

埃菲爾鐵塔是世界著名的建築物之一，矗立在市中心塞納河左岸的戰神廣場上。該塔是工程師埃菲爾設計建造的。設計周密，加工精細，於一八八九年竣工。法國政府為紀念這位傑出的工程師，把該塔命名為埃菲爾鐵塔，並在塔下豎立了他的半身銅像。我們乘電梯上到第二層平臺，觀賞了巴黎全景。美麗的塞納河穿城而過。一座座橋樑橫跨兩岸。大大小小的廣場，均衡地分佈在城市中間，以每一個廣場為圓心，街道成放射狀地伸展開去。高低不同的建築物錯落有致，在陽光照射下耀人眼目。

歐洲之行轉眼就結束了。八月二十五日上午，前往巴黎戴高樂機場，乘意航飛機去米蘭。下午三點，改乘意航麥道飛機飛往香港。接待我們的是一位張先生。他領我們參觀了會展中心、維多利亞灣、黃大仙廟、海洋公園等，晚上登上太平山頂觀看了香港的夜景。夜空下，只見高樓林立，燈火通明，霓虹燈閃耀，好一座美麗繁華的不夜城。二十八日乘船赴澳門，接待我們的是一位汪小姐。她帶我們參觀了大三巴牌坊、媽祖廟和賭城，晚上觀看了賽狗會。二十九日上午乘車經珠海到達廣州白雲機場，下午三點半登機，五點回到武漢。省委政研室鄧永貴處長、陳淑琴副處長等到機場迎接。晚上，省委政研室副主任李傳清受范秘書長委託，設宴為考察團洗塵。這次考察活動歷時十八天，到此圓滿結束。

三國遊記

1、泰國的大象表演和人妖表演

二〇〇八年四月二十九日，我和老伴啟程前往泰國、新加坡、馬來西亞旅遊。

在泰國，我們先後觀光了大皇宮、玉佛寺，乘船遊覽了湄南河、桂河，還去了海濱渡假勝地芭提址。觀賞了大象表演、人妖表演，參觀了九世皇廟、蠟像館、七珍佛山、四面佛、蛇毒研究中心等許多項目。給我印象最深的是大象表演和「東方公主」號的人妖表演。

大象表演場地有兩個籃球場大，四周是一排排梯式座椅。觀眾如潮，座無虛席，高音喇叭播放著歡快的樂曲。二十多頭大象身披紅毯，魚貫入場，一字兒擺開，集體給觀眾行禮。牠們把兩隻前腿抬起來，用鼻子作揖，反覆三次。然後掉轉身，給另一邊的觀眾行禮。禮畢退場，觀眾熱烈鼓掌。

接著進行單項表演。大象輪流表演了踢足球、投籃球、打保齡球、玩呼拉圈、跳迪斯可、騎摩托車、畫花草、算算術題，給男、女觀眾按摩，從躺著的觀眾身上跨過去，等等，共表演了十多個節目。每表演一個節目，都贏得雷鳴般的掌聲和歡呼聲。大象走到欄杆邊，向觀眾作揖致謝。許多人買香蕉慰勞大象。牠用鼻子一捲就吞下去了。有的觀眾給錢，鼻子接了錢向上一翹遞給騎在背上的主人。

大象表演是最受遊客歡迎的項目。牠身軀龐大但動作靈敏，不會說話卻善解人意，憨態可掬且聰明伶俐，是當之無愧的泰國國寶。

晚飯後，前往「東方公主」。車到碼頭，遠遠望去，霓虹燈顯現出大船的輪廓，「東方公主」四個大字不斷變換著色彩，在夜空中格外耀眼。我們走過長長的棧橋，上了一艘渡輪。登上大船後，工作人員把我們帶到二樓大廳。大廳裏擺著一張張長方形桌子。我們在一張桌子邊坐下，工作人員隨即端出火鍋、菜蔬、水果，還有啤酒、可樂。這時，音樂響起，燈光閃爍，四位花容月貌的美女登場，在大廳中央的圓形臺子上翩翩起舞。導遊小劉低聲說：「這就是人妖，過一會兒，你們可以上去摟著她們照相，照一次給二十泰銖；也可以摸她們的乳房。」

美女們跳了一會兒下去了。又上去四位，打扮不同，舞姿有別，跳了一會兒下去了。接著，四位穿著粉紅色半透明紗裙的靚女登臺。她們跳完一曲，便甩掉披肩，褪去紗裙，只剩下三點式比基尼泳裝，做著展示人體之美的各種動作。她們身材苗條，臉蛋漂亮，皮膚白嫩，乳房高聳。這哪裡是「妖」，分明是美女。現代科技和藥物能把男孩變成美女，達到以假亂真的程度，真是一個奇蹟。

一些男子急不可耐，紛紛上去摟著她們照相，摸她們的乳房。原先跳舞的重新登場，拉遊客上去與她們合影，有的遊客同時摟抱兩個或三個美女一起照。下面的看客拍手、歡呼、狂笑，整個大廳沸騰起來，一片烏煙瘴氣。

鬧騰了一會兒，人妖與遊客一起跳舞。動作很簡單，把雙手搭在人妖肩上或摟著她們的腰，在優美的音樂和閃爍的燈光中踏著碎步繞圈子。參加的人越來越多，氣氛達到高潮。時間到了，小劉帶我們離船，還要去步行街。

步行街就在附近，小劉邊走邊說，步行街是泰國最大的紅燈區，街上人多，一定要緊跟著他，千萬不能掉隊，走過步行街就上車。

走了十多分鐘就到了步行街。街道兩邊，五光十色的霓虹燈不斷變換著色彩和畫面，軟綿綿的歌聲在耳邊迴盪，外國香水的特殊氣味撲面而來。酒吧、舞廳、妓院一家挨著一家。街上人頭攢動，不同膚色、不同年齡的男人，摟著袒胸露背的泰國少女在街上漫步；有的緊緊擁抱在一起，長時間地接吻。三五成群的美女拿著標價牌站在街頭，注視著來往行人，焦急地等待著嫖客。左邊出現了一幢豪華氣派的大樓，門前站著兩個持槍的大兵。小劉指著大樓說，那是美國海軍俱樂部。美國海軍基地的官兵定期來這裏度假。大約走了半小時就到了步行街的盡頭。我們站在街邊等車，還要去一個地方。

2、新加坡的魚尾獅、花芭山、鞭刑

五月四日，我們於中午時分飛抵新加坡。新加坡的導遊陳先生帶著豪華大巴在機場出口處迎接。

車子駛過一座大橋，在海濱公園停下來，我們去觀賞魚尾獅雕像。

魚尾獅矗立在大海邊，面向大海，高十多米。它全身潔白，雙眼含笑，毛髮豐滿，鱗片鮮活，口中不停地噴著清水，彷彿一條弧形銀鏈，灑向浩瀚的大海，海面上泛起層層漣漪。它是新加坡的象徵，也是一道獨特的風景。它的附近還有一個不噴水的小魚尾獅與之相伴。

隨後前往花芭山。花芭山是新加坡海拔最高的風景觀光點。山上濃蔭蔽日，路邊鮮花盛開。陳先生指著一大叢粉紅色的小花說：「這是新加坡的國花，叫『萬代蘭』。」山頂上有涼亭、座椅。從東邊可以遠眺高樓林立的鬧市區；從南邊可瞭望繁忙的海港及遠處的島嶼。夕陽輝映，碧海藍天，百舸爭流，簡直是一幅美妙絕倫的海景圖。

晚飯後入住一家酒店，拿到房卡後，大家請陳先生講講新加坡的鞭刑，人們在大廳裏坐下。陳先生說，新加坡的法律規定有三十多種罪除了監禁之外還要附加鞭刑。女犯和五十歲以上的男犯可以免除鞭刑。行刑前剝光犯人的衣服，在腰上綁一塊墊子，以防傷他的脊椎。用皮條把犯人的上身、雙手、雙腿綁在特製的A形架子上，讓他向前撲著。鞭子是特製的，長一點二米。鞭撻手站在離犯人一點五米遠的地方，要確保每鞭都打在犯人的屁股上。鞭撻手必須經過訓練，要體格健壯，鞭撻有力。行刑時，一鞭子抽下去，犯人的屁股就皮開肉綻，鮮血直流，疼得大喊大叫。每鞭之間的間隔是三十秒鐘，最多打二十四鞭。用刑時，獄醫必須在場，防止罪犯休克或裝死。如果打昏死過去了，救醒後繼續打，一口氣打完應打的鞭數。打完之後，獄醫塗上消炎藥，送回牢房。凡是受了鞭刑的罪犯，屁股都被打得稀爛，痛苦萬分，幾個月不能動彈，出獄後再也不敢犯法了。

3、麻六甲海峽、古鎮、雲頂酒店

我們從新加坡乘坐豪華大巴前往馬來西亞。在新、馬邊境線上，換乘馬來西亞已等候在國境線一側接我們的一輛豪華大巴。馬來西亞的導遊姓李，也是華人後裔。他首先致了歡迎詞，介紹了馬來西亞的概況。看到大家很疲倦，便叫大家休息。約兩個小時後，他敲著話筒叫醒大家。

李先生說，請大家向左前方看，那一片海域就是麻六甲海峽。它在馬來半島與蘇門答臘之間，呈東南－西北走向。海峽長一〇八〇公里，西北最寬處三七〇公里，東南最窄處三十七公里，是溝通太平洋與印度洋的咽喉，也是亞洲、非洲、澳洲沿海國家之間往來的主要海上通道，每天有一千多艘遠洋貨輪通過這裏。麻六甲處於赤道無風帶，海上風平浪靜，是世界上航運量最大、通航歷史最久的海峽之一。

大巴在一個古鎮停下來。李先生叫我們下車，邊走邊介紹：早在十五世紀，麻六甲就是世界著名的貿易集散地。荷蘭人、葡萄牙人、英國人輪流佔領過這個地方。這裏留下許多歐亞文化的遺跡。他指著一棟紅色的古老建築說，這裏曾經是荷蘭的總督府，建於一六四一年。

我們繼續往前走，有個牆壁斑駁的古炮樓。旁邊有一間圍牆房子，進去一看是一口大井，直徑兩米左右，井口用鐵絲網封著。李先生說，這口井叫三寶井。古時候，這裏沒有淡水，人們吃水要到很遠的地方去挑。六百多年前，鄭和下西洋路過這裏時，組織隨行人員挖了這口井。後來入侵者投毒，毒死了不少人，這口井廢了。過了許多年以後，人們對這口井進行了清洗，又開始使用。但新的入侵者又投毒、又廢棄，這樣反反覆覆，就再沒有使用了。

我們在麻六甲鎮住了一晚，第二天前往雲頂。途中參觀了一些景點就不細說了。

到了纜車站臺，辦好行李寄存手續後，我們上了雲頂的大巴。李先生對雲頂作了介紹：雲頂海拔兩千多米。雲頂酒店是世界第一大酒店，兩幢大樓，一號樓二十四層，二號樓四十二層，共有六三一八個標準間，可同時入住一萬二千多人。酒店的老闆叫林梧桐，生於一九一八年，是福建人。他的名字還有一個有趣的故事。林梧桐出生時，其父正在打麻將，別人告訴他，你的老婆生了個兒子。他手裏正好摸到一張「五筒」，便隨口說，那就叫「五筒」吧。後來改成諧音字「梧桐」。林梧桐一九三七年來馬來西亞謀生，給一家建築公司當木工。他心靈手巧，辦事認真，老闆很喜歡他，很快把他提拔為管理人員。幾年之後，自己開了一家建築公司。他善於經營，很快成了馬來西亞有名氣的大老闆，資產像滾雪球一樣越滾越多。一九六三年，四十五歲的林梧桐帶人對這座人跡罕至的大山進行考察。登上山頂一看，發現是個絕妙的地方，便決定把這裏開發成休閒、避暑、娛樂場所。經政府批准後，林老闆將他的六千萬美金全部投入修公路、建酒店。幾年以後，把這裏建成了世界級的高山賭城。優美的環境、涼爽的氣候、舒適的條件，加上一流的服務，吸引了全世界的遊客。林老闆去年過世，終年九十歲。開發經營雲頂四十五年，總資產已達八百多億美元。

我們在雲頂酒店住了一晚，參觀了賭城。次日前往馬來西亞的首都吉隆玻，觀光了國家英雄紀念碑、皇宮、國家清真寺、民俗博物館、雙峰塔及錫器店、珠寶店、燕窩店、巧克力店等。雙峰塔高四二五米，是世界上最高的連體建築物，是馬來西亞國家石油總部辦公大樓。

五月八日早餐後去吉隆坡國際機場。李先生指著路邊的高爾夫球場說，馬來西亞是世界上高爾夫球場最多的國家，有二八八個。

我們乘坐國泰航空公司的大型客機，經過四小時飛行，下午三點抵達香港國際機場。嚴平在機場出口處迎接我們。她是專程從深圳來香港的。我們乘機場快線去市中心。晚上觀賞了香江兩岸幾十幢高層建築的鐳射燈和焰火表演。次日上午乘纜車去太平山頂。憑欄遠眺，視野開闊。維多利亞港蔚藍的海水，四周高樓林立的鬧市，遠處連綿起伏的青山，似一幅巨型丹青，美不勝收。下山後來到維多利亞灣畔，觀賞了會展中心和紫金花雕塑，然後去看了香港特首的官邸。下午轉乘幾趟地鐵後來到天水圍，改乘大巴，經香港至深圳西部通道跨海大橋，到達深圳灣口岸，再乘計程車回到嚴平家中。

泰國、新加坡、馬來西亞三國之旅圓滿結束！

尋根祭祖

二〇〇五年九月四日，深渡河嚴氏的幾個後裔——嚴永西、喬永海（原名嚴永海）和胡瑞珍夫婦、楊祥林（原名嚴永祥）、嚴虹（嚴永年之女）等五人，請族人嚴傳森當嚮導，考察了嚴氏先祖的發祥地——嚴家山。

嚴家山原名羅鏡山，座落在興山縣高陽鎮西北面，海拔一千多米。我們早上從興山新縣城出發，乘車到馮家灣，與在家等候的嚴傳森會合，休息片刻後開始登山。嚴家山山體雄偉而陡峭，道路崎嶇而險峻，道旁雜草叢生，路面碎石遍地。

我們邊走邊聽嚴傳森介紹：嚴家山原有兩個村民小組，四十多戶人家，絕大多數姓嚴。近幾年，政府為了加快農民脫貧步伐，採取移民扶貧政策，大多數農戶搬遷到山下交通方便的地方去了。他就是從山上搬到馮家灣的，已建了新居。

我們踏著先祖的足跡，艱難地向上攀登，途經頭道嶺、二道嶺、窯灣溝、無家埡，於正午時分登上了嚴家山。放眼望去，山上開闊而平緩，有坡地，也有平田。大部分農田已停耕還林，樹木鬱鬱蔥蔥。幾戶農舍周圍種著玉米，玉米棒子近一尺長。蘋果樹、棗子樹、板栗樹、核桃樹上碩果累累。由此可見，嚴家山是一個富庶的地方。

我們到達第一站——兔兒灣。這裡有我們的曾祖嚴文祚、嚴行祚、嚴中祚三兄弟的故居。這是一棟古式四合院，磚牆灰瓦，石條門框。它歷經滄桑，現在只剩下殘垣斷壁了。我們在這裡祭奠了一番。

之後，嚴傳森又帶領我們拜謁了先祖墓地。這裡樹木成林、雜草叢生。儘管沒有了碑石和墳塋，但先祖仍長眠在此。我們在墓地燒紙、上香、放鞭、磕頭，祈禱先祖的在天之靈佑護嚴氏後裔代代平安幸福。接著去瞻仰了嚴氏祠堂的遺址，然後前往銀杏淌。這裡的一棟房子叫後頭屋，是二十世紀六、七〇年代搞大集體時的生產隊糧食倉庫，門前場壩全用碑石鋪成。鋪場壩的碑石共有三十九塊，因時間關係，我們只仔細辨認、抄錄了其中三塊，即嚴氏祠堂的罩碑、先祖嚴開相的墓碑、曾祖嚴文祚的墓碑。從碑文中我們獲得了寶貴的歷史資料。

嚴氏祠堂罩碑正中刻著「本吾嚴氏門中歷代宗祖眾亡英靈之位」。從罩碑碑文中得知，嚴氏先祖原籍江西南昌府南昌縣豬市街黎家莊，曾先遷徙到湖北武昌府蒲圻縣吉陽鄉舒家莊，再遷徙到湖北興山縣，分居在四個地方，即羅鏡山、水磨溪、五家坪、公堡菌子庖。

羅鏡山始祖嚴敬禮，妻李氏；二世祖嚴廣文，妻邱氏；三世祖嚴萬州，妻胡氏；四世祖嚴英，妻閔氏；五世祖嚴文正，妻（辨認不清）。

水磨溪始祖嚴雲若，妻但氏；二世祖嚴成祖，妻舒氏。

五家坪始祖嚴承，妻邱氏。

公堡菌子凼始祖嚴仲齊，妻羅氏；二世祖嚴倫，妻袁氏；三世祖嚴尚義，妻王氏。

把三塊碑的碑文聯繫起來，與嚴氏宗派對照，尚缺嚴文正之後、嚴開相之前的「自」、「成」、「又」、「宏」四代先祖的名字。這樣算起來，羅鏡山這一支，從始祖嚴敬禮進山定居到現在已出生的「明」字輩，已歷十七代，約三百餘年。依此推算，始祖進山的時間約在清代康熙年間。

我們訪問了現在還住在嚴家山的幾位嚴氏老人，提了一些問題：嚴氏先祖為什麼從江西遷徙到興山？後來是怎樣發家的？老人們根據祖祖輩輩流傳下來的說法回答了我們：當時四川、湖廣一帶連年遭受洪災，又發生瘟疫，老百姓病死餓死無數。朝廷決定「江西填湖廣，湖廣填四川」。嚴氏先祖就是在那時被強迫遷到興山的。

老人們說，羅鏡山四面都是高山，只有兩條路通往山下，一條通龍池，一條通縣城，都是二十多里。山上人戶稀少，土地肥沃，又有水源，還可避戰亂，所以先祖們在這裡定居下來，修建住房，開墾荒地，與當地人通婚，生兒育女，人口不斷增多，後來在羅鏡山修建了「嚴氏祠堂」，並將羅鏡山更名為嚴家山。

根據兩塊墓碑的碑文及我的二姑婆婆嚴昌鳳、四姑媽嚴大珺、六姑媽嚴大璉在世時的講述，深渡河的嚴氏是嚴家山第十一世祖嚴世俊（即嚴開相之子）的後代。嚴世俊，妻萬氏（我的高祖父、高祖母），其長子嚴文祚，出家為僧，終生未娶；次子嚴行祚（我的曾祖父），妻杜氏，因病去世，又娶耿氏（我的曾祖母，一九四五年去世）；三子嚴忠祚，妻黃氏。

嚴文祚出家後，嚴行祚、嚴忠祚兄弟倆除了種地之外，農閒時砍柴背到縣城去賣，還上山挖藥材，採沉香木（一種常綠喬木，黃色，有香味，是珍貴的中藥材），在半山腰的嚴家灣開採石膏礦，背到縣城出售。攢了一些錢之後，在縣城與響灘之間的二里半買了幾畝地，建了簡易住房，將全家人從嚴家山搬到二里半，一邊種田，一邊開商鋪，經營食鹽、布匹和雜貨。兄弟倆還經常挑著貨擔子走鄉串戶，既賣貨，又收購土特產品。全家人吃苦耐勞，把商鋪開得紅紅火火，生意越做越大，家中逐漸富裕起來。曾祖父們還在二里半開設了私塾，供兒孫們上學。

在中國封建社會裡，人們有了錢，就要買土地、建住宅。曾祖父們也不例外。他們先後在黃糧坪、水磨溪、琚坪、麥倉、羅屋等五個地方共買了水、旱田二百多畝，分別租給附近的農民耕種。

與此同時，又在深渡河買宅基地興建住宅。

深渡河依山傍水，東面是嚴家山，西面是筆架山，兩山之間是一條可以行木船的小河。這裡是興山縣城到古夫、龍池的必經之地，距縣城十華里，距古夫二十五華里，距龍池十華里。

曾祖父們興建的住宅坐東朝西，背山面水，磚木結構，三個天井，上下兩層，樓上樓下數十間房。正房子對面是一排板壁屋，共六間。正房子與板壁屋之間是一條小石板街。街南頭還建了一個石牌坊，叫「門頭子」。住宅竣工時間大約在清朝光緒年間。從二里半搬家到深渡河時，兄弟倆就分家了。嚴行祚住新宅的右邊（北頭），嚴忠祚住新宅的左邊（南頭）。中間是公用的，後堂屋設了神龕，供奉著列祖列宗的牌位。逢年過節，曾祖父們便率領兒孫在這裡舉行祭祀活動。前堂屋和兩邊的廂房平時空著，是兩家辦紅白喜事的地方。二里半的商鋪和家學搬在板壁屋裡。

兩位曾祖父共有七個兒子，統一按年齡排序，被稱為「大房」、「二房」直至「七房」，還有四個女兒。按我的稱呼是：大爺嚴昌畬、二爺嚴昌運、三爺嚴昌鼎、四爺嚴昌泰、五爺嚴昌裕（我的祖父）、六爺嚴昌炯、七爺嚴昌森。其中大爺、二爺、三爺、四爺和六爺是嚴忠祚之子，五爺和七爺為嚴行祚之子。四位姑婆婆是：嚴昌×（不祥）、嚴昌鳳、嚴昌烈、嚴蘭花。前三位是嚴行祚之女，第四位是嚴忠祚之女。

男大當婚，女大當嫁。七位爺爺先後成家，四位姑婆婆先後出嫁。曾祖父們將土地、財產分成七份，每位爺爺一份。每位姑婆婆一份嫁妝（二姑婆婆嚴昌鳳的嫁妝就是二里半的十多畝土地）。後來，大爺、三爺、六爺舉家搬到田莊上去了，仍住深渡河的有二爺、五爺、七爺三家。四爺在國民黨海軍任職，家屬隨軍。

深渡河的嚴家，經過「祚」字輩和「昌」字輩兩代人幾十年的艱苦創業，達到了嚴氏家族的鼎盛時期，成為興山縣邱、吳、嚴、陳四大家族之一。

興山縣曾經流傳過一首打油詩：「（饗灘）邱祥發（興山的大財主）死了母，請嚴行祚來點主（即做齋），點的什麼主？點的背子和打杵。」這首打油詩本來諷刺和嘲笑了嚴氏出身貧寒，根底淺、地位低，但從一個側面反映了嚴行祚、嚴忠祚兄弟倆的發家致富是用背子打杵背出來的，是靠勤奮勞動掙來的。他們用汗水和智慧創造了物質財富，但也給後人埋下了禍根。

先祖們還留下了寶貴的精神財富。水磨溪嚴氏後裔嚴大枝、嚴永和父子保存了一本《嚴氏宗譜》，是清光緒十一年（西元一八八五年）由嚴開朝編修、嚴文祚抄錄的。遺憾的是，這本宗譜只有附錄部分，各代先祖的姓名及世系遺失了。但附錄中有許多珍貴的文字資料。如：

《修祠敘》中說：「可知合宗族、修家廟（即祠堂），誠為尊祖敬宗者所不廢」，使後人知道「創業者維艱，守成者不易」，修建時「以糾集合族，公同商議，富者出財，貧者出力」。

《清明會敘》中說：「清明會，上以報祖宗之德，下以聯子孫之情」，「無論遠近親疏，未有不與於祭者。」

《家長箴》中說：「自來有家廟者，必嚴家法；嚴家法者，必設家長；為家長者，當公正不阿，艱辛不辭，以光昭先人之令德。蓋曰長曰正，其號甚尊，其責甚重。既承長正之名，當求無負長正之實，所貴心術醇正，行誼端方，以一身立楷模，為合族樹坊表。使祖宗含笑於地下，子孫歡娛於堂前，則天道福善，必為之降吉祥矣。若居心偏私，立行邪僻，敗法亂紀，肆智欺愚，人鬼鹹憤，必遭天譴矣。」

《修譜敘》中說：「從來根深者葉茂，源遠者流長。物固有然，而人何獨不然？」「如我族，淵源有自，原發籍於江西，遷徙無常，漂流於楚北，流離播遷，劬（音：qu，勞苦之意）老安宅，固未計及宗譜」。「數世來，業儒者有人，應試者有人，至問譜系之何在，竟默默焉，若不以為意也，不亦深可惜耶？」

《治族條規》共二十條，第一條是：「治族之政最重教孝。蓋五倫以父子居首，百行以孝敬為先。能孝即是至善，不孝便是大惡。故五刑之屬三千，罪莫大於不孝。我族若有忤逆之子，不能成歡奉養者，稟告家長，重懲嚴責。倘有辱罵毆打等事，是梟獍類矣，請即治死。」（梟獍，音：xiao jing，一種像虎豹的猛獸，生下來就吃掉生牠的母獸）。

「事親與事長並重，視叔與視父無殊。凡一脈至親人，宜孝敬以相事。倘有凌辱尊長，毆打伯叔等情，一次重責，二三次怙惡不悛，則盡情處之，雖致死無妨。」

「所議前項治死之事，為家長者必察訪確實，然後施行。倘輕蹂枉法，則無以服地下之魂魄，又何以質廟中之英靈。」

「族人既繁，難保子弟皆善。遇有閨門不謹，致起禍端，荒淫無度，遺累父兄，以及酗酒鬥毆，賭博覆家，恃強爭奪等情，宜先斥其父兄教家不嚴之過，然後量其所犯之輕重，分別嚴責。」

除此之外，還有十首七律詩，即：〈孝父母〉、〈重師尊〉、〈教子弟〉、〈善兄弟〉、〈和妯娌〉、〈篤宗族〉、〈和鄰里〉、〈息爭訟〉、〈務勤儉〉、〈教樸素〉。現抄錄一首如下：

孝父母

生成之德與天同，務要常常介意中；
十月懷胎心血盡，三年乳哺性情通。
所望有子光門戶，豈肯將兒受雨風；
回憶從前恩愛日，及時孝養禮儀隆。

興山縣誌記載：「嚴文祚，光緒初，母萬氏歿，廬墓（注：在墳墓旁搭茅草棚子守墓）三年，與弟行祚、忠祚兄弟以友愛稱。」

這些歷史資料證明，嚴氏先祖十分重孝道、重親情、重仁義、重誠信、重和睦、重教育、重勤儉，懲惡揚善，賞罰分明，具有優良的傳統美德和嚴格的家法家風。這些寶貴的精神財富，曾經是規範嚴氏族人行為的準則；在今天，對於教育嚴氏後裔、建設和諧家庭仍有著重要的現實意義。

手足情深

一

我的父母養育了六個孩子。老大叫嚴永昭，生於一九三九年，是個男孩，兩歲時因病夭折。老二就是我，生於一九四一年農曆七月十四日。我原名叫嚴永熹，因「熹」難認難寫，到城小讀書時我自己改成了「西」。老三叫嚴永華，生於一九四三年，也是男孩，一個多月時因醫生燒燈火不慎，導致雙目失明，一九四九年冬病逝。老四叫嚴永惠，生於一九四五年農曆冬月二十七日，是個女孩。老五叫嚴永明，生於一九四七年農曆九月初六日，是個男孩。老幺生於一九四九年，是個女孩，乳名小妹。

一九五〇年下半年，興山開始土改，我的家庭劃為地主成份，當小學校長的父親被抓，不久英年早逝；母親戴上了地主分子帽子，土地財產被沒收，家中一貧如洗。

當時面臨的最大問題是斷糧。分的土地在猴子坡，土少石多，有種無收；親戚有的自身難保，家境好一點的不敢與我們往來，求助無門。為了生存，母親白天上山挖蕨根，背回來洗乾淨，剁碎，曬乾了磨成粉；夜晚做鞋子，由我拿到城關去賣了買點米糠。母親把蕨粉和米糠摻到一起做野菜餡子饃饃。這樣的饃饃又苦又澀，難以下嚥。有時用米糠煮野菜糊糊吃。永惠、永明咽不下去，餓得直哭。

饑餓和勞累使剛過而立之年的母親身體日漸虛弱，小妹早已沒有奶吃了。有一次，母親給別人磨粉，抱著大磨轉了一天，得到一小筐紅薯。她不准我們吃，每天煮一個餵小妹。餓慌了的小妹張著小嘴，一口等不得一口。但吃了以後不消化，屙出來的還是紅薯。餵完最後一個紅薯後，再也沒有辦法了。小妹已骨瘦如柴，小臉蛋上沒有一點血色，兩隻小眼睛深凹進去，半睜半閉，似睡非睡。嘶啞的哭聲越來越微弱，隔一會兒出一聲長氣，身子時而抽搐一下，已奄奄一息，夜裡慢慢停止了呼吸。可憐的小妹妹來到人世間，沒吃過一頓飽奶，沒吃過一頓飽飯，餓死時剛滿一歲。我和母親流著淚把她埋在銅匠溝旁邊。

在面臨絕境之時，為了不讓小妹的悲劇重演，母親忍痛割愛，將五歲的永惠送給了白沙河的向興昌，將三歲的永明送給了閔家山的閔耀宗。

二

永惠到向家以後，改名向元惠。向興昌的母親是我的姨婆婆，本來是親戚，但他的老婆李氏是個兇狠的女人。李氏把永惠當傭人，逼著她給全家人端水、倒水、掃地、撿柴、打豬草，開口就罵，動手就打。永惠有一次去撿柴，腳被毒蛇咬了，小腿很快腫起來。她哭著跑回去。姨婆婆趕快找了一根紮鞋底的細麻繩把膝蓋以下紮起來，又把附近一個蛇醫找來。蛇醫劃開傷口，擠出毒血，敷上草藥，幾天以後腫消了。姨婆婆救了她一命。後來李氏與向興昌離婚，改嫁給了普安鄉的彭煥德，把她的小兒子和永惠都帶去了。永惠又改名彭學惠。那個男人更凶，逼著永惠做家務，有時不給飯吃，把她打得遍體鱗傷。永惠有一次打豬草，口渴了在小溪邊喝水，一條螞蟥鑽進鼻孔，一個多月才把它弄出來。

一九五四年冬的一天，九歲的永惠不堪忍受折磨，趁養母家中無人偷偷跑了。普安距深渡河三十多里，她逢人就問路，幾盡周折才回到家裡。

家裡仍然缺吃少穿，母親又把永惠送給龍池的李義堂，改名吳佑惠。半年後她又跑回來了。再把她送給水田壩的牛朝俊，改名牛惠堂。去了幾天還是回來了。然後又送給河對岸的王玉林，改名王惠先。

這時我已上初中。我每次從學校回來，總要站到坎邊望一望河那邊的王家。永惠有時提個小籃子在旁邊田裡打豬草，有時在屋後山坡上放羊、撿柴。一九五五年寒假的一天，王家的人下地做活去了，永惠站在場壩邊上張望。我向她招手，示意她下河來。她趕忙往下跑。我也往河邊跑。河上架著一座木橋，十多塊木板搭在高高的木頭架子上，橋面寬一尺左右，橋下的水有一人多深，人在上面走一閃一閃的，非常危險。只見永惠勇敢地上了橋，趴在橋板上，慢慢向河這邊爬。我大聲喊，叫她小心一些，並脫掉棉衣和鞋子，做好下水搶險的準備。她一寸一寸地匍匐前進，終於安全地爬過木橋，和我一起回到家裡。這五年中，永惠先後被送給五戶人家，改了五次姓名，經受了許多苦難。當時家中情況有了好轉，十歲的永惠才結束非人的生活，第一次背著書包走進了學校。

一九六一年暑假，為了使母親和妹妹不再挨餓，在大姨媽和陳華的建議下，我把家遷到了工作所在地的新華公社龍口大隊四生產隊。永惠轉到頂塘小學讀六年級，次年小學畢業。那時新華公社未辦初中，只能報考古夫中學，但名落孫山。這既有客觀原因，我也有責任。

從客觀原因來說，永惠十歲才上村小學，學校在楊家坪，有三里路遠，辦得很差，因而基礎沒打好，轉到頂塘小學以後學習跟不上班。

從我來說，既是兄長，又是頂塘小學的老師，但我沒有對她進行輔導，以至她的學習沒有趕上來。同時，在她考學時，也沒找找熟人、走走後門。那時沒有這種風氣，我也沒有這種意識和能力，只是順其自然而已。我一想到這些，心裡十分愧疚，對不起從小受苦受難的妹妹。

從一九六二年秋季起，永惠就同母親天天出工。大山區的農業勞動十分辛苦。龍口四隊大部分農田分佈在河兩邊的山上，去做活要爬坡上嶺，走很遠的路。母女倆總是天不亮就出門，天黑了才回家。休息時，還要撿柴、打豬草。渴了喝溝裡的涼水，中午吃玉米粉饃饃。後來我買了一個軍用水壺，讓母親和永惠帶開水喝。兩人勞動，工分多了，分的糧食也多了，每年還有幾十元進款，殺一頭年豬（當時的政策是購留各半），生活有了改善。母親和永惠還包洗供銷社三個職工的衣服、被子，每月掙三元錢。有一次，一條褲子口袋裡有十元錢，永惠不貪小便宜，立即拿到供銷社去問是哪一位的，三個人都說不知道，後來一個叫劉世元的收下了。

一九六六年春，公社決定在龍口六隊的蛇草坪辦一所民辦小學，那裡有十幾個學齡兒童沒有上學。舒世甫校長推薦永惠去當老師，國家補助一點錢，大隊記一點工分。永惠雖然只是小學畢業，但教學認真，工作負責，有一定的組織能力，學校辦得不錯，當地群眾評價很好。她響應公社號召，組織群眾學習《毛主席語錄一百條》和「老三篇」（即毛主席的《為人民服務》、《愚公移山》、《紀念白求恩》），並與婦女隊長王昌梅到十多里遠的鄭家河給兩戶社員送去小紅書，教他們學習。永惠在那裡愉快地工作著。

但是好景不長。這年冬天，文化大革命的「妖風」刮進了深山。六隊以王某某（已死）為首的幾個「造反派」，在當地找不到「革命對象」，便把永惠揪出來，白天強迫她背石頭、做苦工，晚上押到生產隊倉庫批鬥。說她是「地主」、「反革命」、「走資派」、「黑幫分子」，「騎在人民頭上作威作福」等等。批鬥時，抓她的頭髮，要她彎腰九十度，有的甚至拳打腳踢。整了幾天之後，他們嫌人少火力不足，便到我家住的四隊搬「援兵」，動員吳弟登、吳弟宏、吳良玉（房東吳必賢的女兒）、張啟興、王成柱等小青年到六隊去批鬥嚴永惠。吳弟登、吳弟宏從家裡走時，他們的媽媽張萬秀（公社主任吳良寶的愛人、一位善良的中年婦女）叮囑說：「嚴永惠姑姑是好人，沒犯錯誤，你們去了莫胡鬧，把她接回來過年。」

出乎六隊造反派的意料，他們搬去的「援兵」竟成了「黑幫分子」的「救兵」。四隊的小青年把永惠保護起來，於臘月二十七日安全回到家裡。永惠挨整的時候，我正在興山城開會，散會後到寶龍妻子家過年去了，直到年後回到新華才聽說。春季開學時，她再也不願去當老師了。

永惠同母親在一起勞動了八年。經過母親的操練，她不但會做各種農活，而且學會了烹調和針線活，還參加大隊的文藝宣傳隊，學演「樣板戲」。永惠心靈手巧，能說會道，各方面都很出眾。母親也得到了她的照顧，過了幾年舒心的日子。

永惠已成亭亭玉立的大姑娘了。新華公社有好幾個男青年提親，但我考慮到大山區農業勞動太辛苦，沒有同意。一九六九年二月，家住枝江縣新場公社青春大隊的表姐金永福給永惠介紹了本公社雙林大隊的青年賈志柏。該地是一望無際的平原，土地肥沃，盛產棉花。賈志柏忠厚善良，勤勞能幹；父母健在，都是好人。加之我的九姑母在枝江工作，還有廖俊表兄和三姨媽也住在枝江。母親和我及她自己同意這門親事。不久，她和賈志柏結為夫妻。

永惠嫁到枝江以後，很快適應了平原地區的生活環境和風俗習慣，學會了植棉技術，成了一把好手。但是，種棉花也很辛苦，整地、播種、施肥、中耕、鋤草、打藥、打枝、摘棉花、曬棉花、賣棉花、拔棉柴，比山區種玉米要複雜得多。她和志柏每天天不亮出工，天黑收工，沒有一天空閒日子。離娘家路途遙遠，交通不便，先坐沙宜班輪船到宜昌，再坐巴宜班輪船到香溪，然後乘車到興山城，還要步行一百五十多里山路才到新華，要好幾天時間，回娘家很不容易，因而幾年才回去看一次母親。其間，我到她家去過幾次，還在那裡過了幾個春節。一九八七年，我和祖珍帶著三個孩子去他們家過了一個熱鬧年。

七十年代初，他們有了一點積蓄後，把舊房拆了，在原地基上建了新房。之後，公社在雙林大隊搞「新農村」試點，所有農戶必須把原來的房子拆掉，按統一規劃建成一排排平房。不久，縣裡又下令把「新農村」拆掉，建成獨家院。幾年中折騰了幾次，耗費了大量人力物力。

一九九八年農曆正月間，他們在七星台鎮大市場買了房子，棄農經商，從事豬肉加工兼賣乾貨。

他們遷居以後，我每年都要去一兩次。大市場是個很大的農產品批發市場。每天淩晨三四點鐘做生意的人就來了，吵吵嚷嚷。志柏、永惠也起床忙碌起來。志柏把六台機器搬出去，把乾貨攤子擺好。肉販子們把十多家餐館訂購的豬肉送來。志柏按各餐館約定的規格進行加工。永惠到生豬屠宰場把焯好了的豬血拿回來，分裝成十多袋，然後把豬血和加工好了的豬肉放到三輪車上，一家一家地送去。六點鐘我起床去晨練時，永惠已回來了，總是高興地說：「哥哥，我已掙了十幾元錢了。」（每家餐館給勞務費一元）早飯後，她又提著裝滿雞蛋的小籃子坐到大市場裡面去賣雞蛋，每個雞蛋可賺兩分錢。一天下來，加工費和營業利潤可達三五十元。儘管很辛苦，但比種棉花強多了。

永惠十分孝敬母親，用優質棉花加工棉絮帶回去墊到母親床上，讓母親夜晚睡得暖和舒適；給母親做羽絨服，讓她抵禦山區冬天的寒風。每次回去都要給母親洗頭、擦背、剪指甲，做可口的飯菜給她吃。永惠幾次接母親到她家去玩，還陪母親到沙市、沙洋、馬家店和長陽去與三媽、六姑媽、九姑媽、幺爹等親人團聚。

更不能叫我忘懷的是，二〇〇二年冬，在母親病危時，永惠二十多個日日夜夜守候在母親病榻前，餵飯餵藥，接痰擦嘴，扶她解大小便，晚上與母親睡一頭，說了許多貼心話兒，對母親給予了臨終前的安慰。

十二月二十七日（農曆冬月二十四日）凌晨一點，母親躺在永惠懷抱中，安詳、平靜地走完了她的人生旅程。《我的母親》一書作了詳細記載，現摘錄如下：

十二月二十六日晚上，我們意識到母親就要離開我們了，家裡人員作了分工。永惠、家秀在母親臥室陪伴、護理母親，我和樂鳳、嚴欣在客廳守夜，祖珍、嚴靜上樓去睡。到夜裡十二點時，嚴欣說我的事情多，不休息不行，硬要我去睡。我就在客廳後面一間小臥室床上躺下了。

凌晨一點，母親感到難受，用微弱的聲音說：「永惠，把我扶起來坐一會兒。」——這是母親說的最後一句話。

永惠輕輕地把母親扶起來，抱著她靠在床頭。突然，母親頭一歪，癱下去了。永惠趕忙喊：「媽，媽！」樂鳳、嚴欣聞聲跑進去，嚴欣一隻手拿聽筒聽婆婆的心臟，一隻手按著婆婆的脈搏。

家秀忙去喊我：「哥哥，媽不行了。」我像皮球一樣彈起來，立刻跳下床，邊跑邊穿棉衣，三步併做兩步跨進母親臥室，大聲喊：「媽！」永惠說：「不要喊，也不要哭，讓媽安安靜靜地走。」我上前去，在母親體溫尚存的額頭上輕輕地吻了一下，最後一次感受媽媽的溫暖和慈愛。

永惠對嚴欣說：「你趕快去喊你的媽和嚴靜，嚴靜這麼遠回來不就是要給婆婆送終嗎？」嚴欣上樓去喊了。

一會兒，祖珍、嚴靜來到婆婆病榻前，嚴靜哭喊起來，永惠趕忙制止了。大家靜靜地站在母親的病榻周圍。母親只有出氣，沒有進氣，一會兒，母親的心臟停止了跳動。

母親走了，走得安詳，走得平靜。這時是西元二〇〇二年十二月二十七日（農曆冬月二十四日）凌晨一點四十分。母親終年八十四歲。給母親送終的有兩個兒子、兩個兒媳、一個女兒、一個孫子、一個孫女，共七個親人。

永惠對母親盡到了做女兒的最深的愛和最大的孝！

志柏和永惠有三個孩子：

兒子賈成華，鄖陽農校畢業後在神農架林區農業部門工作。他邊工作邊學習，獲得了大學本科畢業文憑。曾任林區農業局辦公室主任，二〇〇四年調林區黨委農村工作領導小組辦公室任副主任，後任林區黨委督辦室主任、下穀坪土家族鄉黨委書記。他的愛人張嵐畢業於武漢幼師，能歌善舞，現在林區幼稚園任副園長。他們的女兒賈夢傑在宜昌外國語學校上初中，會彈鋼琴。二〇一一年考入湖北省重點高中——夷陵中學。

大女兒賈翠華初中畢業，丈夫李春榮是汽車司機，技術高，能吃苦，重親情。夫婦倆經商，擁有宜昌跑重慶一艘滾裝船的部分股份，還有一輛加長大貨車跑運輸。他們的女兒李夢思在枝江市第一中學上高中，會彈古箏，已過六級。

小女兒賈成紅黃石工業學校畢業後就職於武煙集團宜昌煙廠，丈夫李林在學校就入了黨，是個很優秀的青年，現在宜昌煙廠人事行政部部擔任領導工作。他們的女兒李妮蔓二〇一二年也考上湖北省重點高中——夷陵中學，會拉小提琴，已過七級。

成華三兄妹都在努力工作，都有幸福的家庭，都有聰明的孩子，都十分孝敬老人。志柏、永惠的晚年是幸福的！

三

與永惠的童年和少年時代比起來，永明要幸運多了。他到閔家以後，改名閔樂鳳，其意為「鳳落閔家」。鳳為百鳥之王，象徵祥瑞。家中有爺爺、婆婆、養父、養母。爺爺、養父兩代人都是領養的，到樂鳳這一代已是領養的第三代了。閔家對樂鳳特別好，給他做新衣、新鞋，每天弄大米飯、臘肉、雞蛋給他吃，全家人把他當成寶貝。樂鳳在兩代人的關愛下，很快就與閔家融洽了。

我和母親雖不能見到樂鳳，但密切關注著他，有時聽別人講講他的情況。聽說他七歲就在杜家岩小學上學了。養父怕他摔跤，還專門修路，雨雪天早送晚接。樂鳳小學畢業後上了古夫中學，後考入興山一中。其間，我見過兩次。

一次是一九六二年寒假，我去深渡河看望四姑媽。鄰居馬正蓮告訴我：「永西，樂鳳和他的舅舅吳佑全（養母的弟弟，復員軍人，時任公安縣林業局黨委書記）在供銷社買東西，你趕快去。」我立即向供銷社跑，想見見闊別十二年的弟弟。到供銷社門前時，他們已買好東西，從門市部走出來。眼前這個英俊少年不就是我朝思暮想的弟弟嗎？我多麼想上前拉著他的手，喊一聲「親愛的弟弟」呀。但是，有閔家的人跟著，相見不能相認。我站在那裡，癡癡地看著他和吳佑全走到河邊，過了木橋，向閔家山走去。他們走了好遠好遠，我才回到四姑媽家。

另一次是一九六五年暑假，我在興山城參加中師函授學習。樂鳳已上高中，高中班還在補課。一天中午，我到他們學校多方打聽，終於在一個教室裡找到了樂鳳。他比三年前長高了。我沒有告訴他我是誰，只是問了問他的學習情況。那時祝天戶表兄在興山人民銀行工作，住在城關復興街。我向他們提出，想接樂鳳到他們家吃頓飯，借機會認識一下。他們很支持，天戶哥的愛人李質蘭（我的二姨媽的女兒）準備做飯。下午放學時，我和天戶哥到學校找到了樂鳳。天戶哥說：「我的母親嚴大珺在深渡河住，與你們家很熟。我在城裡工作，想接你到家裡吃頓飯。」樂鳳開始不肯，經天戶哥和我一再邀請就同意了。他把書收了一下，同我們上街。

到家時，質蘭姐已把飯做好了。她把我看一看，又把樂鳳看一看，然後笑眯眯地指著我問樂鳳：「閔樂鳳，這個人你認不認識？」樂鳳說不認識。質蘭姐又說：「他叫嚴永西，是你的親哥哥，在新華公社當老師。你的母親叫陳本淑，還有一個姐姐叫嚴永惠，原在深渡河住，一九六一年你哥哥把她們接到新華去了。」又指著天戶哥說：「他叫祝天戶，是你的親表哥，我叫李質蘭，是你的親表姐。」

樂鳳不知所措，用驚異的目光看著我們，似信非信，一言不發。

接著吃飯，我們三個都給他夾菜。吃完飯，他便告辭，說要上晚自習了。我掏出十元錢給他，他硬是不要，後來塞給了他。

樂鳳的學習成績優秀。高三上時，空軍部隊在興山招收飛行員，他報了名，考試成績和體檢都合格，但政審時，因生母家是地主成份而被淘汰。他三歲就離開地主家庭，在貧下中農和共產黨員家庭裡長大。但是，原家庭成份如影隨形，仍然擺不脫、甩不掉。血統論厲害呀！

樂鳳一九六六年高中畢業，文化大革命開始，大學停止招生，失去了上大學的機會。他和老師、同學到北京受到了毛主席的接見，然後去串聯，跑了全國許多地方。後來，學泥瓦匠，在水泥廠當工人，參加「三線」建設，修焦枝鐵路。一九七九年當了民辦教師，在杜家岩小學任教。他參加中師函授，拿到了畢業文憑，後經考試，轉為公辦教師。

母親和我與樂鳳的正式相認是黨的十一屆三中全會以後的一九七九年。樂鳳寫了一篇題為《我與母親的幾次見面》的文章，詳細記錄了當時的情景，現抄錄幾段如下：

> 斗轉星移。轉眼之間幾十年過去了。一九七九年農曆臘月，母親在永西哥的陪同下，前往枝江永惠姐姐的家。她順便到深渡河去看望四姑媽，並托人帶信叫我到四姑媽家去見一面。那時，我已過了而立之年，與孫家秀結了婚。我接到信之後，一早就與養父下河，懷著忐忑不安的心情，向四姑媽家走去。我腦海裡想像著母親的面容，思考著怎樣和母親說第一句話。
>
> 當走到四姑媽家門前時，一位慈祥的老人笑眯眯地向我迎來，喊著我現在的名字：「樂鳳，你來了。」四姑媽忙作介紹：「她就是你的母親。」我喊了一聲「媽」，淚水不由自主地奪眶而出，母子倆抱著哭了一場。四姑媽又介紹我與哥哥見面。養父也與他們見了面。四姑媽把我們迎到堂屋裡坐下，笑呵呵地說：「你們母子、兄弟終於團圓了，今天我們要好好慶賀一下。」四姑媽忙著準備

中餐。母親對養父說：「感謝你們把樂鳳撫養成人！」然後問候養母。母親接著說：「生身父母在一邊，養身父母大如天。」她在暗示我，要好好孝敬養父母，不能忘恩。接著又問了我家中的情況。我也問候了哥、嫂。

一會兒，母親坦誠地說：「樂鳳，你怪不怪我心狠，將你送給別人？」我說：「這怎麼會怪您呢。那時是社會變革，怨不得您！您給了我生命，在生死關頭，又給我找了一條生路，才會有今天的見面。」母親笑了，可見母親胸襟寬廣。

四姑媽把飯做好了，菜非常豐盛。吃飯的有四姑媽、母親、養父、哥哥和我。四姑媽給每人斟了一杯酒，她端起酒杯說：「這一杯酒，祝賀你們母子、兄弟幾十年第一次團圓！」母親提議，第二杯酒為我的家庭和睦、幸福乾杯！接著我舉杯：「祝福母親和四姑媽健康長壽！」這一餐飯充滿了母子情、姑侄情、兄弟情，不是節日勝似節日，使我刻骨銘心。

母親第一次到我家是一九八六年夏秋之交。母親很早就想到我家看看居住的環境，去面謝養父母對我的養育之恩。我的家從孫家灣子上去有五里路，全是陡坡。母親已是近七十歲的老人了，而且體弱多病。我真擔心她能不能走上去。我接岳母陪她老人家一同去。兩位老人邊走邊拉家常，走累了就在路邊石頭上坐一會兒，走了兩個小時才到我的家。我的養母正在忙著做飯，趕快放下手中的活兒，迎接母親和岳母的到來。家秀第一次拜見了母親。

……

母親在我家玩了兩個月，要回松柏去。我勸她多玩一段時間，歲數大了，來一趟不容易。她說：「回去了多少可做點家務事，好讓你哥嫂輕鬆點。」母親疼愛兒女之心深深打動了我。我說：「您要回去，我也不苦留。您的歲數大了，身體弱，走下坡路比上坡還要吃力，我請兩個人用滑竿抬您下山。」她堅決不肯。她說：「過去我坐滑竿，現在又坐滑竿，逗別人談論，不好。」我只好背她老人家下山。在途中母親看到我氣喘吁吁，滿頭大汗，要下來自己走。沒有辦法，只好讓她走。她走得非常吃力，於是我又背。這樣背一背、走一走，終於走到了四姑媽家。

母親是有文化的人，對教育子女有獨到的見解。她看到我家居住偏遠，教育條件差，便提議讓我的大女兒閔長英到松柏去讀書，那裡學校的條件比農村要好得多。我揣摩，她可能還有一個用意：以前未能供我讀書，而現在把長英帶去讀書，是作為對我的一點補償吧。這樣，她把長英帶到松柏去了。長英在林區實驗小學進步不小，為以後的學習奠定了較好的基礎。後來她在林區一中讀了三年高中，母親對她傾注了極大的愛。學習上給予關心，生活上給予照顧，對她提出嚴格要求，進行鼓勵。長英終於考上了大學，畢業後有了工作，這與母親的關懷和照顧是分不開的。

一九九〇年，根據哥哥的建議，我調到神農架林區紅花中學任教。有時到松柏開會或學習，與母親見面的機會多了。每次到松柏後，我總是先去看望母親。母親見了我很高興，忙給我倒水、做飯。吃飯時還親自給我斟酒、夾菜。她邊吃邊問我家中的情況，老人身體怎麼樣，孩子學習怎麼樣。她對我講，哥哥對她很孝順。母親說：「聽說你對養父養母也很孝順。我們嚴家代代人都是孝子。」

樂鳳在紅花中學教初二、初三的物理課。他是「老三屆」高中畢業生，知識基礎紮實，教學工作認真，因而他教的畢業班中考物理平均分數在全林區都是名列前茅，單科最高分也在他班上，多次受到表彰與獎勵。在此期間，他晉升為中教一級職稱。

樂鳳勤勞能幹、多才多藝。在紅花中學工作時，每兩周回家一次，砍柴背柴、耕田背糞，忙碌一天，星期日下午乘車回到學校。他還會養蜜蜂、嫁接果樹、打獵。在住房周圍養了十幾箱蜜蜂，栽了板栗、葡萄、櫻桃、枇杷等許多果樹，以前還射殺過野豬。到了九十年代，養父母年邁力衰，家秀身體欠佳，孩子上學讀書，經濟上開始捉襟見肘。在困難面前，他發揮優勢，廣開門路。學校有許多寄讀生，他看到賣早點有市場，於是，經學校領導同意，讓家秀做包子、饅頭、煎餅等早點賣，給學校交一點費用。他每天凌晨四點起床，和麵、揉麵、做包子、蒸包子，做好準備工作，開早飯時，由家秀去賣。夏天，他夜晚下河打魚，賣給餐館，一次可賣幾十元甚至一百多元。家秀有時賣水果，春季給茶農摘茶葉，掙點勞務費。夫妻倆起早睡晚，多方創收，終於渡過了難關。

樂鳳會吹葫蘆絲，休息時，吹幾首曲子孤芳自賞。他的臥室裡，不時傳出一首首優雅動聽的樂曲。

我經常到紅花鎮出差。每次去，晚上就去看他，兄弟倆一聊就是幾個小時。夜深了，他送我到鎮政府招待所，我又把他送到大橋邊，兄弟倆就這樣送來送去。賈成華、張嵐夫婦到紅花出差時，也去看望小舅舅。一九九三年夏天，武漢的陳姑父、幺姑母遊覽神農架時還到紅花中學看望了樂鳳。

樂鳳二〇〇八年退休，在教育戰線上辛勤耕耘了三十個春秋。

樂鳳和家秀有三個孩子：

兒子閔長征職高畢業，學了一些技術，現在宜都市搞房子裝修。他的愛人聶武鳳是長陽人，二〇〇五年生了一個女兒，起名嚴曉楊。

大女兒閔長英，大學本科畢業，在林區一中教高中外語，與本校高中數學教師席亮喜結良緣。席亮是長英的同學，小夥子英俊，性格溫和，文質彬彬，小倆口恩恩愛愛，相敬如賓。二〇〇八年農曆冬月十六日他們喜得貴子，起名席梓騫。

小女兒閔長瑞中師畢業後考入荊州師範學院外語系深造，現在武漢市一家公司工作。

與永惠一樣，樂鳳一家也是幸福的、和美的！

撫今追昔，我們三兄妹都經受了時代的洗禮，走過了坎坷的道路，吃盡了人間的苦頭，迎來了幸福的晚年。能有今天，實屬不易！

四

但是，永惠一生命運多舛，剛剛過上了好日子，災難和病魔也悄然而至。

永惠小時候受盡磨難，落下了病根。一九七六年、一九九九年、二〇〇一年因膽結石三次開刀，並切除了膽囊，身體元氣大傷。志柏早年也因勞累過度，一度病倒。他倆曾先後到李家灣去請中醫李一心先生治病，住在我的岳母家。岳母對他倆關懷備至。永惠同我的大姨妹劉祖菊情同手足。二〇〇三年冬，我的岳母病逝。永惠感冒了剛打完針，得知噩耗後立即啟程，從枝江趕赴李家灣，參加了她老人家的葬禮。

二〇〇七年的一天，永惠幫志柏的侄女聯繫包一輛中巴車，與司機談妥後下車時，車子突然啟動，把她摔倒在地，導致左臂骨折，住院數月。內臟也受到了震動，從此一蹶不振，全身疼痛，不思飲食，只能吃點稀飯或麵條，體重驟減十多斤，先後到鎮、縣、市三級醫院住院治療。經檢查，肝管內又有了結石，再不能手術治療，只能打針、服藥。又檢查出患了萎縮性胃炎。

真是禍不單行。農曆九月，志柏患了血管瘤，在枝江、宜昌住院一個多月，做了介入手術。從此，永惠的精神也崩潰了。他倆稍好一點，成華把二老接到松柏。他們看到兒子寬敞且裝修一新的住宅很高興。其間，去看了成華工作的地方；去了我家的院子，我們不在家，受到了鄰居張阿姨的熱情接待；還艱難地爬上母親的墓地，進行了祭拜。他們在松柏住了半個月，永惠有一半時間在打點滴，並請她的老同學、名醫田思凡進行了診斷。在此期間，張嵐對二老在生活上給予了精心照顧。侄女閔長英、表侄黃勇，以及王昌榮和高先連的兒子兒媳先後去看望了他們，送去了關心和問候。松柏天氣漸冷，成華把二老送回枝江。

去年農曆冬月二十七日是永惠的六十三歲生日。我與樂鳳分別從深圳和興山前往枝江給她祝壽。這是我們三兄妹在二〇〇三年冬月參加母親逝世一周年祭奠活動之後的又一次團聚。嚴欣、嚴平、嚴靜分別給姑姑打了拜壽的電話，帶去了壽禮（嚴欣一千元，嚴平、嚴靜各五百元）。姑姑疼愛侄兒侄女，每年都要曬乾魚、灌香腸給他們帶去。他們也孝敬姑姑。姑姑六十大壽時，三姐弟給姑姑買了一條金項鏈。二〇〇四年夏，嚴欣、嚴平把姑姑接到深圳玩了十多天。去年冬，楊定位和嚴靜從天津給姑姑寄去了以冬蟲夏草為原料的金水寶膠囊。

永惠的這個生日過得很愉快。除了我和樂鳳外，還有金永福表姐（永惠與她感情深厚、親如同胞）志柏的姐姐及老家的親友十多人。他們陪永惠打牌、聊天。之後，我們又到枝江城賈翠華的家玩了幾天，一起遊覽了五柳公園，欣賞了李夢思的古箏演奏。我錄影、照相，記錄下了那些歡樂、難忘的瞬間。

二〇〇九年春節，永惠的兒子、兒媳、女兒、女婿、孫女、外孫女都回去了，過了一個快樂、熱鬧、祥和的新年。

永惠從去年病重以來，我每隔兩三天打一次電話，詢問情況。她的健康是我最大的牽掛。春節以後，得知她的情況還好，我略略放了心，電話打得少一些。

四月四日，突然接到賈志柏的電話，說永惠病危。我這才得知，春節後她一直在住院，怕我知道了擔心和著急，所以瞞著我。志柏說，最近在宜昌住院時，出現了腹水，醫生做了各種檢查，查不出原因，抽又抽不出來。嚴欣獲悉後，打電話請表兄、三峽醫院內科主任醫師陳敏去看視，又與楊定位聯繫。他們根據症狀分析，很可能是由肝病引起的併發症。四月初出院，回家後能行走，精神較好，還與鄰居打了一會兒牌。但第二天突然惡化，臥床不起，神志昏迷，有時說胡話，已危在旦夕，兒女們都回去了。

接電話後我心急如焚，決定去看望她。第二天賈成華打電話說，已請救護車把媽媽送到枝江市人民醫院搶救，稍有好轉。我告訴他，我已買了四月八日的火車票，九日早上到達宜昌。

永惠聽說我要去看她，一天問孩子們幾次：「舅舅上了火車沒有？」「舅舅到什麼地方了？」還吩咐賈成紅開車到火車站去接我。

四月九日早上八點半，火車抵達宜昌，李林和成紅接到我以後直接把車開到枝江醫院。病房裡，永惠正在輸液輸氧，還掛著血漿。她的臉腫得變了模樣。我拉著她浮腫的手，一陣心酸，泣不成聲地說：「永惠，我看你來了。你嫂子和侄兒侄女們問候你！」她用微弱的聲音說：「哥哥，我不行了。」我寬慰她說：「你要堅強一些，配合醫生治療，會慢慢好起來的。」

賈成紅因參加武煙集團的羽毛預賽得了第一，五月初要到武漢參加決賽，公司請了教練，每天下午練球，必須回去（後在決賽中奪得冠軍）。成華、張嵐和春榮、翠華分成兩班，輪流護理。志柏和我有時在病房坐坐。

此後幾天，表弟余愛東夫婦、金永福表姐及她的女兒徐會、女婿小謝、兒子徐敏、兒媳丹丹以及老家的親戚陸續來醫院看望永惠。

由於打了兩瓶血漿，補充了能量，永惠的精神好了些。賈成華只請了一周假，十二號回林區了。永惠浮腫病未消，後來打針已找不到血管了。醫生建議回去服中藥。這樣，四月十四日包了一輛中巴，先到中醫院請一位老中醫診脈，弄了中藥，然後回到七星台的家裡。

回家以後，主要靠翠華護理（請不到護工）。她每天買菜、做飯、洗衣、打掃衛生，用大骨湯或黑魚肉末煮稀飯，還要給媽媽餵飯、餵藥、餵水，把媽媽抱起來大小便，給她洗臉、洗頭、擦身、翻身，夜晚與李春榮通宵達旦地陪護，十分忙碌辛苦。成紅和李林有時下午回來，護理媽媽一夜，讓姐姐休息，第二天一早回單位。志柏熬藥，做一些雜事。後來永福姐也來到永惠家，幫忙做飯、陪伴永惠。

永惠服了幾劑中藥後有一點點效果，臉和手浮腫消了些，能自己翻身，能吃半碗稀飯，精神也較好，但身上浮腫並未減輕，渾身疼痛，不停地呻吟。我每天在病房裡陪她坐坐，講往事，講我的孫兒們的情況、講各地親戚們的情況，講社會新聞。她聽得入神，忘了疼痛。她也對我講了很多：她和志柏怎樣發病，她的家事，她的三個孫女，還講了一些難以忘懷的事情。

她在宜昌住院時，同病房有一位姓喬的老太太，家住松柏。一天，一位女士去看望喬老太太。永惠聽她說話的聲音、見了她的長相，突然想起來一個人，便冒昧地問：「請問你是不是叫熊翠章？」女士感到驚訝，忙問：「你是誰？怎麼認得我？」永惠說：「我就是惠兒啊！」熊翠章趕快走到永惠病床邊，親熱地拉著她的手，驚喜不已。熊翠章娘家住白沙河，是永惠兒時的朋友，分別五十多年，萬萬沒想到重逢於病房。她立即掏出一百元錢給永惠，作為對她的慰問。

武漢的陳介農姑父和嚴大琛姑姑都已八十多歲，得知永惠病重住院的消息後，給她寄去了五百元。永惠念念不忘，叫賈成華在神農架買點土特產給二老寄去。

永惠還講，有一次她在田間小路上碰到一個孕婦臨產，她立即放下手中的東西，給孕婦接生。孩子生下來後，沒有剪刀，她用嘴咬斷臍帶，然後去找人把孕婦和嬰兒送回家。她還給幾對男女青年當紅娘，都成功了，過得很幸福。在老家，鄉親們辦紅白喜事，幫忙的總少不了永惠。有的家庭鬧了矛盾，也請她去勸解（永惠每次到松柏，親戚們請她去吃飯，她都要進廚房幫忙。人們感慨地說：「會做的辛苦一輩子，不會做的享福一輩子）。」

永惠從醫院回家後感冒過兩次，先是發冷，然後發燒、出汗。第一次請醫生打兩小針以後好了。但第二次感冒後病情迅速惡化，不能進食，不能服藥，不停地呻吟。不過神志還清醒。她對我說：「哥哥，我知道自己的病，看不好的，大家都是盡心，讓我多活幾天。」又說：「哥哥，死我並不怕，但我捨得哪個啊！」

是的！她怎麼捨得善良忠厚、勤勞能幹的丈夫！怎麼捨得努力工作、孝敬老人的兒女！怎麼捨得天真活潑、聰明可愛的孫孫！怎麼捨得關愛她的眾多親人！看看她發腫的臉龐，聽著她微弱的話語和痛苦的呻吟，我心似刀絞，淚如泉湧。

一天，志柏到宜昌復查回來，走到永惠的病榻邊。永惠伸出一隻手拉著志柏的手親切地問：「復查結果怎樣？」自己病到這個地步，還惦記著丈夫的身體。

四月二十六日以後，永惠時而清醒、時而昏迷，說話吐詞不清。有一次永福姐問她：「你最掛念哪個？」她說：「兒子。」但這時，兒子還遠在神農架，在工作崗位上忙碌著。成華走時對媽媽說過：「五一要放幾天假，那時再回來看您。」永福姐說：「你一定要堅持到兒子回來的那一天啊！」

四月二十八日上午，永惠喃喃地對志柏說：「哥哥回深圳時，你同他一起到武漢去看望姑爹、姑媽，買一百個土雞蛋帶去。」傍晚，我坐在永惠病榻旁。她聽到一樓客廳拖餐桌的聲音，對我說：「哥哥，吃飯去。」我吃完飯又上樓陪她坐著。她問：「李春榮呢？」我說：「他在隔壁房裡看電視。有什麼事？」她說：「喊他幫我翻一下身。」我馬上把春榮喊來，兩人給她翻了身。她又問：「姨媽（跟著孩子稱永福姐）呢？」我說：「姨媽剛吃完飯，在門口坐。」

四月二十九日上午，永惠已不能言語。我邊做手勢邊問：「你耳朵還能聽見嗎？」她望著我略點了一下頭。我說：「永惠，你是我的好妹妹！你勤勞能幹，孝敬母親，為家庭做了很多貢獻，養育了三個好女兒。大家都不會忘記你的！」她略點了一下頭，眼角滾出了幾滴淚珠。

下午三點，我午睡起床後，路過永惠房門口時，看到她面向窗子側身睡著，翠華靠在另一張床上看電視。我下樓與志柏收了幾件曬乾了的衣服，然後去理髮。剛走到旁邊巷子裡，志柏邊追邊喊：「哥哥，永惠走了。」我立即轉身同他跑上樓，翠華在大聲哭喊，永福姐淚流滿面，永惠安詳地躺在那裡，已閉上了雙眼。我看了一下手錶，是下午三點半鐘。我苦命的妹妹，帶著對兒孫的牽掛，帶著對美好生活的眷戀，永遠地離開了人間……

電波迅速向各地親人傳遞噩耗。賈成華、張嵐從神農架，閔樂鳳從興山，李林、賈成紅帶著賈夢傑、李妮蔓從宜昌十萬火急地往回趕。李夢思第二天才從學校回來，一走進靈堂就喊著「奶奶」，撕心裂肺地大哭起來，令人感動落淚。

永惠的喪事按計劃有條不紊地進行，在一樓客廳設置了靈堂，在門外搭了很大的棚子，打了一夜喪鼓，做了幾場法事。賈成華和張嵐的領導、同事從神農架，李林和賈成紅的領導、同事從曉溪塔，親友們從宜昌、興山、宜都、枝江和老家陸續趕來弔唁、祭奠，共有三百多人，敬獻花圈七十多個。靈堂裡哀樂低沉，場壩裡鞭炮陣陣。

五月二日早上出殯前，開棺向遺體告別，頓時哭聲震天。親人們一齊湧向靈柩，都想多看一眼她的遺容。工作人員好不容易才把人們拉開，蓋上了棺蓋。永惠的遺體火化後安葬於老家公墓區。

遵照永惠的遺願，五月四日由成華開車，送他的爸爸專程赴漢拜望了姑父、姑母，帶去了木耳、香菇和一百個土雞蛋。同去的有我、樂鳳、張嵐和在漢工作的閔長瑞。我們與姑父、姑母一起照了相，共進晚餐。成華他們當晚返回枝江。

這些天來，我一直沉浸在悲痛之中。我悲痛的不止是永惠生命的終結——生老病死，這是自然規律；更多的是哀歎她苦難的一生。童年和少年受盡磨難、任人欺凌；青年和中年勞動繁重、生活艱苦；老年病痛折磨、多災多難。而現在，正要收穫幸福、享受生活時，她卻撒手人寰。凡是瞭解永惠的親友、鄉鄰，對她在世時的勤勞、能幹、善良、賢慧無不稱讚；對她的不幸去世無不惋惜！

臺灣師範大學教授曾仕強先生說：「人生最大的價值就是在死了以後被人們懷念。」（中央電視臺《百家講壇》）永惠是一個平凡的人，但有那麼多人讚她、念她，說明她人生的高尚和偉大！

長歌當哭。我只能寫一點文字，抒發我心中的悲哀，以此悼念和緬懷我的好妹妹！妹妹，你到了天國，還要一如既往地照顧母親啊！

未來希望

一

我有一個孫女、兩個外孫。按年齡排序，分別是姜昊、楊建南、嚴雯姝。孫輩三人有著共同的特點：健康、可愛、聰明、幸福。每個孩子都有許多有趣的故事。

姜昊一九九四年十一月十一日（農曆甲戌年十月初九）出生於神農架。名字是我起的，「昊」即天，廣大無邊之意。姜昊五歲以前是跟著媽媽在宜昌度過的。一九九九年春，嚴平準備報考華南師範大學研究生。為了使她集中精力備考，我們把姜昊接到松柏上幼稚園。二〇〇〇年秋進入林區實驗小學讀書。二〇〇三年秋轉到深圳上學。他在我們身邊生活了近五年時間。

我們把姜昊接到身邊，深感責任重大。他上幼稚園和小學時，每天都接送。睡覺時他喜歡蹬被子，每個晚上要給他蓋好多回。他愛吃蒸餃、小籠包、煎餅、雲吞等早點，我們輪流買了他吃；午飯和晚飯，少不了一盤炒瘦肉絲，有時也有滷牛肉和雞腿。我到武漢、石首等地開會把他帶去玩。在車上我抱著他；開會時，請司機帶他玩。每次到興山和枝江的親戚家去，也把他帶著。

姜昊小時候對汽車情有獨鍾。在宜昌時，舅舅嚴欣教他辨認各種品牌的汽車。他的記憶力和識別力特別強。坐在車上，對大街上奔馳而過的汽車，能一口氣說出它們的品牌。他的玩具很多，有各種各樣的汽車、奧特曼、火車俠、積木、小手槍等等，在我的書房裡擺了一地。他經常一個人趴在地上，嘴裡一邊哼唧，手裡一邊擺弄玩具。他把積木鬥了又拆，拆了又鬥，組成各種形狀，而且兩邊對稱。他特別崇拜奧特曼系列玩具中的「傑克・奧特曼」，自己改名為「傑克」。

姜昊還有童車、滑板、跳跳鼠、小籃球等體育用品。我一有時間就帶他到政府大院去玩。後來我請修車匠把童車兩旁的小輪子拆了，他很快學會了騎單車，每次在政府大院跑十幾圈，車技不斷提高，竟能放把、帶小朋友。有時我帶他到電影院門口去跳蹦蹦床。他和許多小朋友一邊嘻笑叫喊，一邊蹦跳追逐，玩得真開心，每次玩下來都是一身大汗，回家後立即給他洗澡，換上乾淨衣服。姜昊交了許多好朋友，如鄰居小姐姐舒怡萍，還有張昭、劉聞、王正宇、鄒文濤、張立涵等，經常與他們在一起玩耍。每年過生日，我們把這些小朋友和親戚家的小孩劉宇、黃錦、賈夢傑、王倩等請到家中陪他，做一桌孩子們喜歡吃的菜，買一個大蛋糕。他和小朋友們一邊拍手，一邊唱《生日快樂》，然後吹蠟燭，許願。

姜昊的爺爺姜廷春、爸爸姜勇、大伯姜軍、姑媽姜瓊有時接他去玩，有時來看他，給他買衣服、鞋子、玩具和吃的東西。

我給姜昊買了一本《媽媽教我學唐詩》，教他一首一首地讀、背。他上小學時已能背誦三十多首了。一天與外婆去學校，他問外婆：「嘎嘎（興山方言，即外婆），《前出塞》說，『挽弓當挽強，用箭當用長，射人先射馬，擒賊先擒王』。如果擒老師就要先擒鄭校長（林區實驗小學校長鄭啟發）嗎？」外婆與同行的幾個老師聽了哈哈大笑，忙說：「老師不是賊，千萬不能這樣說！」

有一次我們去親戚劉代軍家做客。大人在餐廳坐一席，小孩在客廳坐一席。一會兒，姜昊到我們那一席，對外婆小聲說：「那個小不點兒罵人。」過了一會兒又去說：「小不點兒還打人。」飯後，大家坐在客廳喝茶。小不點兒一會兒在他爸爸懷裡滾來滾去，一會兒關電視機，後來把電視櫃下面的大屜子拉開坐到裡面。他爸爸一聲不吭。我們告辭回家，一出門姜昊就說：「我要是小不點兒的爸爸，幾耳巴子打了，把他拎到外面去，把門關上，把小栓子打上。」

姜昊稱曾外祖母為「陳太太」。陳太太去世後，在神農架殯儀館打喪鼓時，孝子每人手裡拿一炷香，跟在樂師後面圍著靈柩轉。姜昊是重孫輩的孝子，戴著紅布孝巾，幾次跟著大人們轉。有一次轉下來對外婆說：「我轉了五十八圈。」他一邊轉還一邊記數。陳太太在世時對這個重孫給予了多少疼愛！冬天抱著他烤火，教他學唐詩，給他講故事，好一點的東西（如我從比利時買的巧克力）自己捨不得吃而給他吃。

二〇〇三年春，嚴平在深圳買了住房。八月份，我們給母親立碑的工程完成後，把姜昊送到深圳。他媽媽給他轉了戶口，聯繫好了學校——南山區育才一小。

在此之前，姜昊在林區實驗小學借讀了三年。許雲、郭玉鳳二位老師是他的語、數啟蒙老師。她們像慈母一樣對姜昊給予了許多關懷。

姜昊本應插四上，但沒學過英語，只得插三上。在這所深圳第一流的小學，他又遇到了幾位好老師。班主任、語文老師叫黃靜波，數學老師叫楊晰，英語老師叫梁淑珍，都是大學畢業，並有豐富的教學經驗和改革創新精神。

有一次嚴平出差去了，我代她參加家長會。黃老師講了一些觀點，使我耳目一新。他要求學生完成作業以後還要頌讀經典。他說，在零到十三歲這一人生中記憶最好的年齡裡，通過閱讀、背誦經典，可以使學生知書達理，善良聰慧，樂觀堅定，胸懷博大。他希望家長支持和配合。此後幾年，黃老師要求學生背誦了《大學》、《三字經》、《笠翁對韻》、《論語》十則，還有《桃花源記》、《醉翁亭記》等十多篇古文，《木蘭詩》、《蜀道難》等幾十首古詩詞。每天都有背誦任務，由家長檢查簽字，到校後由組長復查。姜昊每次都是最先過關。

二〇〇七年秋，姜昊進入育才三中。他喜愛史社、科學等課程，被選為史社課代表。二〇〇九年「五四青年節」時加入了共青團，並被評為優秀班幹部。他閱讀了大量課外書籍，如《中華上下五千年》、《世界上下五千年》以及一些歷史、地理、科學專著。

二〇〇八年暑假，姜昊隨我回神農架。有一天，他爸爸的朋友邵華想考考這個十三歲的少年。問了兩個問題。一是清朝有哪些皇帝。姜昊不加思索，一口氣從清太祖努爾哈赤說到宣統皇帝溥儀，十二帝一個不差。另一個問題，什麼是靖難之役。姜昊說，明朝的燕王朱棣打著平叛的旗號，帶兵南下，攻克都城南京，奪了侄兒建文帝朱允炆的皇位，自己當了皇帝，就是永樂皇帝。這件事歷史上稱為靖難之役。邵華感到驚訝，連連誇獎姜昊。

姜昊動手能力較強，對於電話機、電視機、電腦、手機上的一些功能，無師自通，我們不會的都由他操作。

姜昊來到深圳以後，雙休天和寒暑假遊覽了市內外許多公園、景區，遊覽了北京、天津、廣州，參加「育才專列」遊覽了湖南、廣西、雲南、貴州等省區，還遊覽了香港、新加坡和馬來西亞。在深圳保利劇院觀看了俄羅斯芭蕾舞《天鵝湖》和小白樺劇團的演出，到深圳體育館觀賞了他的偶像——臺灣歌手周傑倫的演唱會。姜昊二〇一〇年初中畢業後考入深圳育才一中，二〇一三年高中畢業，六月份參加高考。但願他考出好成績，上一個好大學。

二

楊建南是二〇〇六年一月十九日（農曆丙戌年臘月二十）在天津出生的。他嬰兒時的情況，我在《乖寶誕生》中已寫了，這裡不再贅述。

二〇〇七年暑假，嚴靜帶著建南到深圳來看望我們和她的姐姐、兄嫂。我們的孫輩第一次聚到一起了。建南已一歲半，能說一些單音節詞。一天，我們帶他出去玩，路過一個水池，池中有許多金魚。建南看了好高興。我指著兩條大金魚，教他說「大魚」，教了兩遍，他就指著說「大魚」。外婆教他說：「舅舅－有－車」。「舅舅－有－妹妹」，一教就會。玩了一個月，說話有很大進步。

興山老家來了四位客人，有嚴平的二姨劉祖菊及其孫女李明月，三姨劉祖芬及其女兒毛興豔。一天，李明月躺在沙發上，腳伸在外面。建南站在旁邊，一邊用手在鼻子前煽著，一邊做怪樣子，連說「好臭好臭」。

雯姝滿月時，嚴欣請客人在毛家飯店吃飯，建南坐在他媽媽旁邊，給他斟了半杯橙汁。大人們舉杯敬酒，他用一雙小手把杯子捧起來，也跟著「乾杯」。

有一次，我們到花園城購物中心去玩。在三樓大廳，建南在前面走，我跟在後面。他媽媽和外婆到旁邊一間服裝店去了。他不回頭，一直朝前走，走了二十多米，突然想起媽媽來，一邊喊「媽媽」，一邊哭起來，接著蹲下，然後趴到地上，哭得好傷心。我趕忙上前把他抱起來說：「別怕，爺爺跟著你，我們找媽媽去。」他馬上就不哭了。

我拉著他繼續向前走。在一間兒童用品商店門口，放著一輛電動摩托車。車左面朝外，右面朝裡。建南對這輛車很喜歡，把這裡扳扳，把那裡扳扳。之後，雙手握住龍頭，左腳先跨上踏板，右腳接著跨上踏板，右腳再從座墊後面跨過去，一下子坐到了座墊上。上車的方式和動作就像一個熟練的車手。我看了暗自好笑，可惜當時沒帶攝影機，未能錄下這有趣的一幕。

又一天，我們帶建南到小梅沙海濱浴場去看大海。我抱著他站在海邊，他媽媽錄影。那天有風浪，忽然一個大浪打來，建南叫一聲「哇！」又一個大浪打來，他又叫一聲「哇！」第一次看到波濤洶湧的大海，他感到高興、驚奇。

建南喜歡坐搖搖車。他們回天津的頭天晚上，我們到附近一家超市去逛，我給了一個硬幣，正準備把他抱到搖搖車內，突然電閃雷鳴，眼看就是一場大雨。他姨媽抱著他，趕快往回跑。到家以後，打了幾個大雷，雨也下起來了。我把建南緊緊抱著，怕他嚇著了。他看到別人用手捂著耳朵，也用小手把兩隻耳朵捂起來。

第二天上午，我和嚴平、姜昊及喬融送嚴靜到機場。在大廳辦登機手續時，建南手裡還拿著頭天晚上給他的一元硬幣在地上玩。過了一個晚上，硬幣還未弄丟。辦好登機手續，建南跟著媽媽過了安檢門，向候機廳走去。他媽媽回過頭來招手向我們致意。他也回過頭來，向我們搖著小手。

二〇一一年冬，我來到天津嚴靜家。幾年不見，六歲的建南已成大孩子了。雖還在上幼稚園，但能認幾百個漢字，背二十多首古詩，會百以內進位加法和退位減法的口算、珠算。字寫得工工整整。他參加了南開區組織的幼兒口算比賽，十分鐘口算了二十道加減法混合式題，全部正確，獲得優勝。

建南興趣廣泛，會下象棋、跳棋、打樸克，喜歡跳繩、踢球、騎車、滑滑輪。愛看新聞聯播、百家講壇、動物世界、自然傳奇以及科技、天文、地理、探險、考古等電視節目，愛聽天津評書「隋唐演義」和神農架的民間故事、笑話。他看過、聽過後，能說出有關的地名、人名和故事梗概。還懂得pm 2.5的危害及人體呼吸系統的幾道防線。他的知識和口算能力超過了同齡小朋友，我十分驚訝。

二〇一二年秋季建南上了小學。他對學習很認真，字寫得工工整整，作業做得整整齊齊。每次考試，語文、數學、英語都是一百分，一學期得了三張獎狀，還當上了小組長。我教他繼續學唐詩，現已能背誦近一百首。

三

我們的孫女兒是二〇〇七年七月十六日（農曆丁亥年六月初三）出生的。爸爸給她起名嚴雯姝，是美好幸福之意。我們請老家的親戚劉代平來帶她，奶奶協助。雯姝的媽媽是兒科專家，又到上海進修過少兒保健，精通科學育兒。

雯姝吃的奶粉是進口的高級奶粉。能吃輔食以後，每天吃兩次稀飯或麵條，裡面加剁爛了的瘦肉，或豬肝，或深海的魚，以及鮮嫩的菜葉，還要加鵪鶉蛋或土雞蛋，放進口的橄欖油。每天吃一瓶進口果泥。出了牙齒以後，吃香蕉、蘋果、獼猴桃、火龍果，喝新鮮橙汁。牛奶、食物、水果、飲料合理搭配，定時定量。按時睡覺、起床。每天洗澡後由媽媽按摩。還買了小游泳池放在衛生間裡，三個月就開始游泳。每天上午、下午坐到童車上，到小區裡去溜達，與其他小朋友玩耍。她比同齡小朋友都要高一點，身體很結實。

雯姝有很多玩具：各種各樣的布娃娃、小動物、小電子琴、小吉他，還有許多叫不出名子。有很多幼兒圖書、幼兒光碟。每天聽音樂，聽媽媽講故事。

雯姝一歲就能走路，喊爸爸、媽媽、爺爺、奶奶。過了些日子，會喊姑媽、姨媽、舅舅、叔叔、阿姨、哥哥、姐姐了。她有時候叫媽媽為「阿梅」，叫爸爸為「阿欣」，叫外婆為「阿婆」。她開始喊爺爺時，嘴裡把握不住，連喊「爺爺爺爺」。她高興時，喊一聲「爺爺」，我答應一聲；再喊一聲，我又答應，連喊五六遍。嬌滴滴的童音，令人心醉！她能看圖識字一百多個。從圖片上辨認豬、狗、貓、雞、鴨、大象等動物，學它們的叫聲。

雯姝非常可愛。一歲多時，我們逗她：「小寶寶是誰？」她拍胸。我們又問：「小壞蛋是誰？」她也拍胸。問她：「爸爸打哪裡？」她拍拍屁股；「媽媽打哪裡？」她指指手。她看了北京奧運會跳水比賽後，模仿運動員，用雙手把頭一抱，彎下腰去，做跳水的動作。有時學小區的保安上操。在家裡，看到奶奶翻報紙，就拿來眼鏡。姑媽故意把手機放到電視櫃上，坐在沙發上做出打電話的樣子，她忙把手機拿來給姑媽。快吃飯了，她給爺爺奶奶指座位，把她的椅子往餐桌旁邊拖。每次從外面回來進門時，她都要說「換鞋」。客人一進門，她就從鞋櫃拿出拖鞋遞到客人面前。有一次奶奶進衛生間準備洗澡，她從衣櫃裡拿出奶奶的衣服送去。她在客廳裡，一聽到音樂，就手舞足蹈起來。

同建南一樣，雯姝也喜歡坐搖搖車。一歲多時，她坐在童車上，我推著到街上去坐搖搖車。她扭過頭來連說了幾聲「錢」。我開始沒聽懂，後來聽懂了，是問我帶了錢沒有。我把硬幣掏出來給她看，她再也不問了。又一次媽媽上班去了。她突然想起媽媽，不住地喊。奶奶說：「媽媽上班，掙錢，你坐搖搖。」此後，只要一說爸爸、媽媽「上班去了」，她就說：「搖啊搖！搖啊搖！」

有一次，我抱著她，把臉貼著她的臉，鬍子扎了她一下。她閃電般地離開我的臉，把頭扭過來，用驚異的目光看我的下巴，然後用手去摸，又趕快把手縮回去。一連串的動作太精彩了。後來奶奶抱她，她把奶奶的下巴盯了一會兒，又用手去摸。大概在觀察思考，為什麼爺爺的下巴扎人，奶奶的下巴不扎人。

一天，雯姝站在凳子邊緣，奶奶怕她摔下來，一邊跑過去抱她，一邊驚叫：「我的咣當三！（興山方言）」一會兒，她媽媽回來了，一進門，雯姝說：「我的咣當三！」媽媽莫名其妙。奶奶解釋以後，大家笑起來。看來以後對她說話還得注意一點。

我們每次出門，雯姝都要「趕路」，哭著叫著要跟我們走，一聲聲地喊爺爺、奶奶，就像她的爸爸和小姑當年趕婆婆的路一樣。這種親情是與生俱來的，一脈相承的。

雯姝三上歲了海倫雙語幼稚園上，雙休天還參加英語班、舞蹈班、美術班的學習。去年冬天，我回神農架辦事。一個星期天，深圳刮起了大風，天氣變涼。雯姝急著要給我打電話。他的爸爸撥通以後，她接過手機說：「爺爺，神農架冷嗎？下雪沒有？你穿幾件衣服？我穿兩件衣服了。」一個四歲多的孩子，就在關心爺爺的冷暖，令我十分感動。

雯姝說話口齒清楚，又學過跳舞，二〇一一年春被深圳電視臺《飯沒了秀》節目組選聘為小演員。錄製節目時，她大膽沈著地回答了主持人強子哥哥的問話。最後是才藝表演，她在音樂伴奏下跳了《雀雀兒飛》的獨舞，舞姿優美、活潑大方，贏得了觀眾的熱烈掌聲，她也因此被評為「魔力寶寶」。接著到西安找媽媽。她和深圳一個小男孩從廣州乘飛機去西安，兩個媽媽從深圳乘飛機去西安。電視台的人暗中跟著拍攝。到西安後，她和小伙伴根據電視台事先提供的線索，到處打聽，時而步行，時而乘計程車，克服了很多困難，終於在一個湖邊找到了正在釣魚的媽媽。這個節目於二〇一二年六月二十三日在深圳電視台播出。

我和老伴非常愛我們的孫女嚴雯姝！她是我們嚴家的未來、我們嚴家的希望！她聰明、可愛、天真、活潑，是一個小靚妹，十分逗人喜愛，真有「一日不見如隔三秋」之感。我們也非常愛外孫姜昊和楊建南！他倆和雯姝都是我們的親骨肉、我們的好後代。我們衷心祝願孫輩生活幸福、健康成長、學業優秀、前程似錦！

三個孩子成才的道路還很漫長，任務還很艱鉅。在這裡，我們也殷切希望他們的爸爸媽媽在給孩子提供優裕物質生活和良好教育條件的同時，也要嚴格要求，切勿溺愛！

這八個字就是我們的諄諄贈言！

後記

本人的拙作《多味人生》在祖國的寶島臺灣問世了。在此，衷心感謝秀威資訊科技股份有限公司諸位編輯的關愛與支持！

該書記述了作者本人從少年到老年六十年的風風雨雨、六十年的苦辣酸甜。從某種意義上說，這本書是一部苦難史：在唯成分論和「以階級鬥爭為綱」的年代，忍饑餓、遭歧視、受欺凌，經受了許多苦難，留下了深深的心靈創傷。這本書也是一部奮鬥史：在逆境中掙扎，在苦難中拼搏，闖過一個又一個激流險灘，終於迎來了人生的豔陽天——中國改革開放的新時代，過上了揚眉吐氣的日子。這本書還是一部幸福史：一個曾經「被打翻在地，踏上一隻腳，叫他永世不得翻身」的人，後來居然翻了身——端「鐵飯碗」，衣食無憂，還遊覽了祖國的名山大川、繁華都市、臺灣風光和世界十多個國家；孩子們都受到了良好的教育，有理想的工作，有較高的收入；孫輩更是健康、快樂、幸福地成長。這本書也可以說是中國千千萬萬同類人的一個縮影，從一個側面反映了時代的變遷和社會的進步。飲水思源，我十分感謝、永遠緬懷改革開放和現代化建設的總設計師鄧小平！

在寫作上，我遵循回憶錄的要求，所寫的人物，全部實有其人，除少數幾個用的化名外，其餘都是真實姓名；所記的事情，全部確有其事，保持了歷史的本來面目。書中不論是寫自己，還是寫他人，都沒有離開「我」，「我」是作者，也是被寫的主體。就是回憶他人，「我」也是作品中的參與者，有我的親眼所見、親耳所聞。同時，在不違背歷史真實的前提下，我力求用文學語言和藝術手法敘述故事情節，描寫自然景物，刻畫人物形象，儘量做到有可讀性。

「曾記少年騎竹馬，轉眼已是白頭翁。」時光老人總是這樣的無情。我常常想，人雖然老了，但心不能老，應該像孔夫子一樣，「發奮忘食，樂以忘憂」，這樣才「不知老之將至」。同時，也要像中國工程院院士鍾南山先生說的「不求福如東海壽比南山，但要過好健康的每一天」。

作者

二〇一三年三月

史地傳記類 PC0317

多味人生
——記我六十年的中國風雨

作　　者／嚴永西
責任編輯／邵亢虎
圖文排版／張慧雯
封面設計／秦禎翊

發 行 人／宋政坤
法律顧問／毛國樑　律師
出版發行／秀威資訊科技股份有限公司
114台北市內湖區瑞光路76巷65號1樓
電話：+886-2-2796-3638　傳真：+886-2-2796-1377
http://www.showwe.com.tw
劃撥帳號／19563868　戶名：秀威資訊科技股份有限公司
讀者服務信箱：service@showwe.com.tw
展售門市／國家書店（松江門市）
104台北市中山區松江路209號1樓
電話：+886-2-2518-0207　傳真：+886-2-2518-0778
網路訂購／秀威網路書店：http://www.bodbooks.com.tw
國家網路書店：http://www.govbooks.com.tw

2013年10月　BOD一版
定價：500元

國家圖書館出版品預行編目

多味人生 : 記我六十年的中國風雨 / 嚴永西著.
-- 一版. -- 臺北市 : 秀威資訊科技, 2013.10
面； 公分. -- (史地傳記類 ; PC0317)
BOD版
ISBN 978-986-326-194-0(平裝)

1. 嚴永西 2. 傳記

782.887 102019915

讀者回函卡

感謝您購買本書，為提升服務品質，請填妥以下資料，將讀者回函卡直接寄回或傳真本公司，收到您的寶貴意見後，我們會收藏記錄及檢討，謝謝！
如您需要了解本公司最新出版書目、購書優惠或企劃活動，歡迎您上網查詢或下載相關資料：http:// www.showwe.com.tw

您購買的書名：________________________________

出生日期：________年________月________日

學歷：□高中（含）以下　□大專　□研究所（含）以上

職業：□製造業　□金融業　□資訊業　□軍警　□傳播業　□自由業
　　　□服務業　□公務員　□教職　□學生　□家管　□其它____

購書地點：□網路書店　□實體書店　□書展　□郵購　□贈閱　□其他

您從何得知本書的消息？

□網路書店　□實體書店　□網路搜尋　□電子報　□書訊　□雜誌
□傳播媒體　□親友推薦　□網站推薦　□部落格　□其他________

您對本書的評價：（請填代號　1.非常滿意　2.滿意　3.尚可　4.再改進）

封面設計____　版面編排____　內容____　文／譯筆____　價格____

讀完書後您覺得：

□很有收穫　□有收穫　□收穫不多　□沒收穫

對我們的建議：________________________________

____

____

____

請貼
郵票

11466
台北市內湖區瑞光路 76 巷 65 號 1 樓
秀威資訊科技股份有限公司 收
BOD 數位出版事業部

（請沿線對折寄回，謝謝！）

姓　名：＿＿＿＿＿＿＿＿　年齡：＿＿＿＿　性別：□女　□男

郵遞區號：□□□□□

地　址：＿＿＿＿＿＿＿＿＿＿＿＿＿＿＿＿

聯絡電話：(日) ＿＿＿＿＿＿＿＿ (夜) ＿＿＿＿＿＿＿＿

E-mail：＿＿＿＿＿＿＿＿＿＿＿＿＿＿＿＿